DIY 소재&도구 백과

일러두기

1. 이 책에서 설명하는 'DIY 전문점'은 편의상 제재소, 철물점, 인테리어 용품점, 마트 등 각종 DIY 관련 제품을 판매하는 곳을 포괄합니다.

2. 이 책에 소개된 상품은 일본 홈센터에서 판매하고 있는 상품으로 디자인 참고용입니다.

3. 이 책에 소개된 목재의 사이즈는 일본 홈센터에서 판매하고 있는 제품을 기준으로 하였습니다. 국내에서도 DIY 목재 재단 전문점 등을 활용하면 원하는 사이즈의 목재를 구입할 수 있습니다.

4. 이 책의 목적은 DIY에 필요한 각종 소재와 도구를 설명하는 데 있으므로 일부 내용은 국내의 사정과 다를 수 있습니다.

Hozonban DIY Sozai & Dougu Hyakka
© Gakken Publishing 2009
First published in Japan 2009 by Gakken Publishing Co., Ltd., Tokyo
Korean translation rights arranged with Gakken Publishing Co., Ltd.
through PLS Agency.
Korean translation edition © 2014 by Hans Media, Korea.

이 책의 한국어판 저작권은 PLS를 통한 저작권자와의 독점 계약으로 한스미디어에 있습니다.
신 저작권법에 의하여 한국어판의 저작권 보호를 받는 서적이므로 무단 전재와 복제를 금합니다.

DIY 소재&도구 백과
DIY족의 필수지침서

· 《두파!》 특별편집 | 황세정 옮김 ·

DIY 전문점에서 판매하는 소재와 도구의 모든 것을 알 수 있다
DIY 소재&도구백과

파트별 소재&도구 사용 일람표 · · · · · · · · ·	6
DIY 전문점 100% 활용! 즐거운 DIY 생활 규칙 · · ·	10

01 목재

규격재 · · · · · · · · · · · · · · · ·	12
무구재(침엽수) · · · · · · · · · · · · ·	16
무구재(활엽수) · · · · · · · · · · · · ·	18
합판 · · · · · · · · · · · · · · · · ·	20
집성재 · · · · · · · · · · · · · · · ·	22
목질 보드 · · · · · · · · · · · · · · ·	23
Column 목재의 기초 지식 · · · · · · ·	15
조립식 가구 · · · · · · · · ·	24
How to DIY 목공	
톱, 망치(목공용 쇠메), 샌더, 드라이버드릴, 임팩트 드라이버, 지그소, 전동 원형톱 · · · · · · · · · · ·	25

02 조경 자재

데크 조립 세트 · · · · · · · · · · · · ·	34
데크 패널 · · · · · · · · · · · · · · ·	35
정원용품 · · · · · · · · · · · · · · ·	38
펜스 · · · · · · · · · · · · · · · · ·	40
래티스 · · · · · · · · · · · · · · · ·	42
벽돌 · · · · · · · · · · · · · · · · ·	44
벽돌 타일 · · · · · · · · · · · · · · ·	46
포석 · · · · · · · · · · · · · · · · ·	47
정원석·연석 · · · · · · · · · · · · · ·	50
바닥돌 · · · · · · · · · · · · · · · ·	52
주춧돌·블록 · · · · · · · · · · · · · ·	54
시멘트 · · · · · · · · · · · · · · · ·	55
침목·말뚝 · · · · · · · · · · · · · · ·	56
Column 심슨 철물 · · · · · · · · · ·	36
How to DIY 벽돌 작업	
모르타르 만들기, 벽돌 깔기 · · · · · · · ·	57

03 건축재

석고보드 · · · · · · · · · · · · · · ·	60
유리 · · · · · · · · · · · · · · · · ·	61
타일 · · · · · · · · · · · · · · · · ·	62
금속 · · · · · · · · · · · · · · · · ·	64
플라스틱 · · · · · · · · · · · · · · ·	68
고무 · · · · · · · · · · · · · · · · ·	69
단열재 · · · · · · · · · · · · · · · ·	71
방음재 · · · · · · · · · · · · · · · ·	72
몰딩재 · · · · · · · · · · · · · · · ·	74

04 바닥재

플로어링재 · · · · · · · · · · · · · · ·	76
코르크 바닥재 · · · · · · · · · · · · ·	78

비닐 바닥재	80
카펫	81
Column 천연 소재 바닥재	82

05 내장재

벽지	84
시트 소재	87
맹장지 종이	88
장지 종이	89

How to DIY 내장
| 벽지를 붙인다, 점착 시트를 바른다 | 90 |

06 철물

못·리벳	94
나사	96
볼트·너트·와셔·작은나사	98
앵커·플러그·걸이용 철물	100
보강 철물	102
파이프용 철물·선반 받침	104
경첩	106
캐비닛용 철물	108
손잡이·잠금 철물	110
캐스터	112
다리용 철물·호차	114
도어용 철물	116
문 자물쇠	118
창문 자물쇠	120

How to DIY 철물
| 방문 손잡이를 교체한다 | 121 |

07 도장재

도료	124
바니시	128
오일·왁스	129
특수 도료	130
하도재	131
벽재	132

How to DIY 도장
| 실내 벽 칠하기 | 133 |

08 수도배관

급수전(수도꼭지)	136
토수 파이프	138
손잡이(핸들)	139
수전보수용품	140
샤워 아이템	141
분기용 철물	142

How to DIY 수도배관
손잡이를 교체한다, 토수 파이프를 교체한다
| 가로 수전을 교체한다 | 144 |

09 접착제·점착테이프·충전재

접착제	148
점착테이프	151
충전재	153

How to DIY 접착제·충전재
| 접착제로 붙이기, 충전재로 보수하기 | 156 |

| • 색인 | 158 |

파트별 소재&도구 사용 일람표

실내편

소재와 도구를 알면 DIY 라이프가 더욱 즐거워진다.
대표적인 DIY 작업에 필요한 소재와 도구의 모든 것을 실내 공간별로 소개한다.

거실

편안한 휴식 공간을 더욱 쾌적하게
바닥과 벽의 DIY부터 주말 목수에 어울리는 가구를 만들자.

목적	필요한 소재	필요한 도구	난이도
벽지를 바른다	벽지 → P84 전용	풀, 솔/대나무 주걱/커터 칼/롤러/자	★★★★☆
플로어링을 한다	플로어링재 → P76 콘크리트 패널(바탕재) → P20 못 → P94	톱(원형톱)/망치/곱자(자)	★★★★★
벽을 도장한다	도료 → P124	롤러 브러시/페인트 브러시/트레이/마스킹 테이프/커버링 테이프	★★★☆☆
식탁을 만든다	집성재 → P22 규격재 → P12 보강 철물 → P102 나사 → P96 접착제 → P148 도료 → P124 바니시 → P128	원형톱/전동 드라이버드릴/샌더/자/곱자/클램프/송곳	★★★☆☆

수도 주변

부엌이나 욕실에 생긴 문제를
전부 자신의 손으로 해결할 수 있다!

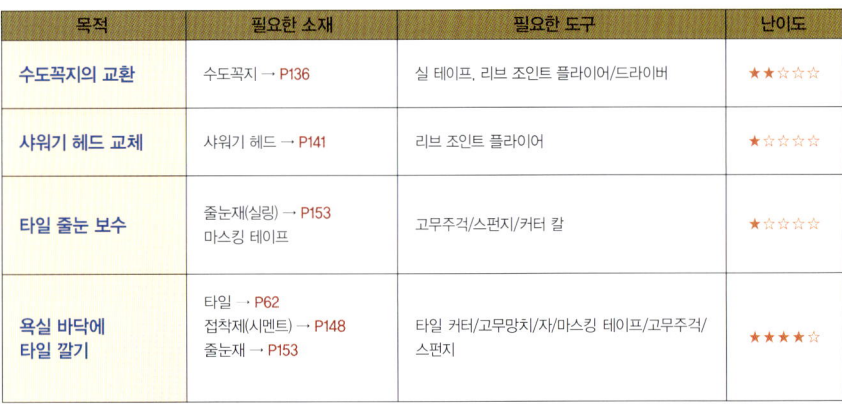

목적	필요한 소재	필요한 도구	난이도
수도꼭지의 교환	수도꼭지 → P136	실 테이프, 리브 조인트 플라이어/드라이버	★★☆☆☆
샤워기 헤드 교체	샤워기 헤드 → P141	리브 조인트 플라이어	★☆☆☆☆
타일 줄눈 보수	줄눈재(실링) → P153 마스킹 테이프	고무주걱/스펀지/커터 칼	★☆☆☆☆
욕실 바닥에 타일 깔기	타일 → P62 접착제(시멘트) → P148 줄눈재 → P153	타일 커터/고무망치/자/마스킹 테이프/고무주걱/스펀지	★★★★☆

침대가 있는 방

코르크, 타일, 규조토…….
특별히 선택한 내장재로 색다른 분위기의 DIY 리폼에 도전하자.

목적	필요한 소재	필요한 도구	난이도
바닥을 코르크 타일로 교체한다	코르크 타일 → P78 베니어판(바탕재) → P20 접착제 → P148 양면테이프 → P151	커터 칼/빗살주걱/자/톱	★★★☆☆
벽에 벽돌 타일을 붙인다	벽돌 타일 → P46 접착제 → P148 줄눈재 → P153	커터 칼/빗살주걱/자	★★☆☆☆
벽에 규조토를 바른다	규조토 → P132 실러 → P131	미장흙손/흙손판/롤러/트레이/마스킹 테이프	★★★☆☆
허리높이 돌림(腰板, 고시이타) 시공을 한다	고시이타 벽재(무구재) → P16, P18 못 → P94 접착제 → P148 양면테이프 → P151	톱/망치	★★★★☆

좌식 방

손쉽게 맹장지&장지 종이를 교체한다.
방에 어울리도록 벽도 새로 칠하자!

목적	필요한 소재	필요한 도구	난이도
모래벽을 새로 칠한다	바르는 벽재 → P132 실러 → P131	미장흙손/롤러/양동이/브러시/마스킹 테이프/스크래퍼	★★★★☆
맹장지 종이를 새로 바른다	맹장지 종이 → P88 전용 풀	커터 칼/자/망치/펀치/라디오 펜치/드라이버	★★☆☆☆
장지 종이를 새로 바른다	장지 종이 → P89 풀	커터 칼/자/분무기	★☆☆☆☆

기타

창호, 가구, 인테리어…….
직접 할 수 있는 일이 얼마든지 있다!

목적	필요한 소재	필요한 도구	난이도
방문 손잡이 교체	방문 손잡이 → P118	드라이버	★☆☆☆☆
내진 철물 설치	쓰러짐 방지 철물 → P102 지지용 기구, 고무판 → P69	드라이버(진동 드라이버드릴)	★★☆☆☆
가구 새로 칠하기	도료 → P124 바니시 → P128 왁스 → P129	롤러/양동이/브러시/샌더/마스킹 테이프	★★★☆☆
알루미늄 새시 문바퀴의 교체	전용 문바퀴 → P114	드라이버	★☆☆☆☆

파트별 소재&도구 사용 일람표

집 주변·정원 편

정원

꿈에 그리던 우드 데크가 내 것이 된다.
즐겁고 유익한 정원 DIY의 세계

목적	필요한 소재	필요한 도구	난이도
벽돌로 화단을 만든다	벽돌 → P44 모르타르 → P55	미장흙손/줄눈흙손/벽돌흙손/사각 플라스틱 상자/반죽용 괭이/수평기/미장용 양동이	★★★☆☆
바비큐 화덕을 만든다	벽돌 → P44 블럭 → P54 모르타르 → P55 모래/바비큐용 철망	미장흙손/줄눈흙손/벽돌흙손/사각 플라스틱 상자/반죽용 괭이/수평기/미장용 양동이	★★★☆☆
우드 데크를 만든다	데크용 목재 → P34 나사 → P96 주춧돌 → P54	원형톱/임팩트 드라이버/수평기/자/톱/고무망치/곱자	★★★★☆
우드 데크를 새로 칠한다	실외용 도료 → P127	롤러/브러시/페인트 붓/트레이/샌더/마스킹 테이프/데크용 솔	★★★☆☆

대문·외벽

시공사에 부탁하기 전에 우선 이렇게 관리해보자.

목적	필요한 소재	필요한 도구	난이도
담장을 새로 칠한다	도료 → P125 실러 → P131	롤러/브러시/트레이/마스킹 테이프	★★★☆☆
외벽의 균열을 보수한다	충전재 → P153	카트리지 건/주걱/스펀지	★★☆☆☆
래티스로 가리기	래티스 → P42 포스트 → P42 주춧돌 → P54 나사 → P96	전동 드라이버드릴/수평기/자	★★★☆☆
우드 데크 새로 칠하기	실외용 도료 → P127	롤러/브러시/페인트 붓/트레이/샌더/마스킹 테이프/데크용 솔	★★★☆☆

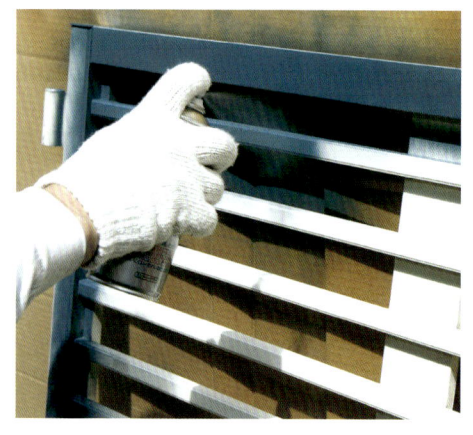

현관

우리 집의 얼굴을 직접 꾸며보자.
익스테리어의 놀라운 기술

목적	필요한 소재	필요한 도구	난이도
포석을 깐다	필요한 소재: 포석 → P47 에지재(벽돌 등) → P44 모래/모르타르 → P55	삽/수평기/갈대발/각재/미장흙손/사각 플라스틱 용기/스펀지/자/고무망치	★★★★☆
벽돌길을 만든다	벽돌 → P44 모래/규사	삽/갈대발/수평기/브러시/고무망치	★★★☆☆
침목길을 만든다	침목 → P56 모래/자갈 → P52 에지재(벽돌 등) → P44	삽/갈대발/원형톱/수평기/자/각재/망치	★★★★☆
자갈길을 만든다	자갈 → P52 모래/에지재(연석 등) → P50 방초시트	삽/갈대발/자/각재	★★★☆☆

이것만 있으면 만사 OK!
대표적인 DIY 도구의 기본 테크닉을 마스터하자

**목공 DIY의 첫걸음
톱으로 자르기** → P25

**DIY의 폭을 넓히는 주요 공구
전동 드라이버드릴로 나사 조이기** → P28

**용도별 다양한 제품!
도료로 도장하기** → P133

**얕볼 수 없는 만능 아이템
접착제로 접착하기** → P156

DIY 전문점 100% 활용!
즐거운 DIY 생활 규칙

DIY 전문점 주요 서비스

재료를 구입하는 가장 손쉬운 방법은 DIY 전문점에 가는 것이다. DIY 전문점에는 시공 전문가도 자재 조달을 위해 이용할 만큼 넓은 매장과 다양한 상품을 보유하고 있어서 DIY에 필요한 재료는 무엇이든 구입할 수 있다.

또 대다수의 DIY 전문점에서는 구입한 소재에 대한 다양한 서비스도 제공하고 있다. 자재의 가공이나 배송 등 DIY 애호가들이 반가워할 만한 서비스가 많으니 꼭 한 번 이용해보자.

자재의 가공

목재를 원하는 크기로 절단해줄 뿐만 아니라 유리나 강재, 타일 등 매장에서 구입한 상품을 원하는 대로 가공해준다. 요금은 목재의 재질이나 절단 내용에 따라 달라진다.

가공 서비스의 예
자재 절단(목재, 유리, 타일, 염화비닐 파이프, 아크릴판, 함석판, 강재 등)/구멍 뚫기/복잡하지 않은 곡선 절단/나사골 내기/문손잡이 구멍 뚫기 등

각종 이벤트

DIY 전문점 중에는 전문가가 진행하는 강습회나 공작교실 등 각종 이벤트를 정기적으로 개최하는 곳이 많다.

자재 배송

자재 중에는 사이즈가 너무 크거나 무게가 나가서 직접 옮길 수 없는 것들이 있다. 이럴 때 전문업자의 배송 서비스를 이용해보자.

DIY 전문점을 잘 이용하는 요령

● 가공 의뢰는 정확하게

목재의 절단 서비스를 이용할 때는 가공의뢰서를 작성한다. 예를 들어 콘크리트 패널에서 필요한 부재를 절단할 경우, 나무를 어떻게 자를 것인지 미리 도면을 작성해가는 것이 좋다.

● 필요한 자재의 개수와 치수 등을 미리 확인

무엇을 살지 고민하거나 나중에 재료가 부족해 다시 가는 일이 없도록 작품의 설계도나 실제 소재를 지참하자. 미리 사진을 찍어두는 것도 좋다. 특히 치수가 매우 중요하므로 시공할 장소의 사이즈를 반드시 확인한다.

다른 서비스도 이용해보자

위에서 소개한 서비스 이외에도 DIY 전문점에 따라 드라이버드릴이나 전동 원형톱과 같은 각종 전동공구를 대여해주거나 자재 운반을 위해 트럭을 대여해주는 곳도 있다. 큰 자재를 직접 운반할 경우에는 스크래치를 방지하기 위해 담요를 한 장 지참하는 것이 좋다.

01 목재

흔히 DIY(Do It Yourself)라고 하면 가장 먼저 목공을 떠올릴 만큼 목재와 DIY는 관련이 깊다.
저렴하고 재질이 부드러워 사용하기 쉬운 규격재를 비롯해 강도를 높인 합판·집성재가 있으며
이외에도 침엽수와 활엽수의 무구재 등 다양한 종류의 목재가 이용된다.
목적이나 예산에 맞는 목재를 선택해서 DIY를 즐겨보자.

규격재 | 무구재(침엽수) | 무구재(활엽수) | 합판 | 집성재 | 목질 보드 | Column: 목재의 기초 지식, 조립식 가구 | How to DIY: 목공

Dimension Lumber

DIY용 목재의 대표격. 합리적인 가격이며 초보자도 다루기 쉽다

규격재

DIY족에게 압도적인 인기
사용하기 쉬운 규격재

규격재는 목재를 구입하러 DIY 전문점에 갔을 때 가장 먼저 접하게 되는 재료다. 어느 매장에 가든 가장 잘 보이는 곳에 진열되어 있을 정도로 인기가 많다.

규격재는 원래 투바이포(2×4) 공법에 사용되는 형틀재로 단면의 두께는 2인치이며 폭은 4·6·8인치로 2인치씩 증가한다. 규격재 중에서 가장 많이 쓰이는 투바이포는 두께가 2인치, 폭이 4인치인 제품을 말하며 이 밖에도 투바이식스(2×6), 투바이에잇(2×8) 등 다양한 제품이 있다. 규격화되어 있어 사용하기에 편리하고 대량으로 유통되어 가격도 저렴하다. DIY 분야에서도 다양한 용도로 널리 사용되고 있다. 다만 공칭 치수(실제 치수를 부르기 어려울 때 사용하는 편의상의 호칭)와 실제 치수가 다르니 이 점에 주의하자. 예를 들어 투바이포의 공칭 치수는 2×4인치지만, 실제 치수는 38×89mm다. 1인치=25.4mm로 환산했을 때, 공칭 치수에 비해 실제 치수가 훨씬 작다. 이렇게 차이가 나는 이유는 목재를 공칭 치수에 가깝게 가공하더라도 건조 단계에서 수축하거나 대패 작업을 거치면서 깎여나가는 부분이 생기기 때문이다. 이는 다른 규격의 제품도 마찬가지이므로 주의해야 한다.

수종으로는 SPF, 레드시더(red cedar, 적삼목) 등이 있다. 모두 북미산 침엽수로 그중 SPF는 저렴하고 가공성이 뛰어나 추천할 만하다. 다만 부패하기 쉬우므로 야외 설치물에 사용할 때는 반드시 방수성·방부성이 뛰어난 도료를 발라야 한다.

표를 보는 방법

가공성

절삭 …… 3 도장 …… 5

절삭은 절단하거나 깎는 작업의 수월함. 도장은 작업의 완성도를 뜻하며 이를 각각 5단계로 나누어 평가함. 최저 평가 1~최고 평가 5

내구성

부후 …… 3 마모 …… 5

물, 해충, 자외선 등에 얼마나 강하며 잘 썩지 않는지 그리고 마모에 대한 내성이 얼마나 강한지를 각각 5단계로 나누어 평가함. 최저 평가 1~최고 평가 5

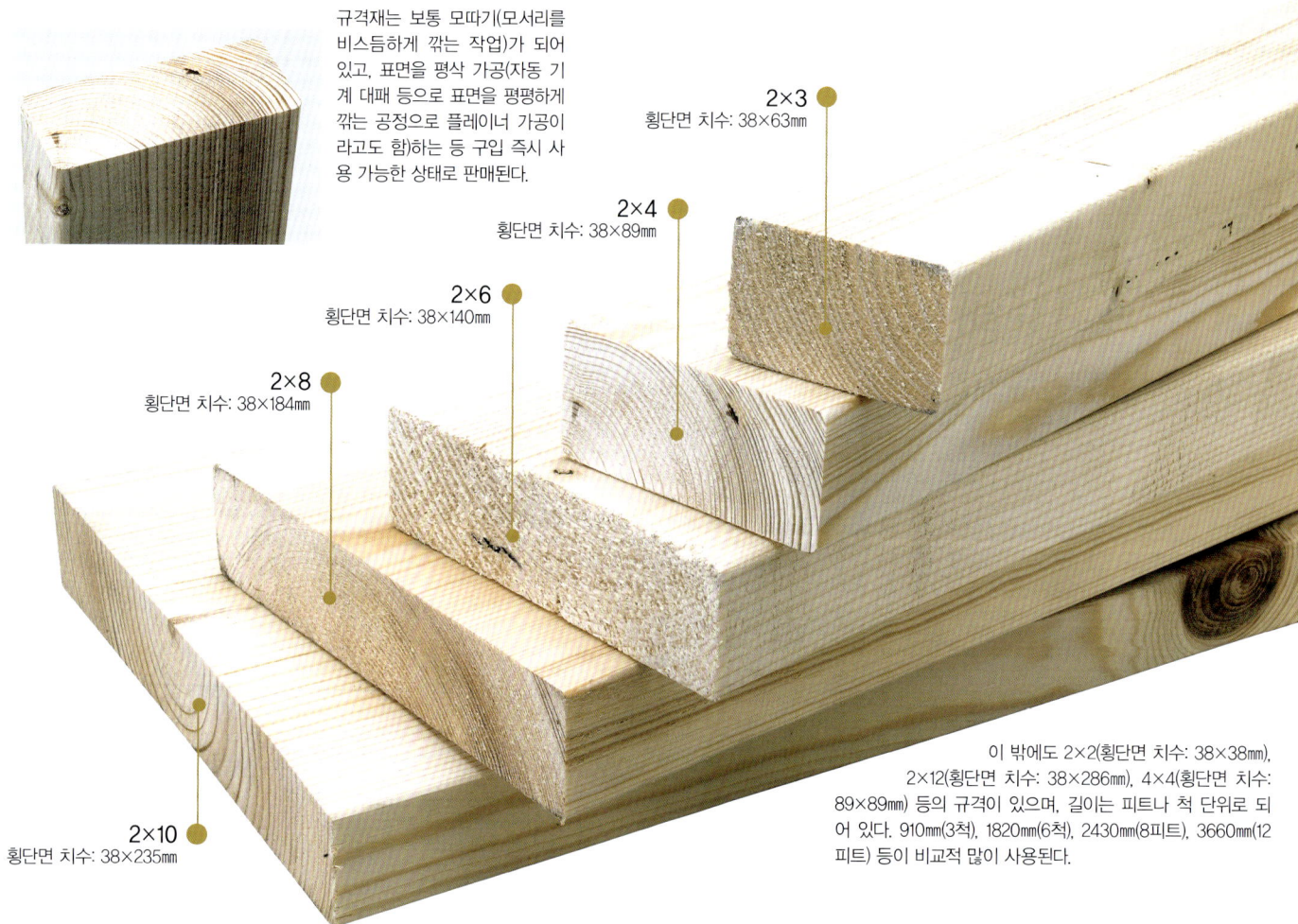

규격재는 보통 모따기(모서리를 비스듬하게 깎는 작업)가 되어 있고, 표면을 평삭 가공(자동 기계 대패 등으로 표면을 평평하게 깎는 공정으로 플레이너 가공이라고도 함)하는 등 구입 즉시 사용 가능한 상태로 판매된다.

2×3 횡단면 치수: 38×63mm
2×4 횡단면 치수: 38×89mm
2×6 횡단면 치수: 38×140mm
2×8 횡단면 치수: 38×184mm
2×10 횡단면 치수: 38×235mm

이 밖에도 2×2(횡단면 치수: 38×38mm), 2×12(횡단면 치수: 38×286mm), 4×4(횡단면 치수: 89×89mm) 등의 규격이 있으며, 길이는 피트나 척 단위로 되어 있다. 910mm(3척), 1820mm(6척), 2430mm(8피트), 3660mm(12피트) 등이 비교적 많이 사용된다.

【 목리(木理) 】 나뭇결이라는 뜻의 일본식 표현이다. 목재의 위아래를 나뭇결이 곧게 통과하는 '통직목리(straight grain, 곧은결)'와 선회목리(spiral grain, 선회나뭇결), 파상목리(wavy grain, 파도결) 등이 있다.

레드시더(적삼목)

`가구` `건축`

북미산 목재로, '웨스턴 레드시더(western red cedar)'로 표기되기도 한다. 적삼목으로도 불리지만 사실 삼나무가 아니라 측백나무의 일종이다. 쉽게 썩지 않으며 방충 효과도 있어서 방부 도료를 바르지 않고도 야외에서 사용할 수 있다. 옹이도 적어 우드 데크(deck)를 만들 때 많이 사용된다. 효용성이 크다 보니 SPF에 비해 가격대가 높은 편이다. 참고로 북미산 '레드우드(redwood)'도 레드시더처럼 내구성이 좋아 우드 데크용 목재로 인기가 높다. 그러나 최근에는 유통량이 크게 줄어들어 접할 기회가 많지 않다.

가공성	내구성
절삭 …… 5 도장 …… 3	부후 …… 4 마모 …… 4

SPF

`가구` `건축`

규격재를 대표하는 목재다. SPF라는 명칭은 캐나다 서부에서 벌채되는 가문비나무(Spruce), 소나무(Pine), 전나무(Fir)의 머리글자를 딴 것이다. 세 가지 수종은 재질이 매우 비슷해서 일괄적으로 유통되고 있다. 나무껍질은 흰 편이며, 나뭇결이 곧게 뻗어 있는 경우가 많다. 비교적 강도가 높으면서도 부드러워서 가공하기 편하다는 이점이 있어 초보자에게 추천할 만하다. 가격도 매우 저렴한 편이다. 단 부식·부패에 약하므로 야외나 습도가 높은 장소에는 적합하지 않다.

가공성	내구성
절삭 …… 5 도장 …… 4	부후 …… 2 마모 …… 3

기초지식

수지가 흘러나오기 쉬운 SPF에는 미리 셀락바니시를 바르자

셀락바니시를 사용할 때는 수지(樹脂, 나무의 진)가 흘러나오기 쉬운 옹이를 중심으로 바른다. 건조가 빠르지만 내열성·내수성이 떨어지므로 주의하자.

기본적으로 소나뭇과 목재는 수지가 흘러나오기 쉽다. SPF도 소나뭇과에 속하므로 이를 사전에 방지하는 것이 좋다. 이럴 때는 보통 '셀락바니시(셀락니스)'라고 하는 특수한 바니시를 바른다. 일반 도료를 덧바를 때도 셀락바니시를 먼저 발라 수지가 흘러나오지 않게 처리한다.

- 1×3 횡단면 치수: 19×63mm
- 1×4 횡단면 치수: 19×89mm
- 1×6 횡단면 치수: 19×140mm
- 1×8 횡단면 치수: 19×184mm
- 1×10 횡단면 치수: 19×235mm

규격재 중에는 두께가 1인치(19mm)인 제품도 있다. 2인치의 딱 절반 두께이므로 겹쳐서 사용할 때도 편리하다.

【 화이트 우드 】 유럽산 소나뭇과에 속하는 침엽수로 규격재로도 유통된다. SPF와 마찬가지로 나무껍질이 흰 편이며 부드럽지만 SPF에 비해 큰 옹이가 적다. 내구성이 떨어지며, 가격은 SPF와 비슷한 수준이다.

Dimension Lumber

01 목재 / 규격재

익스테리어용 목재

DIY 분야 중에서도 꾸준히 큰 인기를 끄는 분야가 바로 가든 DIY다. 최근에는 '이페'나 '셀랑간 바투'처럼 매우 단단하고 잘 썩지 않는 목재도 사용되고 있다. 다소 고가이기는 하지만 정기적으로 방부·방충 처리를 할 필요가 없어서 인기가 많다. 단, 지나치게 단단해서 나사를 끼우기 전에 못길을 내야 하는 등 손이 많이 가는 단점이 있다.

기초 지식

기타 익스테리어용 소재

방부처리 목재

DIY 전문점에서는 방충·방부액을 주입한 SPF 규격재도 판매하고 있다. 단, 사진에 나온 것처럼 용액의 색상이 배어들어 도료의 착색성이 떨어진다. 그래서 일반적으로 토대처럼 보이지 않는 부분에 사용한다.

합성 목재

목재펄프와 합성수지를 혼합해 굳힌 것을 말한다. 썩지 않는 데다 별다른 관리가 필요 없어 주로 우드 데크용 목재로 판매되고 있다. 겉모습은 목재와 거의 비슷하지만 매끄러운 촉감에서 차이가 난다.

외부용 스테인(착색제)

SPF를 야외에서 사용할 경우 반드시 외부용 스테인을 바르도록 한다. 외부용 스테인은 방충·방부 효과를 향상시키는 약제가 첨가된 착색 도료(127페이지 참조)로, 효과가 영구적이지 않아 몇 년에 한 번씩 다시 발라주어야 한다.

❶ 이페(Ipe)

항만의 갑판에도 사용될 정도로 내구성·내수성·내염성이 뛰어난 목재다. 항상 물이 튀는 곳이 아니라면 따로 관리하지 않아도 반영구적으로 사용할 수 있다고 한다. 해충에도 무척 강하므로 방충 처리를 하지 않아도 된다. 워낙 강하고 단단하기 때문에 전동 원형톱으로 가공할 때는 적합한 톱날로 교체해서 사용해야 한다. 시간이 지날수록 색상이 점차 은회색으로 변한다. 남미 아마존 강 유역에 분포한다.

20×105×2000mm, 4.2kg
판재/평삭 가공, 네 모서리는 모따기 처리

❷ 울린(Ulin)

산지인 보르네오 섬에서는 '평생 썩지 않는 나무'로 불릴 만큼 내구성이 뛰어난 목재다. '보르네오 아이언우드(Borneo ironwood)'라고도 한다. 물에 대한 내구성이 세계 최고 수준이다. 습도가 높은 기후에도 적합해 우드 데크용 목재로 많이 사용되며 중후한 분위기가 풍긴다. 단 하드우드(hardwood, 경재)이므로 직사광선에 장시간 노출되면 휘거나 갈라질 수 있다.

20×105×2000mm, 4.2kg
판재/평삭 가공, 네 모서리는 모따기 처리

❸ 셀랑간 바투(Selangan batu)

밀도가 높고 단단한 경질의 목재로 내구성이 뛰어나다. 이페, 울린 등과 마찬가지로 방부성이 뛰어나 해충 피해도 거의 없다. 내수성도 뛰어나 선박의 갑판이나 보드워크(boardwalk, 해변 등에 판자를 깔아 만든 길)에도 사용된다. 옹이가 없으며 색상은 황갈색~적갈색을 띤다. 보르네오 섬 등 열대우림 지역에 분포한다.

20×105×2900mm, 약 4.2kg
판재/평삭 가공, 네 모서리는 모따기 처리

❹ 사이프러스(Cypress)

오스트레일리아에 분포하는 측백나뭇과의 침엽수. 중경질의 목재지만 이페, 울린, 셀랑간 바투에 비해 부드러워 가공하기 쉽다. 내구성이 레드시더보다 약 2배 정도 높으며, 기본적으로 방부·방충 처리를 할 필요도 없다. 수분이나 습기에 강해 우드 데크용 목재로 인기 있다. 속재목은 암갈색, 겉재목은 연황색이다.

20×105×2100mm, 3.3kg
판재/평삭 가공, 네 모서리는 모따기 처리

COLUMN
01 목재
'목재의 기초 지식'

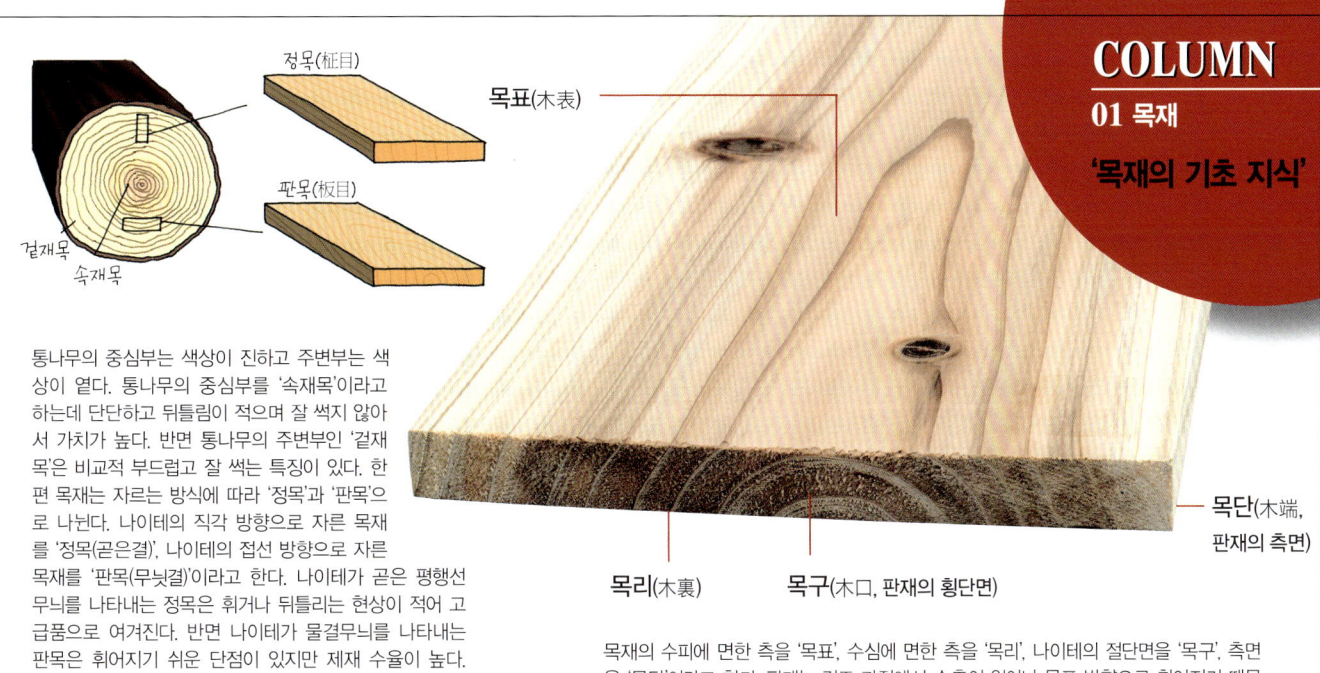

통나무의 중심부는 색상이 진하고 주변부는 색상이 옅다. 통나무의 중심부를 '속재목'이라고 하는데 단단하고 뒤틀림이 적으며 잘 썩지 않아서 가치가 높다. 반면 통나무의 주변부인 '겉재목'은 비교적 부드럽고 잘 썩는 특징이 있다. 한편 목재는 자르는 방식에 따라 '정목'과 '판목'으로 나뉜다. 나이테의 직각 방향으로 자른 목재를 '정목(곧은결)', 나이테의 접선 방향으로 자른 목재를 '판목(무늿결)'이라고 한다. 나이테가 곧은 평행선 무늬를 나타내는 정목은 휘거나 뒤틀리는 현상이 적어 고급품으로 여겨진다. 반면 나이테가 물결무늬를 나타내는 판목은 휘어지기 쉬운 단점이 있지만 제재 수율이 높다. 따라서 일반적으로는 정목보다 판목이 많이 생산된다.

목재의 수피에 면한 측을 '목표', 수심에 면한 측을 '목리', 나이테의 절단면을 '목구', 측면을 '목단'이라고 한다. 판재는 건조 과정에서 수축이 일어나 목표 방향으로 휘어지기 때문에 공작물의 바깥쪽에 목리가 오게 하는 경우가 많다.

침엽수와 활엽수
특성·종류·선택 포인트

사용하기 쉬운 침엽수·희소성이 높은 활엽수

수목은 크게 침엽수와 활엽수로 나뉜다. 침엽수는 잎이 바늘처럼 뾰족한 나무로 대부분 상록성이며 삼나무나 편백나무 등이 대표적이다. 일반적으로 재질이 가볍고 부드러워 가공하기 쉽다. 반면 느티나무나 졸참나무 같은 활엽수는 잎이 넓고 낙엽수인 경우가 많다. 이러한 수목은 재질이 단단해서 가공하기 어렵지만 나뭇결이 개성적이어서 인기가 많다.

침엽수와 활엽수 중에서는 아무래도 침엽수가 구하기 쉽다. 가공하기 쉬워 수요가 많고 조림(造林) 사업도 침엽수 위주로 진행되는 경우가 많다. 수입 목재도 침엽수가 활엽수에 비해 압도적으로 많다. 그래서 DIY 전문점에서도 다양한 종류의 침엽수가 저렴한 가격에 판매되고 있다. 그에 비해 활엽수는 유통량이 적고 가격도 높은 편이지만 독특한 매력으로 목공 애호가들을 사로잡고 있다. 목재를 고를 때는 재질이나 자신의 기량, 공작물의 성격, 예산 등을 종합적으로 고려해야 한다. 아무래도 초보자는 톱 같은 수공구로도 쉽게 가공할 수 있는 침엽수부터 도전해보는 것이 좋다.

DIY 전문점에서 판매하는 목재는 '가공재'나 '제재목' 둘 중 하나다. 가공재는 목재 표면을 평삭 가공(대패 작업)한 것으로, 모따기가 되어 있는 경우도 있다. 구입 즉시 작업할 수 있어 최근에는 이러한 가공재가 매장의 대부분을 차지하고 있다. 대부분 옹이가 적고 깨끗하며 주로 가구나 조작재 등에 사용된다. 한편 제재목은 원목을 판재나 각재로 제재한 것으로 평삭 가공이 되어 있지 않다. 그 때문에 옹이가 많고 표면이 거칠어서 직접 대패 작업을 해서 사용해야 한다. 혹은 대패 작업을 하지 않은 상태에서 잘 보이지 않는 곳에 구조재로 사용하는 경우도 있다. 아무래도 가공재에 비해 손이 덜 가는 만큼 가격이 저렴하다. 목재를 구입할 때는 휘거나 금이 간 부분이 없는지, 목재가 썩지 않았는지 꼼꼼히 확인해야 한다. 옹이가 쉽게 빠질 것처럼 흔들린다거나 목재를 가로지르는 것은 피한다.

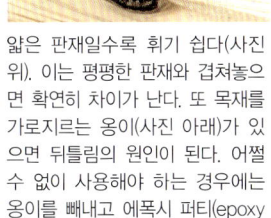

얇은 판재일수록 휘기 쉽다(사진 위). 이는 평평한 판재와 겹쳐놓으면 확연히 차이가 난다. 또 목재를 가로지르는 옹이(사진 아래)가 있으면 뒤틀림의 원인이 된다. 어쩔 수 없이 사용해야 하는 경우에는 옹이를 빼내고 에폭시 퍼티(epoxy putty)로 메우자.

오른쪽이 가문비나무 가공재, 왼쪽이 삼나무 제재목이다. 가공재는 간편하게 쓸 수 있어 인기가 높으며, 제재목은 가공재에 비해 가격이 저렴하다. 따라서 대량의 목재를 사용해야 할 때는 제재목을 구입해 직접 대패 작업을 해서 사용하는 것도 하나의 방법이 될 수 있다.

Needle-Leaved Tree

가볍고 부드러운 것이 특징. 친숙하고 사용하기 편한 소재

무구재(침엽수)

**고급스러운 재질의 편백나무
가격 대비 품질이 좋은 삼나무**

일반적으로 침엽수는 가볍고 부드러우며 가공하기 편해 소프트우드(softwood, 연재)라고도 불린다. 종류가 매우 다양한데 그중에서도 편백나무가 가공성이나 내구성 등 재질적인 측면에서 가장 우수하다. 단 가격이 워낙 비싸기 때문에 원하는 만큼 충분히 사용하기가 쉽지 않다. 반면 삼나무는 가격도 저렴하고 가공하기가 쉬워 가장 사용하기 편한 목재로 알려져 있다.
DIY에는 국내산 목재, 수입 목재를 불문하고 침엽수가 많이 쓰인다. 따라서 원하는 분위기에 맞게 목재를 구분해서 사용한다.

❶ 적송 〔건축〕

강도가 세서 들보 등에 많이 사용된다. 색상은 노란색~연한 적갈색이며 재질은 중경질. 가공성은 중간 정도다. 가지가 두꺼워서 큰 옹이가 생기기 쉽다. 수지가 겉으로 잘 흘러나오지만 시간이 지날수록 아름다운 황갈색으로 변한다.
15×90×2000mm/제재목

| 가공성 | 절삭…5 도장…4 |
| 내구성 | 부후…3 마모…3 |

❷ 미국 솔송나무(웨스턴 헴록, Western hemlock) 〔건축〕

가격이 저렴해서 삼나무 대신 많이 쓰인다. 북미산 목재 가운데 더글러스 퍼 다음으로 가장 많이 수입되고 있다. 재질이 솔송나무와 비슷하다. 색상은 흰색이고, 옹이가 없으며 강도는 보통 수준이다. 가공성은 중간 정도지만 금이 가거나 쪼개지기 쉽다. 내구성은 낮으며 수지는 흘러나오지 않는다.
90×90×4000/제재목

| 가공성 | 절삭…4 도장…5 |
| 내구성 | 부후…2 마모…4 |

❸ 가문비나무 〔건축〕

색상은 흰색에 가까우며 조직이 치밀하고 나뭇결의 폭도 일정하다. 가벼운 무게에 비해 강도도 비교적 세다. 가공하기 매우 쉽고 끝손질도 양호해서 수지가 흘러나오지 않는다. 단 내구성이 낮은 편이다. 피아노 건반 같은 특수한 용도로 사용된다.
14×90×1820mm/가공재

| 가공성 | 절삭…5 도장…4 |
| 내구성 | 부후…1 마모…4 |

❹ 더글러스 퍼(Douglas fir) 〔가구〕〔건축〕

북미산 목재로 색상은 황갈색~적갈색이다. 나뭇결이 곧고 뚜렷하여 아름답다. 침엽수 중에는 비교적 단단한 편으로, 내구성은 중간 정도다. 가공하기는 쉽지만 수지가 잘 흘러나오므로 도장을 할 때 방지 처리를 하는 것이 좋다. 그러지 않으면 해가 갈수록 색이 검게 변할 수 있다.
90×90×4000mm/제재목

| 가공성 | 절삭…4 도장…3 |
| 내구성 | 부후…3 마모…3 |

❺ 편백나무 〔가구〕〔건축〕

목재 가운데 가장 질이 우수하다고 알려져 있다. 건조성이 좋고 뒤틀림이 적다. 내구성이 높고 끝손질도 양호하다. 표면에 광택이 나고 독특한 향기가 난다. 비슷하게 자주 쓰이는 삼나무에 비해 단단하고 가공하기가 쉽다. 구조재부터 내외장재까지 폭넓게 사용할 수 있다.
11×85×910mm/가공재

| 가공성 | 절삭…5 도장…5 |
| 내구성 | 부후…5 마모…4 |

❻ 삼나무 〔가구〕〔건축〕

부드러워 가공성이 뛰어나다. 나뭇결이 뚜렷하며 옹이가 많은 편이다. 속재목의 색이 붉으며 내구성은 중간 정도다. 겉재목은 색이 하얗고, 내구성이 낮다.
12×180×1820mm/가공재

| 가공성 | 절삭…5 도장…4 |
| 내구성 | 부후…3 마모…4 |

01 목재 / 무구재(침엽수)

분비나무

건축

속재목과 겉재목이 둘 다 흰색을 띠며 색에 거의 차이가 없다. 비교적 부드러운 재질이라 가공하기 쉽다는 장점이 있지만 표면이 거칠고 옹이가 생기기 쉽다. 내구성은 떨어진다. 펄프 원료로도 사용된다.

| 가공성 | 절삭…5 도장…4 |
| 내구성 | 부후…3 마모…4 |

솔송나무

조작*

소나뭇과 수목으로 대부분 천연림에서 생산된다. 재질은 중경질이며 나뭇결이 곧은 것이 특징이다. 가공성은 중간 정도다. 도장을 했을 때 완성도가 높다. 내구성은 중간 정도이며 수지는 거의 흘러나오지 않는다.
12×60×1820mm/가공재

| 가공성 | 절삭…4 도장…5 |
| 내구성 | 부후…3 마모…3 |

히바

조작

측백나뭇과의 상록교목으로 히노키 아스나라고도 한다. 비교적 부드러워 가공하기 쉬우며 내구성이 뛰어나다. 특히 물과 습에 강하며 '히노키티올(hinokitiol)' 성분이 함유되어 있어 살균·방부 효과가 뛰어나 도마 등에 많이 쓰인다. 특히 아오모리 히바가 유명하다.
34×100×300mm/가공재

| 가공성 | 절삭…5 도장…4 | 내구성 | 부후…4 마모…4 |

*조작(造作): 건축 공사 중에서 기둥, 보 등 구조 부재를 제외한 것으로 목조 건축에서는 바닥, 천장, 창호 틀, 벽장 등이 해당됨

라디에타 파인

건축

뉴질랜드나 칠레에서 수입되는 목재다. 비교적 큰 옹이가 많으며 나이테의 폭도 넓다. 소나뭇과 수목 중에서는 비교적 가공하기 쉽다. 주로 집성재의 재료로 많이 사용된다.

| 가공성 | 절삭…5 도장…3 |
| 내구성 | 부후…3 마모…3 |

스프루스

가구 **건축**

소나뭇과에 속하는 북미산 목재다. 가장 많은 것이 시트카 스프루스(Sitka Spruce)다. 색은 흰색에 가까우며 천연 광택이 있어 아름답다. 재질이 균일하면서도 비교적 부드러워 가공하기 쉽다. 반면 내구성과 강도는 낮은 편이다. 미국 가문비나무라고도 한다.
38×89×1820mm/가공재

| 가공성 | 절삭…5 도장…5 |
| 내구성 | 부후…3 마모…4 |

화백나무

창호

측백나뭇과에 속한다. 오동나무 다음으로 가볍고 절삭 등 가공하기 쉽다. 수분에 강하기 때문에 욕조나 도마 등에 사용된다. 편백나무에 비해 표면이 거칠고 향기나 광택이 거의 없다.
34×100×300mm/가공재

| 가공성 | 절삭…5 도장…4 |
| 내구성 | 부후…4 마모…5 |

낙엽송

건축

침엽수 가운데 유일하게 잎이 지는 수종이다. 속재목은 적갈색, 겉재목은 백색을 띠며 무늬가 뚜렷하다. 중경질의 목재로 가공이 어려우며, 쪼개지기 쉽다. 내구성은 높지만 수지가 흘러나오기 쉽다

| 가공성 | 절삭…3 도장…3 |
| 내구성 | 절삭…4 도장…3 |

제재소에서 목재를 구입하려면?

최근 늘어 DIY 전문점에서 취급하는 목재의 종류가 늘어났다고는 하지만 언제든지 구입할 수 있는 제품은 규격재나 삼나무, 소나무 등이 고작이다. 다른 종류의 목재를 구입하고 싶다면 역시 제재소에 갈 수밖에 없다. 그러나 소매를 취급하는 제재소는 그리 많지 않으며 사실상 대부분은 건축사무소 등을 상대로 하는 도매 거래를 주로 취급한다. 따라서 소매를 취급하는 제재소를 찾으려면 입소문을 이용해야 한다.

아가티스(Agathis)

조작

동남아시아에서 수입하는 얼마 안 되는 침엽수 가운데 하나다. 유연하고 재질이 균일하여 가공성이 뛰어나다. 탄력이 있어서 잘 쪼개지지 않는 것이 특징이다. 나이테는 그리 뚜렷하지 않지만 표면에 광택이 흐른다. 단, 물이나 습기에 취약하며 내구성이 떨어진다.
34×100×300mm/가공재

| 가공성 | 절삭…5 도장…4 |
| 내구성 | 부후…3 마모…3 |

미국 전나무

조작

북미의 태평양 연안 지역에서 자란다. 흰색에서 옅은 노란색을 띠며, 재질은 비교적 부드러운 편이다. 가공이 용이한 반면 내구성과 강도는 떨어져서 내장재로 많이 쓰인다. 표면이 거칠고 통직목리(곧은결)를 지니고 있다. 수지는 거의 흘러나오지 않는다.

| 가공성 | 절삭…5 도장…5 |
| 내구성 | 부후…3 마모…3 |

【 목재 비중 】 물과 비교했을 때 목재의 용적 중량이 어느 정도인지를 나타내는 수치다. 수치가 작을수록 가볍고 클수록 무겁다. 일반적으로 비중이 큰 목재일수록 강도도 높다. 참나무는 0.38, 편백나무는 0.41, 적송은 0.53이다.

Broadleaf Tree

아름다운 나뭇결과 분위기. 가구 만들기에 도전하는 DIY 애호가들이 꿈꾸는 재료

무구재(활엽수)

아름다움과 강인함을 모두 갖춘 희소가치가 높은 고급 목재

활엽수 중에는 하드우드(Hardwood)라고도 불릴 만큼 단단한 나무가 많다. 가공성은 침엽수에 비해 조금 떨어지지만 수종에 따라 독특한 나뭇결과 광택을 자랑해서 인기가 많다. 미관을 잘 살려 내장재나 가구재로 사용하기도 하며, 뛰어난 내구성과 강도를 이용해 기둥이나 바닥재료 등 건축 자재로 활용하기도 한다. 단, 생산량과 유통량이 워낙 적은 탓에 나왕이나 들메나무를 제외한 다른 목재는 DIY 전문점에서 구입하기 어렵다. 소매를 취급하는 목재소를 방문하는 편이 빠를 것이다. 일반적으로 침엽수에 비해 희소가치가 높은 만큼 가격이 높은 제품도 많다.

❶ 오동나무 [가구]

목재 중에 가장 가볍고 부드럽다. 가공하기가 매우 쉬우며 흡습성이 뛰어나 예로부터 장롱과 같은 가구에 즐겨 썼다. 요즘은 국산 목재를 찾아보기 어려우며 대부분 중국에서 수입한 집성재를 많이 사용한다.
34×100×300mm/가공재

- 가공성 / 절삭…4 도장…4
- 내구성 / 부후…3 마모…2

❷ 일본 목련 [건축]

독특한 모양의 큰 잎을 접해본 사람이 많을 것이다. 목재가 부드럽고 가벼워서 절삭·도장·접착 등 모든 가공을 수월하게 할 수 있다. 가구나 장식재, 또는 작은 세공품 등에도 잘 어울린다. 곧은결을 지니고 있으며, 쪼개짐이나 뒤틀림이 적다.
34×100×300mm/가공재

- 가공성 / 절삭…5 도장…5
- 내구성 / 부후…3 마모…4

❸ 라민(Ramin) [가구] [조작]

주로 인도네시아에서 수입되고 있는 동남아시아산 목재다. 가공하기 쉽지만 잘 쪼개지므로 못 등을 박을 때 주의해야 한다. 내구성이 매우 떨어지므로 야외에서의 사용은 피하는 것이 좋다. 장식재나 가구 등 다양한 용도에 쓰인다.
지름 30×910mm/원기둥

- 가공성 / 절삭…4 도장…4
- 내구성 / 부후…3 마모…3

❹ 느티나무 [가구] [건축]

활엽수의 대명사로 일컬어지는 우수한 목재다. 뚜렷한 나뭇결이 인상적이며, 내구성과 강도도 뛰어나다. 비교적 무겁고 단단한 편이지만 가공하기에 큰 어려움은 없다.
34×100×300mm/가공재

- 가공성 / 절삭…4 도장…5
- 내구성 / 부후…4 마모…5

❺ 들메나무 [가구]

비교적 구입하기 쉬운 활엽수다. 튼튼하고 탄력이 있어 야구 배트 등에 사용된다. 가공성도 뛰어나며 아름다운 무늬가 있는 목재가 많아서 가구나 바닥재 등에 자주 쓰인다. 밝은 흰색을 띠고 있어 착색성도 뛰어나다.
34×100×300mm/가공재

- 가공성 / 절삭…4 도장…4
- 내구성 / 부후…3 마모…4

라민은 대부분 원기둥 모양으로 판매되고 있다. 표면이 다소 거칠고 색상은 옅은 흰색에서 옅은 노란색을 띤다.

【 나뭇결무늬 】 일본어로는 '모쿠(杢)'라고 한다. 특수한 조건에서 도관의 주행·분포·배열에 변이가 발생한 결과 목재 표면에 나타나는 아름다운 무늬를 가리킨다. 주름무늬, 파도무늬, 물방울무늬, 호랑이무늬 등이 있으며, 이러한 무늬가 나타난 목재는 매우 귀히 여긴다.

01 | 목재 / 무구재(활엽수)

산벚나무

가구

벚나무라고도 불리며 아름다운 적갈색을 띤다. 어두운 녹색 줄무늬가 나타나는 경우도 있다. 재질은 중경질이며, 조직이 치밀하지만 잘 쪼개지지 않으며 뒤틀림도 적다. 가공이 비교적 쉬운 편이다. 습기나 벌레에도 강해 보존성이 뛰어나다. 유통량이 매우 적어 희소 가치가 높다.
34×100×300mm/가공재

| 가공성 | 절삭…4 도장…4 |
| 내구성 | 부후…4 마모…4 |

밤나무

가구 / 건축

매우 무겁고 내구성이 뛰어나 건축물의 토대나 기둥 등에 사용된다. 보존성이 매우 뛰어난 것이 특징이다. 표면은 거칠고 갈색을 띤다. 워낙 단단해서 가공이 쉽지 않지만 가구 등에 즐겨 사용하는 사람도 많다. 희소성이 높은 목재다.
34×100×300mm/가공재

| 가공성 | 절삭…3 도장…3 |
| 내구성 | 부후…4 마모…4 |

너도밤나무

가구 / 조작

무겁고 탄력이 있어 곡목(曲木) 등에 사용된다. 표면은 흰색 혹은 옅은 노란색을 띤다. 가공하기 쉬운 편으로 특히 도장이 잘 되어 가구나 바닥재 등으로 자주 쓰인다. 과거에는 물량이 풍부했으나 이제는 크게 감소하여 귀중재로 여겨지고 있다.
34×100×300mm/가공재

| 가공성 | 절삭…4 도장…5 |
| 내구성 | 부후…3 마모…3 |

티크(teak)

장식 / 가구

고급 목재로 유명하다. 인도, 태국, 인도네시아 등 열대 지역에서 수입하고 있다. 재질은 중경질이지만 가공하기 쉽다. 내구성이 매우 뛰어나 과거에는 선박의 갑판에도 사용되었으며, 표면에 유분기가 있어 독특한 향기가 난다. 고급 가구나 장식재로 사용된다.
34×100×300mm/가공재

| 가공성 | 절삭…4 도장…4 |
| 내구성 | 부후…5 마모…5 |

물참나무

가구

일반적으로 중경질인 목재로 위스키 통으로도 사용된다(생육 환경이 좋지 않아 부드러운 나무도 있다). 옅은 노란색을 띠며 표면은 거칠다. 가공성은 중간 정도다. 유럽에서는 예로부터 가구재로 쓰일 만큼 귀히 여겼다. 오늘날에도 가구나 상판, 건축 등 다양한 용도로 쓰인다.
34×100×300mm/가공재

| 가공성 | 절삭…3 도장…5 |
| 내구성 | 부후…4 마모…3 |

큰잎자작

가구

자작나무라고도 불린다. 광택이 있으며 조직이 치밀하다. 단단하고 강도가 높지만 가공성이 좋은 편이다. 내마모성이 높아 체육관의 바닥재로도 쓰인다. '벚나무'로 취급될 때도 있지만 '산벚나무'와는 종류가 다르다.
34×100×300mm/가공재

| 가공성 | 절삭…3 도장…5 |
| 내구성 | 부후…4 마모…5 |

기초지식 — 나무 중의 나무, '명목(銘木)'

철도목 / 흑단 / 자단

목공에 입문하면 언젠가 한 번쯤 '명목(銘木)'이라는 말을 듣게 된다. 명목은 나뭇결이 아름답고 윤기가 흐르거나 형태가 독특한 분위기를 풍기는 등 미관이 수려한 목재를 일컫는 말이다.
예를 들어 왼쪽 사진에 나온 자단, 흑단, 철도목 등은 예로부터 명목으로 불린 대표적인 나무들이다. 좌탁이나 불단 등에 쓰인다.

나왕

가구 / 합판

동남아시아의 열대우림 지역에서 자생하는 용뇌향과의 목재 가운데 가볍고 유연한 목재를 총칭하는 말이다. 색상별로 황색 나왕, 적색 나왕, 백색 나왕으로 나뉜다. 모두 재질이 비슷하고 가공이 쉬운 반면, 표면이 다소 거칠고 내구성이 떨어진다.
14×45×1820mm/가공재

| 가공성 | 절삭…4 도장…4 |
| 내구성 | 부후…2 마모…2 |

【 리그넘바이타(Lignum Vitae) 】 전 세계에서 가장 무겁고 단단한 나무로 비중이 1.23이나 되어 물속에 가라앉는다. 견고한 특성을 이용해 선박 스크루의 베어링으로도 쓰인다(중남미산).

Plywood

DIY의 대표 소재. 뛰어난 가공성과 저렴한 가격이 포인트

합판

넓은 면적이 특징이며 야외에는 적합하지 않다

합판이란 원목을 얇게 깎은 판을 접착제로 여러 장 겹쳐 붙인 것을 말한다. 절삭 선반을 사용해 돌려깎기를 하듯이 원목을 깎아내기 때문에 이음매가 없이 폭이 1미터가 넘는 판재를 얻을 수 있다. 게다가 판을 여러 장 겹쳐 붙일 때 나뭇결 방향을 직각으로 교차시키므로 무구재처럼 뒤틀리는 일도 없다. 강도도 세서 못을 박는 등 각종 가공을 하기에 좋다. 가격도 저렴하여 DIY에서 가장 많이 쓰이는 소재다.

단, 합판은 기본적으로 내후성(잘 썩지 않는 성질)이 떨어지므로 야외 사용에는 적합하지 않다. 또한 아무리 두꺼워도 측면에 나사를 박지 못하므로 가는 못을 사용해야 한다. 횡단면을 가릴 때는 보통 나뭇결 테이프를 붙인다.

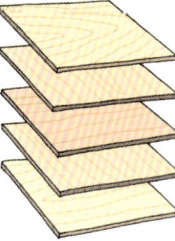

얇게 깎은 판을 '딘판'이라고 한다. 일러스트에 나온 것처럼 나뭇결이 직각으로 교차하게 붙여야 강도가 높아진다.

일반 합판

표면에 특수한 가공을 하지 않고 단판으로만 구성된 합판을 일반 합판이라고 한다. 세 장을 겹친 합판을 3프라이, 다섯 장을 겹친 합판을 5프라이라고 부른다.

❶ 나왕 합판

합판의 대명사라고 할 수 있다. 싸고 강도가 높으며 칠을 했을 때도 색감이 산다. 품질이 한 단계 낮은 나왕 합판이 구조용으로 사용되고 있지만 표면이 거칠어서 마감재보다는 눈에 잘 띄지 않는 곳에 주로 쓰인다.
2.5×910×1820mm

❷ 참피나무 합판

표면에 참피나무를 붙인 합판이다. 참피나무는 젓가락의 재료로도 유명하다. 별다른 가공 없이 마감재로 쓸 수 있을 정도로 결이 부드럽다. 밝은 색을 띠고 있어서 도료를 발라도 색감이 잘 살아난다. 나왕 합판보다 고가이기는 하지만 사용하기 매우 쉽다는 장점이 있다.
9×910×1820mm

❸ 콘크리트 패널

콘크리트 거푸집용 합판이다. 콘크리트를 부을 때 거푸집으로 사용하기 위해 만들어져서 내수성이 뛰어나다. 주로 나왕을 사용하며 두께는 12~15mm이다. 공사 현장에서 사용하므로 규격 수치가 매우 정밀한 것이 특징이다. 나뭇결은 매우 거친 편이므로 마감재로는 적합하지 않다.
12×900×1800mm

❹ 침엽수 합판

낙엽송과 같은 소나무 계열 수종을 사용한 합판이다. 나왕이 고갈되면서 최근 들어 물량이 증가하고 있다. 나이테가 표면에 돌출되어 있어 주로 구조용으로 사용되지만 매끈하게 다듬어서 내장용으로 판매하는 곳도 있다.
9×910×1820mm

내수성을 나타내는 'T'에 주목하자

보통 합판은 내수성에 따라 1등급과 2등급으로 구분된다. 1등급은 '타입 1(T1)'이라 불리며, 내수성이 매우 뛰어나 외장재나 콘크리트 패널로 쓰인다. 2등급은 '타입 2(T2)'로 불리며, 어느 정도 습기에 견딜 수 있다. 주로 가구나 내장재로 많이 쓰이며 1등급보다 범용성이 높다.

> **기초지식**

일반 합판의 사이즈

3×6자가 기준이며 미니 사이즈도 있다

표준 사이즈는 910×1820mm(3×6자)가 일반적이지만 이 외에도 2×6자, 4×8자 등이 있다. 최근에는 300×910mm 등과 같은 미니 사이즈 제품도 판매하고 있다.

두께는 2, 3, 4, 5.5, 9, 12, 15, 18, 21, 24mm가 있다. 두께가 다양하여 여러 용도로 쓸 수 있다.

【 베니어 】 지금은 합판과 같은 의미로 사용되는 관용적 표현이 되었지만 원래는 합판을 구성하는 단판을 가리키는 말이다.

【 LVL 】 나뭇결 방향을 직각으로 교차시켜 붙이는 합판과는 달리 나뭇결을 평행으로 붙여 만든 제품이 있다. 이것을 LVL(Laminated Veneer Lumber)이라고 한다. LVL은 판재가 아니라 기둥 모양의 제품으로 강도가 뛰어나 구조재로 사용된다.

01 목재 / 합판

특수 합판

일반 합판의 표면을 가공한 합판을 '특수 합판'이라고 한다. 쓰키이타나 수지필름을 붙인 합판 등이 있다.

도장 합판
일반 합판의 표면에 색을 칠한 것이다. 가구나 벽 등의 내장재로 많이 사용된다. 아미노알키드 수지 도료를 바른 불투명한 합판을 '컬러 합판'이라고 한다.
2.7×910×1820mm

수지 합판
표면에 각종 수지 필름을 붙인 제품이다. 멜라민, 폴리에스테르, 염화비닐 등이 사용된다. 멜라민은 내수성과 내열성이 뛰어나 가구 등에 많이 쓰인다. 색상도 다양하다.
2.5×910×1820mm

유공 합판
드릴이나 펜치 등으로 무수히 많은 구멍을 뚫은 합판이다. 흡음 효과를 높이기 위해 벽이나 천장에 사용한다. 이 밖에 장식적인 용도로 사용하거나 캐비닛 등에 통풍용 뒤판으로 쓰기도 한다.
4×910×1820mm

프린트 합판
일반 합판의 표면에 직접 나뭇결 모양을 인쇄하거나 나뭇결을 인쇄한 종이를 붙인 합판이다. 그 위에 수지 도장을 한다. 특수 합판 중에서 가격이 저렴한 편이다. 화장재 등에도 사용된다.
2.5×910×1820mm

천연목화장 합판
표면에 천연목의 쓰키이타를 붙인 것이다. 정목(곧은결)이나 아름다운 무늬가 있는 부분을 사용한다. 바닥재나 가구의 표면 등에 장식재로 사용된다.
2.7×910×1820mm

OSB 합판
아스펜 등의 얇은 나뭇조각을 접착제로 굳혀 패널 형태로 굳힌 것이다. 강도가 매우 높으며, 단열 및 방음 효과가 뛰어나 구조재로 많이 사용된다. 가격도 매우 저렴하다.
9×910×1820mm

럼버 코어 합판
각재를 심재로 사용한 합판으로 뒤틀림이 적고 두께감이 있으며 단열성도 뛰어나다. 횡단면에도 나사가 잘 박히며 나뭇결 테이프도 붙이기 쉽다. 책 선반이나 테이블 상판 등에 널리 사용된다.
21×910×1820mm/나왕 럼버 코어
21×910×1820mm/참피나무 럼버 코어

추천 아이템

나뭇결 테이프와 쓰키이타 시트로 합판을 아름답게 꾸미자

합판의 절단면을 감출 때 흔히 나뭇결 테이프라는 제품을 사용한다. 독특한 무늬가 있어 장식적인 효과를 거둘 수 있다. 또 직접 붙일 수 있는 쓰키이타 시트도 판매되고 있다. 저렴한 합판도 이러한 아이템을 사용하면 고급스러운 느낌으로 재탄생하므로 꼭 한 번 이용해보자.

'우드 모자이크 테이프' 호산
● 두께 1mm, 폭 3mm~, 길이 914mm

'랩핑 롤' 마루코 천연목화장 합판
● 0.55×26×5000mm

'랩핑 시트' 마루코 천연목화장 합판
● 0.3×300×600mm

【 쓰키이타(突板) 】 나뭇결이 아름다운 천연목을 기계로 얇게 슬라이스한 것이다. 단판과 두께에서 차이가 난다. 쓰키이타는 보통 두께가 1mm 이하인 제품을 말하며, 합판의 표면 등에 붙여 내장재로 사용하기도 한다. 희소성이 높은 나무에서 아름다운 나뭇결을 대량으로 얻을 수 있다.

집성재

강도가 높아서 나무가 일어나거나 쪼개지는 일이 적다. 넓은 면적을 얻을 수 있다는 점도 매력적이다

나무가 일어나거나 쪼개지는 일이 적어 상판 등에 많이 쓰인다

집성재란 각재나 판재의 섬유 방향을 맞춰 합성수지로 붙인 제품이다. 겉모습은 무구재와 거의 흡사하지만 자세히 보면 이음매가 보인다. 한 장으로 이루어진 무구재에 비해 뒤틀림이 적고 다루기가 쉽다. 여러 개의 목재를 접착한 것이니 강도가 약할지도 모른다는 생각이 들겠지만 실제로는 주택의 들보에 사용될 만큼 튼튼하다. 생산 과정에서 큰 옹이나 쪼개진 부분을 미리 제거하므로 균일한 재질의 넓고 두꺼운 목재를 얻을 수 있다. 일반적으로 테이블 상판 등 가구에 자주 사용된다.

가공 과정은 무구재와 비슷하다. 단, 지나치게 가늘게 자르면 이어진 부분이 꺾일 수 있으므로 주의하자. 또 스테인 같은 착색 투명 도료를 사용할 때 이음매 부분이 눈에 띌 수 있으므로 주의하자. 칠하기 전에 미리 다른 나뭇조각에 시험 삼아 발라보는 것이 좋다.

특수한 접착제를 사용해 야외에서도 쓸 수 있는 제품도 있지만 DIY 전문점 등에서 구입하는 집성재는 대부분 실내용 제품이다. 야외 공작물을 만들 때는 피하도록 하자.

나무를 이을 때는 일반적으로 핑거 조인트*(위) 방식을 사용한다. 접합부의 앞면이 직선처럼 보이게 하는 경우도 있다(아래).

* 핑거 조인트: 손가락 깍지를 낀 것처럼 나무의 끝부분을 지그재그로 잘라 서로 맞물리게 부착하는 방식

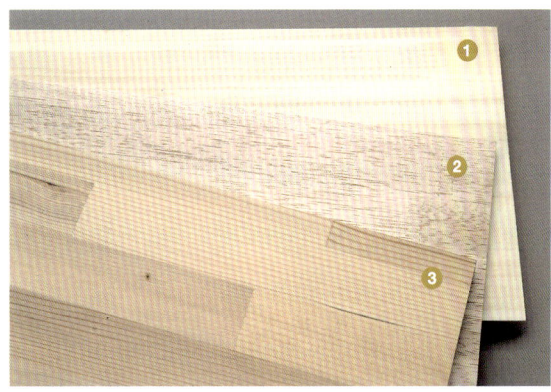

❶ 포플러 17×200×910mm
❷ 팔카타 13×200×910mm
❸ 스트로부스 소나무 19×180×910mm

포플러는 버드나뭇과의 활엽수로 유연해서 가공이 쉽지만 절단하면 나무가 잘 일어난다. 최근에는 성냥개비 등을 만드는 데 사용되고 있다. 팔카타는 오동나무와 비슷한 분위기를 풍기며, 부드러워 가공하기 쉽다. 툇마루나 책장 등을 만드는 데 많이 쓰인다. 포플러와 팔카타 모두 내구성이나 내수성은 떨어진다. 스트로부스 소나무는 북미산 목재로 내구성은 중간 정도다. 비교적 부드러운 재질로 이루어져 있어 가공성이 뛰어나지만 내구성은 떨어진다. 가구 등에 많이 사용된다.

❹ 편백나무 14×200×910mm
❺ 오동나무 13×210×910mm
❻ 소나무 14×150×910mm

편백나무, 오동나무, 소나무의 특징은 14~16페이지를 참조하자. 오동나무 집성재는 DIY 전문점에서도 많이 판매한다. 가볍고 가공하기 편해 추천할 만하다. 단 내구성은 소나무나 편백나무에 비해 다소 떨어진다.

스트라이프 집성재

개성적인 작품을 탄생시켜 보자

서로 다른 수종을 이어 붙여 만든 집성재도 있다. 색상이 다른 수종을 사용하면 사진에 나온 것처럼 스트라이프 무늬가 나온다. 독특한 재료로 개성 넘치는 작품을 만들어보자.

【 기타 집성재 】 머르쿠시 파인(Merkusii pine)은 동남아시아에 자생하는 침엽수로 적송과 닮았다. 가공성이 뛰어나며 나뭇결이 아름답다. 라디에이터 파인(Radiata pine)은 북미 지역과 뉴질랜드에 자생하는 소나무로 단단하여 가공하기 쉽지 않다. 두 수종 모두 집성재의 재료로 쓰인다.

목질 보드

Fiber&Particle Board　　01 | 목재 / 목질 보드

안정적인 소재로 사용하기 편리하다. MDF는 가구재로도 주목받고 있다

재질이 균일해 뒤틀림이 없다
초보자도 쉽게 다룰 수 있는 소재

목질 보드는 목재를 섬유질 상태로 풀어 형태를 만든 '파이버보드'와 작은 나뭇조각을 압착시켜 형태를 만든 '파티클보드'로 나뉜다. 또 파이버보드는 밀도가 낮은 것부터 순서대로 '인슐레이션 보드', 'MDF', '하드보드' 세 가지로 나뉜다. 목질 보드의 특징이자 장점으로는 재질이 균일하여 무구재와 같은 뒤틀림이 발생하지 않는다는 점과 부후 및 해충의 피해를 입지 않는다는 점을 들 수 있다. 습기에 약한 탓에 종류에 따라서는 나사나 못이 잘 박히지 않는다는 단점도 있지만 소재 자체가 매우 안정적이므로 다루기 쉽다. 특히 MDF는 표면이 매끄럽고 재질이 촘촘하여 가공성이 뛰어난 덕분에 가구재나 DIY 등에 많이 사용되고 있다.

❶ MDF　　〔가구〕〔건축〕
Midium Density Fiberboard의 약자로 나무의 섬유질을 접착제로 굳혀 만든 제품이다. 표면이 매끄러워 가구재로 사용되는 경우도 많다. 가공성이 뛰어나 DIY에서도 자주 쓰인다.

〔가공성〕　절삭…4　도장…5　〔내구성〕　부후…5 마모…5

❷ 하드보드　　〔가구〕〔건축〕
파이버보드 중에서 가장 단단하다. 표면은 매끄럽고 광택이 나며 뒷면에는 결이 보인다. 과거에는 화판으로 자주 사용됐다. 못이나 나사가 잘 들어가 구멍을 뚫기도 쉽다. 가공성은 파이버보드 중에서 가장 뛰어나다. 색상은 기본적으로 짙은 갈색이다.

〔가공성〕　절삭…5　도장…5　〔내구성〕　부후…5 마모…5

❸ 인슐레이션　　〔보드〕〔건축〕
파이버보드 중에서 가장 가볍고 부드러우며 표면이 다소 거칠다. 워낙 부드러워서 못이나 나사가 잘 박히지 않지만 단열이나 보온, 흡음 효과가 뛰어나다. 천장재나 벽재 등에 많이 사용된다.

〔가공성〕　절삭…2　도장…2　〔내구성〕　부후…4 마모…3

❹ 파티클　　〔보드〕
작은 나뭇조각을 접착제로 붙여 판 모양으로 만든 것이다. 칩 보드(chip board)라고도 불린다. 표면은 매끄럽고 단단하며 색을 칠했을 때의 상태도 양호하다. 단열성과 차음성이 뛰어난 반면, 수분에는 취약하다. 습기를 빨아들이지 않도록 도장(특히 절단면)을 하는 등 별도의 처리가 필요하다.

〔가공성〕　절삭…3　도장…3　〔내구성〕　부후…5 마모…4

【 거푸집널(Sheathing board) 】　인슐레이션 보드에 아스팔트 처리를 해서 강도와 내수성을 높인 제품이다. 지붕이나 외벽의 기초재로 사용된다.

COLUMN
01 목재
'조립식 가구'

부자재를 조립하는 것만으로도 쉽고 간편하게 즐길 수 있는 세미 DIY

공구 하나로 만들 수 있는 손쉬운 작품부터 완성도 높은 전문가 수준의 작품까지

스스로 선택한 소재를 직접 가공하는 DIY를 즐겨보자. 단, 그전에 도구와 지식, 기술을 쌓아 바탕을 다져야 한다. 자신이 없다면 일단 조립식 가구부터 도전해보는 것이 어떨까. 혹시라도 조립식 가구는 싸구려처럼 보인다는 고정관념이 있다면 DIY 전문점에 가보자. 가구들의 완성도 높은 모습에 깜짝 놀랄 것이다. 게다가 조립식 가구는 가공이 끝난 상태로 판매되어 번거로운 절단 과정이나 장식을 거칠 필요가 없다. 간단히 못과 나사를 이용해 DIY 생활을 즐기면서 근사한 나만의 작품을 완성해보자. 이 방법은 특히 DIY에 처음으로 도전하는 사람들에게 추천할 만하다.

조립식 수납
원하는 사이즈에 맞춰 나만의 수납장을 만들 수 있는 조립 세트

❶의 '우드 볼'은 함께 들어 있는 렌치로 나사를 감기만 하면 선반(lack)이 완성된다. 조립하는 방법에 따라 다양한 사이즈를 만들 수 있다. ❷의 '레크포스트'도 홈에 판재를 끼우기만 하면 선반이 완성된다. ❸의 '장식용 선반널'을 사용하면 도장 같은 마무리 작업을 하지 않아도 된다(규격 및 색상이 다양하다).

❶ '우드 볼' 와타나베 우드 라이프 ●75~683mm
❷ '레크포스트' 와타나베 우드 라이프 ●600~1800mm

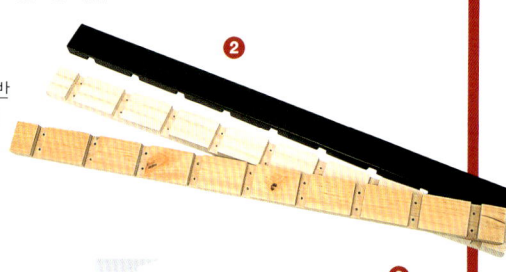

조립식 가구
기성품에 뒤지지 않는 완성도 직접 만드는 즐거움이 매력

미도장·미완성품이 한 상자에 든 조립 세트다. 마음에 드는 재료(바니시, 페인트, 왁스)를 발라 직접 자신만의 가구를 완성해보자.

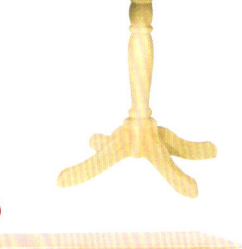

❹ '호손 체어77W' 895(등받이 높이)×520(좌면 깊이)×445(좌면 폭)×438mm(좌면 높이)
❺ '센테니얼362W' 724(높이)×914mm(지름)
❻ '홈스테드 테이블 210W' 737(높이)×1219(폭)×762mm(깊이)
❼ '메켄지5 드로워 체스트 1126AUF' 1270(폭)×470(깊이)×1067(높이)mm

가공재를 사용해 손쉽게 DIY에 도전하자

예로부터 오동나무(왼쪽)나 삼나무(오른쪽)의 표면을 그을려서 나뭇결을 돋보이게 하는 장식 기법이 많이 쓰였다. 최근에는 DIY 전문점에서 이러한 가공을 모두 마친 목재를 판매하고 있다. 조립식 가구 외에도 이러한 가공재를 사용해 번거로운 과정을 단축하면 즐겁고 간편하게 DIY를 즐길 수 있다.

How to DIY 목공

톱

날 교체식 톱이 일반적이며 톱날은 250㎜ 전후가 사용하기 편하다.

톱몸
얇을수록 잘 휘고 부러지기 쉽다.

톱날
자르는 날과 켜는 날은 톱날의 형태가 다르다.

날 교체 부분
자루와 톱날을 연결하는 부분. 날이 무뎌지면 새로운 날로 교체한다.

자루
손이 잘 미끄러지지 않도록 가는 대나무 등을 감아 놓는다.

직선 자르기

❶ 선에 손가락 끝을 갖다 댄다
선을 그은 다음 자르기 시작할 부분에 손가락 끝을 갖다 댄다. 받침대 위에 목재를 얹으면 수월하게 자를 수 있다.

❷ 손가락 끝에 톱날을 갖다 댄다
톱날을 선에 갖다 댄다. ①에서 손가락 끝을 선에 갖다 대었기 때문에 톱날을 선에 손쉽게 맞출 수 있다.

❸ 톱길을 낸다
톱을 가볍게 당겨 '톱길'을 낸다. 처음 자를 때 톱을 앞으로 살짝 기울여 자른다. 이 과정이 가장 중요하다.

❹ 톱질을 계속한다
톱몸이 목재에 안정적으로 들어가면 톱을 조금씩 세워가며 톱질을 한다. 거의 다 자르면 다시 톱을 살짝 기울인다.

기본 사용 방법

기본자세
목재를 자를 때 자루가 몸에 닿지 않도록 한다. 이런 자세를 취하면 자연적으로 체중이 실리기 때문에 목재를 단단히 고정시킬 수 있다.

망치(목공용 쇠메)

두드리거나 박을 때 사용하는 기본적인 수공구

구면
망치의 단면이 볼록하다. 보통 못을 끝까지 박을 때 마무리 단계에서 사용한다. 단면이 볼록하기 때문에 목재에 흠집을 내지 않으면서 못을 깊숙이 박을 수 있다.

평면
망치의 단면이 평평하다. 못을 박을 때 외에도 목재를 조립하거나 끌을 두드릴 때, 혹은 대패 날을 조절할 때 사용한다.

기본 사용 방법

자루 아래쪽을 잡는다

망치를 잡는 위치는 사용하는 못의 길이에 따라 달라지지만 기본적으로 자루의 중간 부분보다 약간 아래쪽을 잡는다. 자루를 중지, 약지, 소지로 감싸 쥐면 손목을 자유롭게 움직일 수 있어 망치질을 능숙하게 할 수 있다.

못 박기

❶ 송곳으로 못길을 낸다

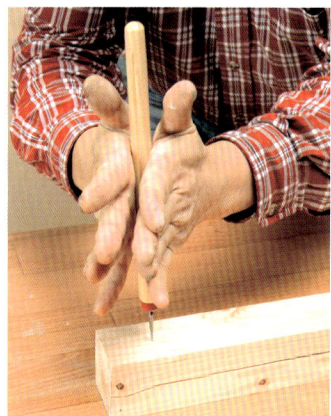

나무가 쪼개지지 않도록 못을 박기 전에 반드시 송곳으로 미리 못길을 낸다. 송곳을 바르게 세우고 중심축이 흔들리지 않도록 주의하며 돌린다.

❷ 손으로 못을 잡고 가볍게 박는다

못을 못길에 바르게 세우고 한 손으로 살짝 잡는다. 이 상태에서 못이 흔들리지 않고 중심을 잡을 때까지 망치로 가볍게 두드린다.

❸ 박자에 맞춰 못을 두드린다

못이 더 이상 흔들리지 않으면 못에서 손을 떼고 그 손으로 목재를 잡고 못을 탕탕 소리가 날 정도로 세게 두드린다. 단, 시간을 아끼겠다고 못을 있는 힘껏 내려치면 못이 쓰러질 수 있으므로 주의하자.

❹ 망치를 경쾌한 박자에 맞춰 큰 폭으로 휘두른다

못의 3분의 1 정도가 목재에 박혀 더 이상 흔들리지 않으면 사진에 나와 있는 위치에서 망치를 내리친다. 탕탕 소리가 날만큼 힘을 주어 못을 두드린다.

Point

못을 곧게 박으려면

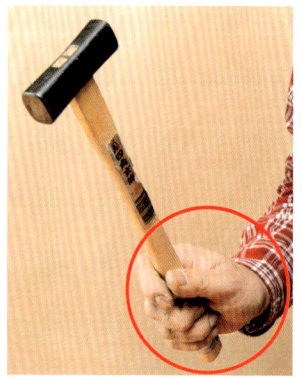

손목 스냅을 효과적으로 이용하라

망치는 팔꿈치 아랫부분과 손목 스냅을 이용해 내리친다. 손목 스냅을 잘 활용하면 이 부분이 지렛목 역할을 하여 힘을 세게 주지 않고도 못을 깊이 박을 수 있다.

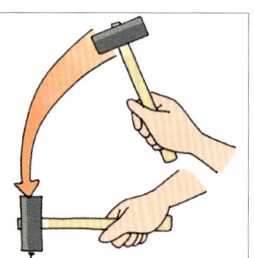

그림에 나온 것처럼 손목을 부드럽게 움직이면 망치 머리의 무게가 타격력으로 바뀌어 강한 충격이 발생한다.

How to DIY | 목공

샌더

넓은 평면을 고르게 다듬는 전동 사포

집진용 커버
부속품인 집진용 백 커버를 부착한 채로 사용할 수도 있다. 작업 중에 발생하는 목재 먼지를 저절로 모을 수 있는 구조로 되어 있다.

잠금 기능
ON/OFF 상태를 잠금 설정할 수 있는 버튼이다.

ON/OFF 스위치
ON/OFF 상태를 조절할 수 있다.

핸들 부분
샌더는 한 손 혹은 양손으로 사용한다. 주로 사용하는 손으로 스위치가 달린 핸들 부분을 잡고, 다른 손으로 반대쪽을 잡는다.

패드
사포를 장착하는 부분인 패드는 비교적 부드러운 소재로 만들어졌으며 평평하다. 큰 흠집이 생기지 않도록 주의한다.

기본 사용 방법

잡는 방법

한 손으로 잡기
주로 사용하는 손으로 핸들을 잡고 다른 손으로 목재를 꽉 눌러 고정시킨다. 목재가 가볍거나 크기가 작을 때는 이 방법을 사용하는 것이 좋다.

양손으로 잡기
주로 사용하는 손으로 핸들을 잡고, 다른 손으로 반대쪽 핸들을 잡는다. 패드에 압력이 고르게 가해지도록 움직인다. 목재는 미리 고정시켜 둔다.

사용 방법

한 방향으로 움직이기
샌더를 일정한 방향으로 움직이며 다듬는다. 표면을 매끄럽게 다듬고 싶다면 순결(나무의 섬유가 갈라지는 방향) 방향으로, 거친 느낌을 주고 싶다면 엇결(나무의 섬유 방향과 반대되는 방향) 방향으로 문지르자.

드라이버드릴

구멍을 뚫거나 나사를 박는 데 쓰인다.

비트 장착하기

척(chuck)
비트를 장착하는 부분

클러치
토크(회전력, torque)의 세기를 조절하는 다이얼

고속·저속 변환 스위치
익숙해지기 전까지는 스위치를 저속에 놓고 작업한다.

정·역회전 버튼
비트의 회전 방향을 바꾸는 버튼이다. 버튼을 누르면 정회전(잠김), 반대 방향으로 누르면 역회전(풀림)이 된다. 사용하지 않을 때는 버튼이 가운데로 오게 둔다.

제동 스위치
검지로 누르면 ON, 손가락을 떼면 OFF 상태가 된다. 세게 누르면 속도가 빨라지고, 약하게 누르면 속도가 느려지는 등 스위치를 누르는 힘에 따라 속도를 조절할 수 있다. 구멍을 뚫거나 나사를 박는 일이 모두 가능하다.

충전지

기본 사용 방법

검지를 스위치에 갖다 댄다
한쪽 손으로 드라이버드릴을 잡는다. 검지는 항상 스위치에 올려두고, 다른 손가락으로 손잡이 부분을 감싸 쥔다. 드라이버드릴을 구입할 때 그립감이 좋은 제품을 선택해야 좀 더 수월하게 작업할 수 있다.

구멍 뚫기

❶ 목재의 앞·뒷면을 모두 뚫기

드릴로 구멍을 뚫다가 비트 끝이 목재의 뒷면에 다다르는 순간 회전을 멈춘다. 목재를 뒤집은 다음 작게 뚫려 있는 구멍에 드릴을 갖다 대어 다시 구멍을 뚫는다.

❷ 거스러미 없이 깔끔하게 구멍 뚫기

목재의 앞·뒷면을 모두 뚫으면 사진처럼 매끈한 구멍을 만들 수 있다. 자투리 나무를 목재 아래에 받치고 작업을 하면 드릴을 한 번에 관통시켜도 거스러미가 생기지 않는다.

How to DIY | 목공

나사 박기

❶ 못길을 낸다

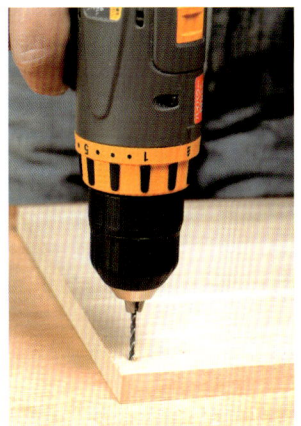

못길을 뚫는 데 알맞은 비트를 장착하고 나서 못길을 낸다.

못길을 뚫을 때 사용하는 비트는 무척 가늘어서 잘 끼웠다고 생각해도 사진에 나온 것처럼 중심에서 벗어날 때가 있다. 비트가 중심에 오도록 제대로 끼웠는지 꼭 확인하자.

❷ 못길에 나사를 끼운다

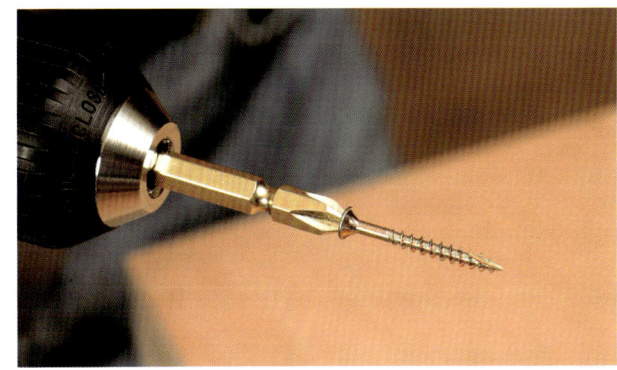

클러치를 드릴에서 드라이버로 변환한다. 자석으로 되어 있는 비트 끝에 나사를 붙이고(비트가 나사 홈에 딱 들어맞는 상태), 그대로 못길에 끼워 넣는다.

❸ 처음에는 느린 속도로 박는다

비트를 곧게 세운 상태에서 천천히 스위치를 누른다. 아무리 나사를 박는 데 익숙한 사람이어도 처음에는 느린 속도로 천천히 박아야 실수하는 일이 없다.

❹ 연결할 목재를 단단히 고정시킨다

아래에 놓인 목재에 나사가 박히기 시작하면 드라이버드릴이 가하는 충격으로 목재가 어긋나기 쉽다. 손바닥 전체를 이용해 위에서부터 압력을 가하고, 목재가 어긋나지 않도록 손가락으로 옆면을 단단히 고정시킨다. 목재가 심하게 어긋났을 때는 우선 드라이버드릴을 멈추고 목재를 다시 가지런히 맞춘 후, 작업을 계속한다.

❺ 속도를 높인다

나사가 절반 정도 박히면 스위치를 강하게 눌러 회전속도를 높인다.

❻ 한 번에 나사를 박는다

나사가 거의 다 들어가면 스위치를 끝까지 눌러 최대한 센 힘으로 나사를 박는다. 목재를 더 이상 고정시키지 않아도 되므로 손을 치우고 상체를 편하게 앞으로 숙인다.

❼ 나사가 끝까지 박혔는지 확인한다

나사를 다 박으면 드라이버드릴의 스위치에서 손을 뗀다. 마지막으로 나사가 제대로 박혔는지 직접 확인한다. 손끝으로 만졌을 때 나사머리가 걸리지 않으면 제대로 박힌 것이다.

임팩트 드라이버

투바이포 공법의 필수품. 강력한 파워로 보통나사(coarse thread)를 박는다.

비트

척

정·역회전 버튼
버튼의 위치에 따라 정회전, 역회전, 잠금 상태가 된다.

스위치
검지로 누르면 스위치가 켜진다. 스위치를 누르는 힘에 따라 스피드를 조절할 수 있다.

충전지
12V짜리는 토크가 강해서 긴 나사도 쉽게 박을 수 있다.

기본 사용 방법

비트를 곧게 세운다
잡는 방법이나 조작법은 드라이버드릴과 동일하다. 비트와 나사가 어긋나지 않도록 서서히 속도를 높인다. 스위치를 여러 번 살짝 눌러야 실수할 염려가 없다.

Point

나사를 똑바로 박으려면

'충격'에 흔들리지 않도록 축을 수직으로 맞춘다

임팩트 드라이버는 회전력이 매우 강하므로 드라이버드릴처럼 세게 누르지 않아도 된다. 단, 긴 보통나사를 박을 때 비트와 나사의 축을 수직으로 유지하기가 쉽지 않다. 이 때는 임팩트 드라이버의 움직임에 맞춰 상체를 앞으로 조금씩 숙이면서 팔뿐만 아니라 몸 전체가 움직이도록 한다.

보통나사 위에 비트가 수직으로 서 있다. 이처럼 축이 맞춰진 상태에서 그대로 곧게 나사를 박는다.

조금씩 상체를 앞으로 기울이면서 임팩트 드라이버를 누른다. 힘을 주어 세게 누르지 말고, 임팩트 드라이버의 움직임에 자연스럽게 맞춰야 축이 어긋나지 않는다.

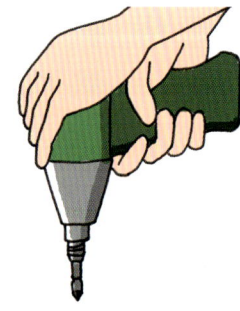

양손으로 잡아도 된다
임팩트 드라이버를 쓰는 것이 능숙하지 않다거나 긴 보통나사를 박을 때는 그림과 같이 양손으로 잡은 채 사용해도 된다.

지그소

직선이든 곡선이든 척척 자른다. 초보자도 쉽게 다룰 수 있는 절단 공구

스위치
스위치의 ON/OFF 상태를 전환한다. 누르는 힘에 따라 속도를 조절할 수 있는 제품도 있다.

오비탈 스위치
오비탈 기능(상하로 움직이는 톱날에 전후 진동을 더해 절단 효율을 높이는 기능)이 장착된 지그소에 있는 스위치로 3~4단계로 설정할 수 있다.

블레이드
날 부분. 목재나 작업 내용에 알맞은 다양한 날로 교체해서 사용한다.

잠금 버튼
스위치를 ON에 둔 채로 이 버튼을 누르면 스위치에서 손을 뗀 상태에서도 목재를 절단할 수 있다.

변속 다이얼
재료에 맞게 톱날이 움직이는 속도를 저속에서 고속으로 조절할 수 있다.

베이스
재료가 들뜨지 않도록 눌러주는 역할을 한다.

Point

사용 시 주의사항

날을 교체할 때는 전원 코드를 뽑는다

지그소뿐만 아니라 모든 전동공구의 날을 교체할 때는 만일의 사고에 대비해 반드시 전원 코드를 뽑아야 한다. 이것을 습관화해서 안전하게 작업하고, 충전식 제품이라면 날을 교체하기 전에 반드시 잠금 설정을 한다.

직선 자르기

① 베이스의 끝부분을 재료에 댄다

먼저 재료를 고정시킨다. 변속 다이얼이나 오비탈 스위치 등을 조정한 후 베이스의 끝부분을 재료에 대고 지그소를 사용할 준비를 한다. 이때 블레이드는 아직 재료에 닿지 않도록 한다.

② 선을 따라 자르기 시작하다

스위치를 켜고 속도가 안정되면 선을 따라 재료를 자르기 시작한다.

How to DIY | 목공

전동 원형톱

속도나 정확도 면에서 단연 최고이다. 고속으로 회전하는 톱날 덕분에 절단면이 매끄럽다.

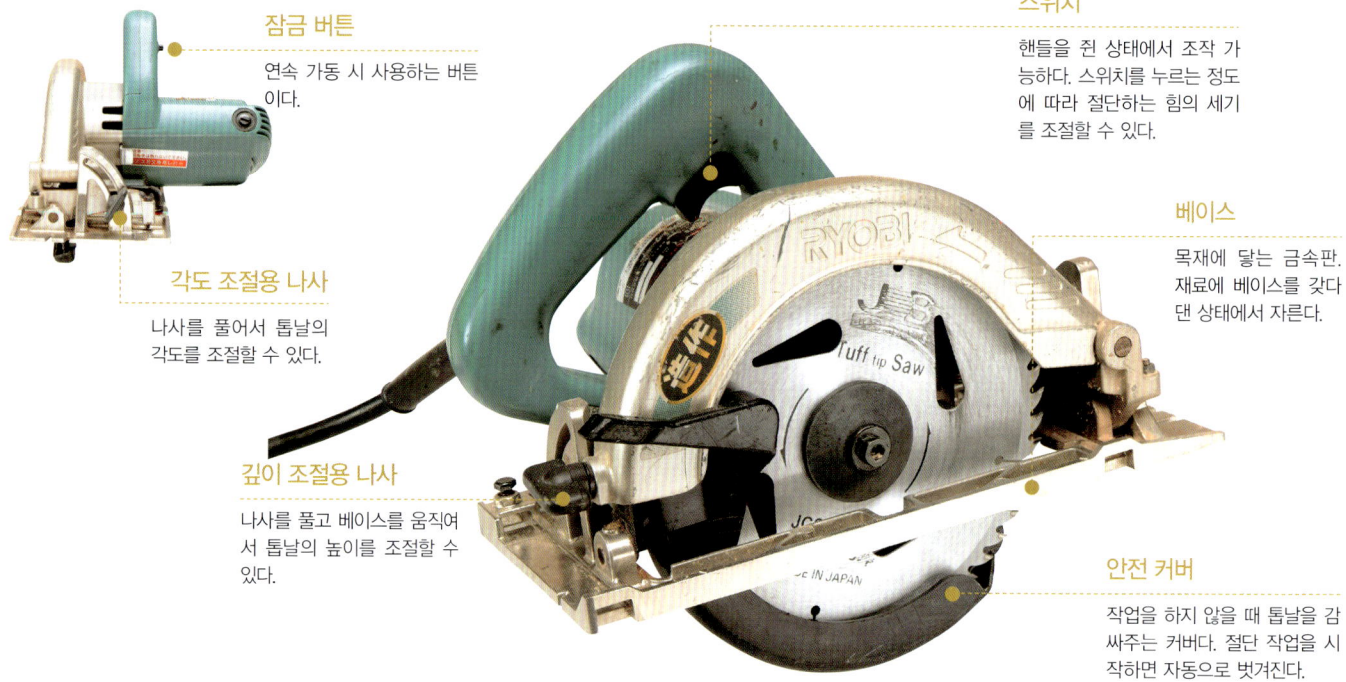

잠금 버튼
연속 가동 시 사용하는 버튼이다.

각도 조절용 나사
나사를 풀어서 톱날의 각도를 조절할 수 있다.

깊이 조절용 나사
나사를 풀고 베이스를 움직여서 톱날의 높이를 조절할 수 있다.

스위치
핸들을 쥔 상태에서 조작 가능하다. 스위치를 누르는 정도에 따라 절단하는 힘의 세기를 조절할 수 있다.

베이스
목재에 닿는 금속판. 재료에 베이스를 갖다 댄 상태에서 자른다.

안전 커버
작업을 하지 않을 때 톱날을 감싸주는 커버다. 절단 작업을 시작하면 자동으로 벗겨진다.

직선 자르기

자를 때 반드시 막대자를 이용하자

전동 원형톱은 힘이 강하므로 작업할 때 반드시 막대자를 대야 한다. 사진에 나온 것처럼 판재가 정확히 직각이 되도록 연결하면 손쉽게 막대자를 만들 수 있다.

Point

전원 코드를 조심하자

전원 코드가 진행 방향에 오지 않도록 한다

전동 원형톱을 사용할 때 가장 많이 일어나는 사고가 바로 전원 코드의 절단이다. 사진과 같이 진행 방향에 전원 코드를 두면 사고로 이어질 수 있으므로 주의하자.

❶ 절단 준비를 한다

베이스의 끝부분을 재료에 댄 다음 막대자를 절단선에 맞춰 고정한다. 이때 톱날은 아직 재료에 닿지 않게 한다.

❷ 절단선과 홈을 맞춘다

원형톱은 구조의 특성상 작업자에게 톱날의 위치가 보이지 않는다. 따라서 작업을 하기 전에 베이스의 홈과 절단선을 맞춰서 절단 방향을 확인해야 한다.

❸ 자르기 시작한다

재료에 베이스를 바싹 붙인 채로 자르기 시작한다. 절단 작업이 끝나면 회전이 멈출 때까지 원형톱을 들어 올리지 말고 기다린다.

02 조경 자재

벽돌 포장, 펜스 조성, 화원 조성, 오드 데크 설치 등 익스테리어와 정원을 자신의 생각대로 만들어나가는 것이야말로 DIY의 진정한 즐거움이다.
자신의 감성에 맞는 제품을 선택해 자신만의 정원을 꾸며보자.

데크 조립 세트 | 데크 패널 | 정원용품 | 펜스 | 래티스 | 벽돌 | 벽돌 타일 | 포석 | 정원석·연석 | 바닥돌 | 주춧돌·블록 | 시멘트 | 침목·말뚝 |
Column: 심슨 철물 | How to DIY: 벽돌 작업

Deck Kit

손쉽고 간편하게 만들 수 있는 데크 조립 세트로 정원을 꾸며보자

데크 조립 세트

우드 데크

가든 시스템 데크 1.5평 세트
2885×1895mm(1.5평)의 규격 사이즈로 누구나 쉽게 조립할 수 있도록 각종 부품과 나사 등이 함께 들어가 있는 기본적인 세트 상품이다.
아이리스 오야마●2885×1895×1180mm

키트 데크 Web
전문가용 레드시더 데크용 목재를 누구나 손쉽게 조립할 수 있도록 긴 패널로 만들었다. 주문 제작 시 데크의 높이를 조절할 수 있다.
나카가와 목재산업●1800시리즈(폭 885~6015mm)

키드 데크 DX
옹이나 흠이 없는 37mm 두께의 레드시더를 사용한 고급품이다. 수평을 이루기 쉬운 공법을 사용하여 누구나 손쉽게 만들 수 있다.
나카가와 목재산업●1800시리즈(폭 1786~)

유닛 데크 945
945×945mm의 바닥 면적을 1스팬(span)으로 하며, 2스팬 이상은 가로 폭이나 돌출 폭을 자유롭게 넓힐 수 있다. 향후 데크를 더 넓힐 생각이라면 편리하다.
사토 물산●약 1900×950mm/약 2850×1900mm

신소재 데크

에버 에코 우드 데크
폐목재 60%, 폐플라스틱 40%를 사용한 복합재로 만들어져 강도와 내구성이 뛰어나다. 가능한 사이즈 조합이 무려 112가지나 되므로 비교적 자유롭게 설치할 수 있다.
다카쇼●2697×3626×650mm

시공 면적이나 용도에 따라 선택할 수 있는 다양한 조립 세트

정원을 꾸밀 때 빠질 수 없는 매력적인 아이템 중 하나이자 DIY 애호가라면 누구나 한 번쯤 꿈꿔볼 만한 상품이 바로 우드 데크다.

그러나 우드 데크에 필요한 부재를 일일이 제작하기란 매우 힘든 일이다. 특히 초보자라면 말할 것도 없다. 이럴 때 데크 조립 세트를 이용하면 손쉽고 즐겁게 DIY 기분을 만끽할 수 있다.

단, 이런 조립 세트에 사용되는 소재나 조립 방법 등은 생각보다 종류가 무척 다양하다. 편의성이나 설치 면적 등도 당연히 고려해야 하고 조립 난이도 등에도 신경을 써야 한다.

기초 지식 | 데크를 조립할 때는 기초공사에 주의하자

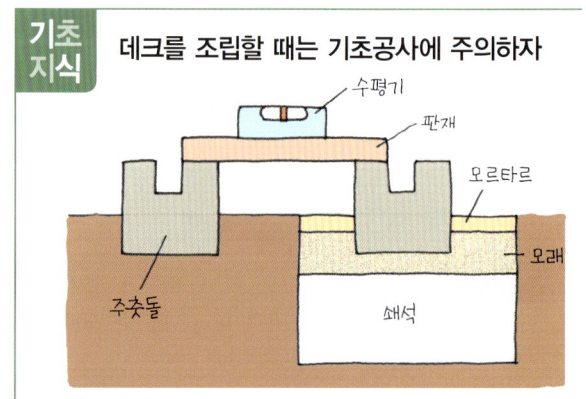

정원 등에 설치할 때는 당연히 주춧돌을 세우는 공사가 필요하다. 일러스트에 나온 것처럼 수평 상태를 확인해가며 기초공사를 튼튼히 하자.

Deck Panel

02 | 조경 자재 / 데크 패널

베란다를 이용해 간편하게 우드 데크 분위기를 낼 수 있는 편리한 자재

데크 패널

우드 패널

발에 닿는 감촉은 좋지만, 천연목을 사용한 제품이 많아 부식에 주의해야 한다. 오랫동안 사용하고 싶다면 무늬가 정교한 켐파스(kempas)나 너도밤나무 등으로 만든 제품을 선택하자.

다채로운 소재와 디자인으로 마음에 드는 분위기를 연출할 수 있다

베란다 등에 깔기만 하면 손쉽게 데크의 분위기를 낼 수 있는 데크 패널이다. 용도나 설치 장소에 맞춰 기본적인 우드 패널 이외에도 고무 타입, 조립 타입 등을 다양하게 선택할 수 있다. 또한 원하는 분위기에 맞춰 디자인이나 소재, 사이즈 등을 비교적 자유롭게 선택할 수 있다.

파티오 플레이트
● 390×900mm, 900×900mm ● 천연목

아로 데크 내추럴
● 300×300mm, 450×450mm, 600×600mm ● 천연목

켐파스 우드 데크 세로로 긴 타입
● 2600×600mm, 2600×900mm, 2600×1200mm ● 천연목

고무 패널

앞면은 우드 패널이나 타일처럼 되어 있으나, 뒷면에는 고무가 붙어 있는 제품이다. 방음, 방진 효과가 뛰어나므로 어린이들이 자주 노는 베란다나 테라스 등에 깔면 좋다.

러버 타일 RT-300
● 300×300×10mm ● 그레이, 그린, 브라운

조립식 패널

패널을 결합시킬 수 있어서 서로 어긋나거나 밀리는 일이 없다. 넓은 면적에 사용하기 좋다. 소재나 디자인이 다양하다는 점도 매력적이다.

목조

발덱스
사토 물산 ● 300×300×35mm

어드밴스 데크
● 450×450×20mm

타일

세라이지 라이트콧 시리즈 INAX ● 94×94mm / 144×144mm

조인트 테라코타
● 300×300mm ● 오렌지색, 베이지

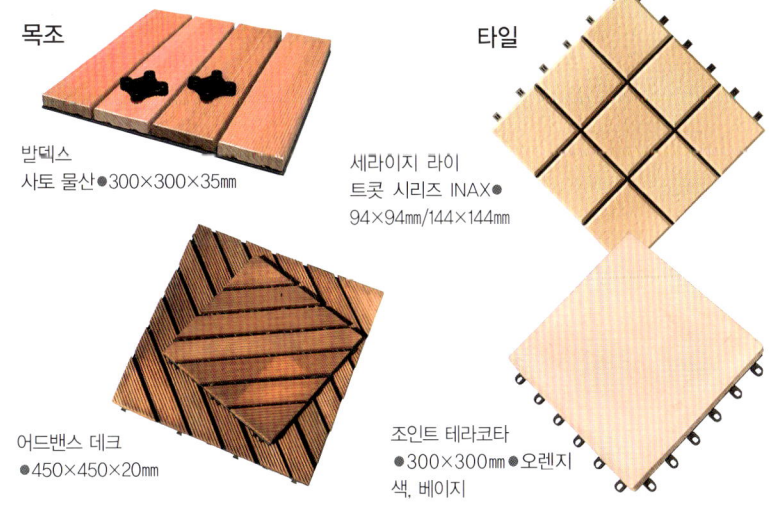

스톤 매트로 기분 전환

윗면 전체에 평평한 돌이 붙어 있는 매트도 있다. 기분 전환하기에 안성맞춤인 제품이다.

매트에 붙어 있는 돌은 천연석이며, 뒷면은 플라스틱 소재이다. 물에 강해 베란다 등에 깔기에 적합하다.

【 보이지 않는 이점 】 조립식 타일 중에는 뒷면에 연결용 플라스틱 소재를 사용한 제품이 많다. 이러한 제품은 앞면에 사용된 천연목 등이 바닥에서 떨어져 있어 베란다 등에 깔았을 때, 물 빠짐이 좋고 잘 부식되지 않는 이점이 있다.

COLUMN
02 조경 자재
'심슨 철물'

DIY 목공에 추천하는 '심슨 철물'

심슨(SIMSON) 철물은 DIY의 본고장이라 불리는 미국에서 탄생한 투바이포 공법 전용 목공 철물이다. 테이블이나 의자, 개집처럼 크기가 작은 물건부터 창고나 우드 데크처럼 규모가 큰 구조물에까지 전부 사용할 수 있다. 또한 철물은 여러 개의 못이나 나무나사로 부재를 연결할 수 있도록 설계되어 있어 신속하고 확실하게 부재를 고정하면서 강도까지 확보한다는 특징이 있다.

최근에는 DIY 전문점 등에서도 손쉽게 구입할 수 있으며 전용 못이나 나무나사도 판매하므로 한번 이용해보자.

못 구멍의 분류

심슨 철물은 충분한 강도를 얻고 작업 효율을 향상시키기 위해 아래의 그림과 같이 세 종류의 못 구멍을 사용한다. 이 밖에도 두 가지 방법을 사용하고 있다. 작업에 들어가기 전에 반드시 확인하자.

삼각형 구멍
일반적인 원형 구멍에 추가된 삼각형 구멍은 최대 하중을 얻도록 못을 추가로 박기 위한 것이다.

타원형 구멍
못을 박기 어려운 좁은 장소에서도 작업(대각선 방향으로 박을 때 등)을 쉽게 할 수 있도록 마련해둔 구멍이다.

마름모형 구멍
작업을 수월하게 하기 위해서 부재에 철물을 일시적으로 고정하는 데 쓰는 옵션 구멍이다.

임시 고정용 돌기
수직면 등에 철물을 고정시킬 경우, 임시 고정용 못을 박기 쉽도록 만든 돌기

돔형 양날개 모양 박기 구멍
못을 45도 각도로 박아서 접합부의 강도를 더욱 향상시킬 수 있도록 고안된 구멍

못 박기의 분류

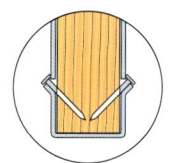
PAN 박기
(PAN: Positive Angle Nailing)
목재가 쪼개지기 쉬운 곳에 못을 박을 때 사용하는 방법으로, 철물과 부재의 접합 강도도 향상시킬 수 있다.

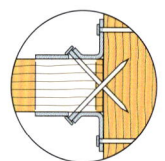
양날개 모양 박기
(Double Shear Nailing)
철물과 부재, 부재와 부재 사이의 접합 강도를 향상시켜 더욱 큰 하중을 견딜 수 있도록 하는 방법이다.

45도 각도로 못을 박을 때도 철물의 사용 부위에 따라 두 가지 방법이 사용된다. 못을 교차시켜 부재와 부재 사이의 접합 강도를 향상시키는 방법, 철물과 부재 사이의 접합 강도를 높이는 방법이 있다.

데크용

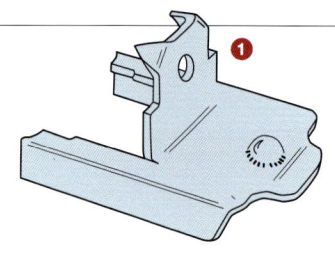

❶ **DBT1/데크 보드 타이**(Deck Board Tie)
데크용 목재(상판이나 천판)의 윗부분에 못을 박지 않고, 장선에 깔끔하게 고정시키기 위한 철물이다.
● 두께 1.3mm(적용 가능한 데크의 두께 32~38mm)

❷ **DJT14/데크 조이스트 타이**(Deck Joist Tie)
바닥 장선을 지주에 고정시키기 위한 철물이다. 장선은 2×4 이상, 지주는 4×4 이상
● 두께 2.0mm

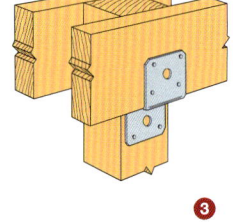

❸ **DPT5/DPT7/데크 포스트 타이**(Deck Post Tie)
기둥을 데크의 장선이나 계단옆판에 연결할 때 쓰이는 철물이다. DPT5: 2×4용, DPT7: 4×4용
● 두께 2.0mm

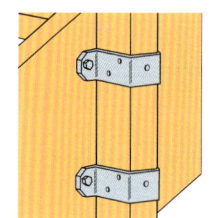

앵글

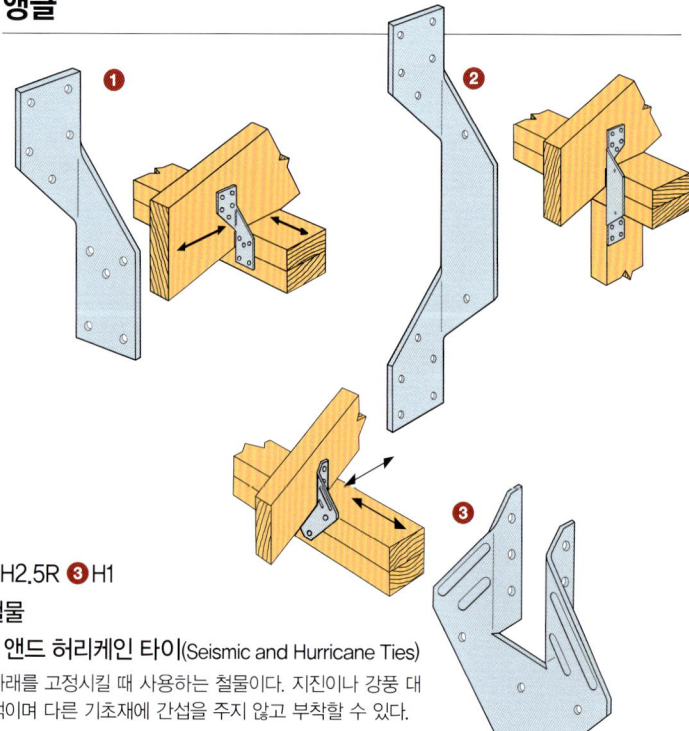

❶ H2 ❷ H2.5R ❸ H1
고정용 철물
사이즈믹 앤드 허리케인 타이(Seismic and Hurricane Ties)
처마와 서까래를 고정시킬 때 사용하는 철물이다. 지진이나 강풍 대비에 효과적이며 다른 기초재에 간섭을 주지 않고 부착할 수 있다.
● 두께 1.3mm ● H2.5는 좌우용 제품(L·R)이 있다.

주말 목수용

① RTR ② RTU2 ③ RTB22
리지드 타이 커넥터(Rigid Tie Connector)
목재가 교차하는 접합 부분에 사용하는 철물이다. 접합된 부분이 흔들리거나 뒤틀리지 않도록 고정시킬 수 있다.
● 두께 1.3mm

④ RTF2/RTT12/리지드 타이 플랫&티(Rigid Tie Flat&'T')
2×4재를 수직과 수평으로 접합시키는 철물이다. RTT12는 부재의 표면과 측면을 고정시켜 강도를 높인다.
● 두께 1.3mm

⑤ RTA1/리지드 타이 앵글(Rigid Tie Angle)
출입문을 만들 때처럼 부재를 직각으로 접합시킬 때 각도를 고정시키는 철물이다.
● 두께 1.3mm

⑤ RTC24/리지드 타이 코너 커넥터(Rigid Tie Corner Connector)
기둥에 두 개의 부재를 90도 각도로 연결할 때 사용하는 철물이다. 안쪽의 겹치는 부분을 고정시켜 직각을 유지한다.
● 두께 1.3mm

FWH2/포 웨이 커넥터(Four Way Connector)
2×4재끼리 네 방향으로 고정시킬 수 있는 철물이다. 플랜지(flange, 부재에서 전체적으로 돌출된 가장자리 부분)의 각도는 자유롭게 조절할 수 있다.
● 두께 1.3mm

FB24/펜스 브래킷(Fence Bracket)
기둥에 2×4재를 가로 방향으로 고정시키는 철물이다. 펜스나 루버(louver)를 만들 때 사용한다.
● 두께 1.0mm

TA9/스테어케이스 앵글(Staircase Angle)
계단의 디딤널을 계단옆판에 끼우지 않고 손쉽게 고정시킬 수 있는 철물이다.
● 폭 210mm ● 두께 2.7mm

SH2-R/소호스 브래킷(Sawhorse Bracket)
2×4재로 손쉽게 목공용 작업대를 만들 수 있게 해주는 철물이다. 4개가 한 세트로 구성되어 있다.

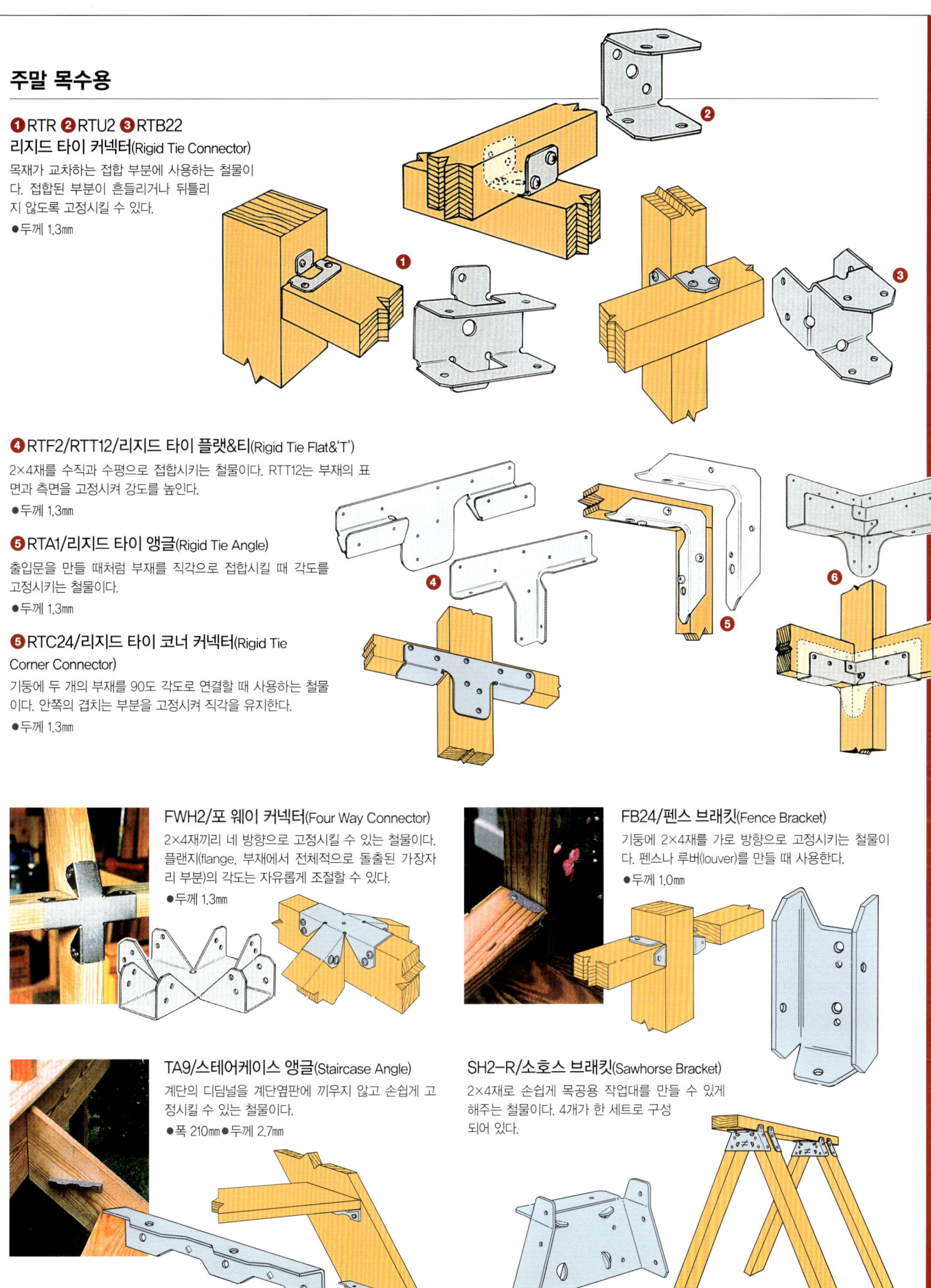

Garden Item

정원에 정취를 더하는
정원용품

정원에서 휴식을 취할 수 있게 하는 정원용 가구와 정취를 더하는 각종 장식품 등 다양한 정원용품이 판매되고 있다.
정원의 분위기나 용도에 맞는 제품을 선택하자. 정원용품에 조금만 신경을 쓰면 마치 인테리어를 새로 한 것과 같은 효과를 거둘 수 있다.
특히 2×4재를 이용해 직접 정원용 가구를 만들 수 있는 조립용 부품도 추천할 만하다.

정원용 가구

정원에 앉아 책을 읽거나 바비큐 파티를 즐겨 보자. 테이블과 의자를 설치하는 것만으로도 정원에서 즐겁고 의미 있는 시간을 보낼 수 있다.

❶ '바바토스 테이블 화이트' 다카쇼 ● '마우이 체어 화이트 BIT-C01W' 다카쇼 ● 테이블과 의자 모두 플라스틱 재질
❷ '가든 폴딩(접이식) 테이블 3점 세트' 다카쇼 ● 천연 목재
❸ 'G-Style 알라나 테이블 세트' 다카쇼 ● 알루미늄 주물
❹ '우디 가든 육각 테이블 세트' 다카쇼 ● 천연 목재

조립용 부품

정원용 가구를 직접 만들 수 있도록 만든 조립용 부품이다. 알맞게 자른 2×4재에 나사만 박으면 손쉽게 가구를 만들 수 있어 큰 인기를 끌고 있다.

❶ '2×4basics 플립 톱 벤치 테이블' 혼다 야타베 ● 목재 별도
❷ '2×4basics 애니 사이즈 체어' 혼다 야타베 ● 목재 별도
❸ '2×4basics 파티오 테이블' 혼다 야타베 ● 목재 별도
❹ '심슨 철물 소호스 브래킷' ● 사진에 나온 제품은 8개 사용. 목재 별도

【 소호스 브래킷(Sawhorse Bracket) 】 소호스란 톱질 모탕을 말한다. '심슨 철물의 소호스 브래킷'을 사용해서 만든 다리에 합판을 얹기만 하면 훌륭한 작업대가 완성된다.

장식품

정원용 장식품

❶ '가고일 CURLEY' 조이풀 혼다
❷ '가고일 GOBLIN' 조이풀 혼다
❸ '가고일 GOBLIN TROG' 조이풀 혼다
❹ '육각 설견등롱(雪見燈籠) 1자(백색 화강암)' 조이풀 혼다
❺ '둥근 설견등롱 1자(옅은 갈색 화강암)' 조이풀 혼다
❻ '다호등롱(多胡燈籠) 1자' 조이풀 혼다

플랜터·화분 장식대

대표적인 정원용품. 식물을 심는 플랜터 (화분)와 화분을 올려놓는 장식대

❶ '플라워 스탠드' 조이풀 혼다
❷ '플라워 스탠드' 조이풀 혼다
❸ 'G-Story 플라워 박스 스탠드' 다카쇼
❹ 나무통 화분(소)

정원용 아치

장미 같은 덩굴성 식물을 올리기 위한 원예용 아치다. 서양식 정원에 자주 쓰인다.

❶ 'G-Story 로즈아치' 다카쇼 ●금속 제품
❷ 'G-Story 키친가든 아치' 다카쇼 ●천연 목재
❸ '가든 아치 클래식 화이트'
❹ '파사디나 가든 아치' 다카쇼 ●알루미늄 주물

Garden Fence

설치하기 편리한 전용 철물을 이용하면 DIY도 가능하다

펜스

철제 펜스

리폼 공사나 펜스만 교체하는 작업은 DIY로 가능하다

집 주변에 설치되어 있는 철제 펜스는 기둥이 보도블록 안에 파묻혀 있어 DIY 작업이 어려운 경우가 많다. 그러나 기둥이 아닌 펜스 부분은 대부분 규격품을 사용하므로 기둥은 새로 칠만 하고 펜스를 교체할 수도 있다. 또 철제 펜스를 새로 설치할 경우에는 설치에 필요한 전용 철물을 이용해 직접 만들 수 있다.

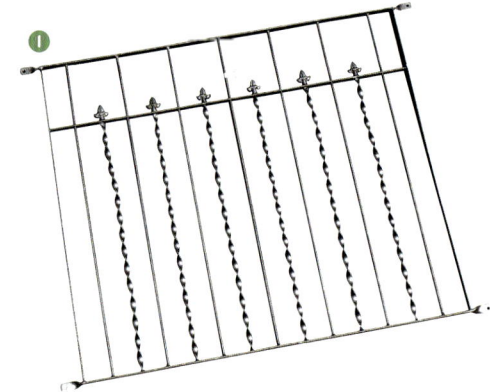

❶ '스틸 펜스 스파이럴' 다카쇼 ● 1000×600×20㎜ ● 1000×800×20㎜ ● 블랙, 실버

❷ '스틸 펜스 래티스' 다카쇼 ● 1000×600×20㎜ ● 1000×800×20㎜ ● 블랙, 실버

❸ '스틸 펜스 트위스트' 다카쇼 ● 1000×600×20㎜ ● 1000×800×20㎜ ● 블랙, 실버

목조 펜스

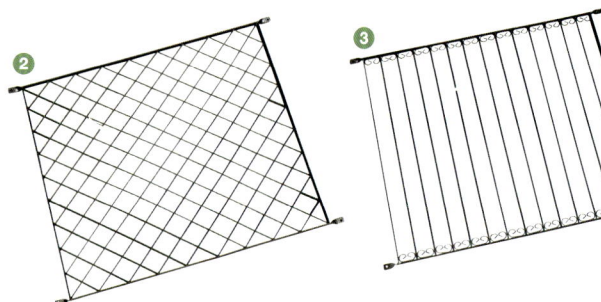

분위기 있는 천연 목재나 내구성이 높은 원목무늬 알루미늄으로 만든 펜스 등이 있다.
❶ '캐나디안 펜스 H800 스퀘어'
❷ '세로 격자 리버시블 유닛' 다카쇼 ● 폭 1170×높이 1800㎜ ● 원목무늬 알루미늄
❸ '알루미늄 평판 15×85각' 다카쇼 ● 15×85×4000㎜ ● 다양한 색상, 원하는 사이즈로 주문 가능

기타

반투명 패널을 사용해서 사생활을 보호하면서도 안쪽에서 봤을 때 시원하게 트인 느낌을 준다. '퓨어 스타일 펜스 MA형(샛기둥식, CB스텐)' 신닛케이

가로 격자의 심플한 디자인이 인상적인 알루미늄 펜스. 원목무늬의 알루미늄 패널이 포인트다. '모데노 펜스 3형(CB스텐+다크 메이플)' 신닛케이

02 조경 자재 / 펜스

펜스용 철물

설치 철물
원기둥에 철제 펜스를 설치할 때 사용하는 철물이다. 오른쪽 제품은 끝부분용 철물이다.
'철제 펜스 설치용 철물 중앙·코너용' 다카쇼●지름 76×80mm●블랙, 실버

땅속 말뚝
원기둥을 직접 지면에 세워 철제 펜스를 칠 때 쓰는 전용 철물이다.
'스틸 펜스 기둥용 철물 땅속 말뚝' 다카쇼●78×66×320mm●블랙, 실버

기둥용 철물
블록 벽 위에 원기둥을 세우는 데 사용하는 전용 철물. 10/12/15cm 폭에 맞는 제품이 있다.
'스틸 펜스 기둥용 철물 10cm 블록용' 다카쇼●120×115×190mm●블랙, 실버

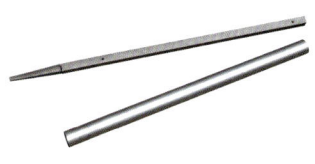

펜스용 기둥
지면에 직접 파묻는 각기둥과 설치 철물을 이용하는 원기둥이 있다.
'스틸 펜스용 기둥 각기둥' 다카쇼●30×30×1000mm●블랙, 실버
'스틸 펜스용 기둥 원기둥' 다카쇼●지름 60×800mm●블랙, 실버

꽃을 돋보이게 하자

간편하게 이용할 수 있는 화단 펜스

정원을 가꾸려면 우선 화단부터 만들어야 한다. 손쉽게 아름다운 화단을 만들 수 있는 다양한 전용 펜스가 마련되어 있으니 이용해보자.

'와이어 디자인 펜스 TR-450/600/750' 아이리스오야마●450×390×22mm●600×480×22mm●750×480×22mm●브라운

'미니 펜스 600E' 아이리스오야마●600×340×20mm●브라운, 화이트 (사진 아래)
'미니 펜스 FM600AE' 아이리스오야마●600×340×20mm●브라운, 화이트(사진 위)

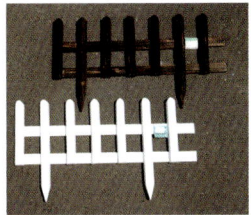

'플라워 펜스'●60×40mm●화이트, 다크 브라운

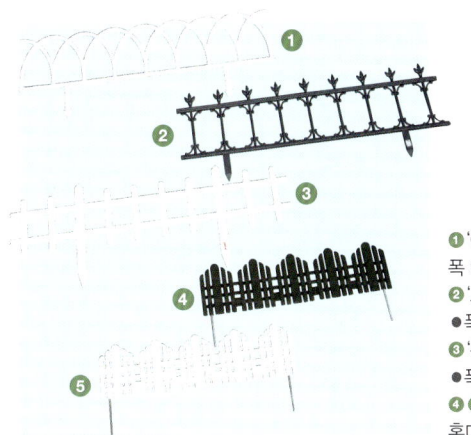

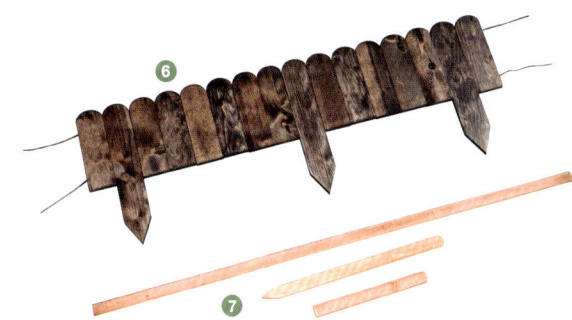

❶ '아치펜스 900형' 조이풀 혼다●폭 905×높이 350mm●플라스틱
❷ '고딕 펜스 900형' 조이풀 혼다●폭 905×높이 350mm●플라스틱
❸ '목조 펜스 900형' 조이풀 혼다●폭 905×높이 350mm●플라스틱
❹ '애드리언 닥스 펜스' 조이풀 혼다●화이트, 그린

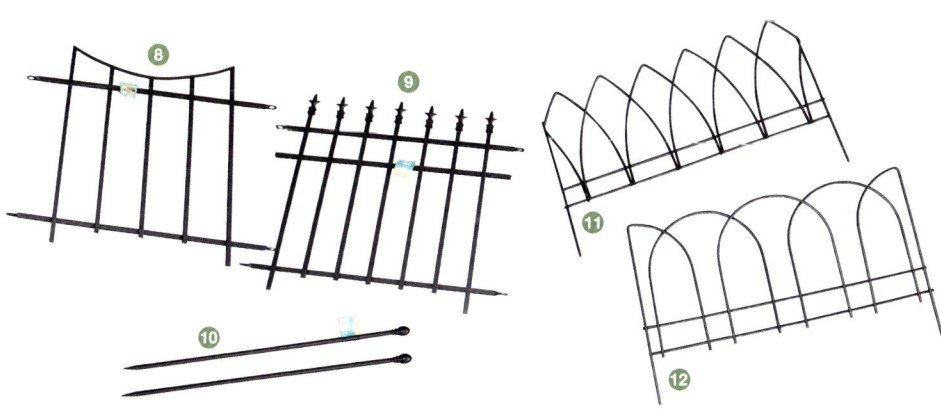

❻ '가든 롤 펜스' 조이풀 혼다●폭 950×높이 350mm
❼ '펜스 부품' 조이풀 혼다●40×15×450mm, 40×15×750mm, 40×15×2000mm(사이즈의 예))
❽ '크래프트맨 섹셔널 펜스' 조이풀 혼다●철주물
❾ '클래식 스타일 가든 펜스 패널' 조이풀 혼다●철주물
❿ '아이언 펜스 말뚝' 조이풀 혼다●철주물
⓫ '아이언 펜스' 조이풀 혼다
⓬ '아이언 펜스' 조이풀 혼다

Garden Lattice

내추럴한 분위기를 연출하는 인기 만점 정원용 자재

래티스

용도에 맞게 선택할 수 있을 만큼 종류가 다양하다는 점이 매력

인기가 많은 래티스는 높이나 폭 등 사이즈가 다양할 뿐만 아니라 수많은 디자인 제품이 마련되어 있다. 내추럴한 분위기를 연출할 뿐만 아니라 프레임을 곡선으로 디자인한 제품, 그을린 삼나무를 이용해 분위기를 낸 제품, 루버(미늘창)나 가림막과 같은 목적을 지닌 제품 등을 자유롭게 선택할 수 있는 것이 인기 비결인 듯하다.

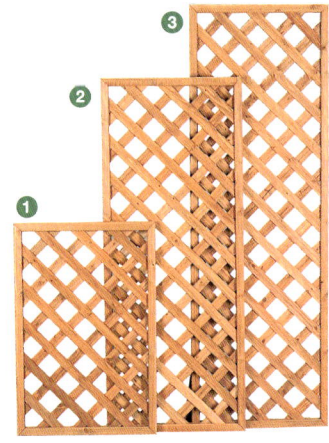

스탠다드 타입

베란다나 벽면을 멋스럽게 연출할 수 있는 프레임형 래티스다. 목판이 교차하는 부분은 스테인리스로 만든 스테이플로 고정시켜 두어서 녹이 슬거나 빠지는 일이 적다. 부패와 곰팡이를 방지하는 효과가 있는 합성수지 도료(알키드 수지 계열)를 사용해서 내후성도 뛰어나다.

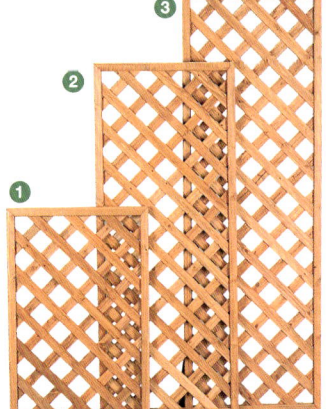

600mm 타입
① 'W-609' ● 600×35×900mm(브라운)
② 'W-615' ● 600×35×1500mm(브라운)
③ 'W-618' ● 600×35×1800mm(브라운)

900mm 타입
④ 'W-909' ● 900×35×900mm(브라운)
⑤ 'W-912' ● 900×35×1200mm(브라운)
⑥ 'W-915' ● 900×35×1500mm(브라운)
⑦ 'W-918' ● 900×35×1800mm(브라운)

가림막용 플라스틱 래티스

사생활을 보호하려는 목적에서 만들어진 래티스. 플라스틱의 뛰어난 내구성을 살려 얇게 만든 덕분에 쉽고 간단하게 설치할 수 있다.

'PLM-830' ● 830×15×830mm(다크 브라운, 화이트)

세로형 래티스

빈틈을 가리거나 옆으로 눕혀서 펜스로 사용하는 등 다양한 용도로 사용할 수 있다. 부패 및 곰팡이 방지 효과가 있는 합성수지 도료(알키드 수지 계열)를 사용해 내후성이 뛰어나다.

300mm 타입
① 'W-309' ● 300×35×900mm(브라운)
② 'W-318' ● 300×35×1800mm

세미 DIY에 추천 '래티스 철물'

정원 주변이나 펜스 위에 래티스를 두르는 작업을 하려면 래티스용 철물이 필요하다. 포스트 설치에 필요한 철물이나 래티스와 래티스 또는 포스트와 래티스를 연결하는 철물 등을 이용해 다양한 작업을 할 수 있다. 철물에 나무나사나 조임 철물 등이 함께 들어 있으므로 DIY 기분을 즐기며 간편하게 래티스를 설치할 수 있다.

래티스 포스트 고정 철물 매립형

땅속에 파묻어 래티스 포스트를 설치하기 위한 고정 철물
①은 지면에 파묻은 다음 각도를 조절할 수 있는 기능이 있다.
②는 75×90mm의 사각 포스트용 고정 철물이다. 파묻는 부분은 각각 35cm이다.

① 'LPK-130U' ● 130×130×456mm
② 'LPK-75' ● 540×150×150mm(해머톤)

래티스 포스트 고정 철물 블록 타입

블록 위에 래티스를 설치하는 고정 철물. 블록의 폭에 맞춰 10cm, 12cm, 15cm용이 있다.

'LPK-100C/120C/150C'
블록 코너 고정용 ● 167(1187/217)×167(187/217)×180mm

'LPK-100B/120B/150B'
122(142/172)×116×180mm

'LK-100B/120B/150B' ●
115(135/165)×116×200mm

02 | 조경 자재 /래티스

루버(미늘창) 래티스

다른 사람들에게 보이고 싶지 않은 장소를 가리고 햇빛과 바람을 막는 데 사용할 수 있는 래티스다. 서양식 주택에 어울리는 브라운 색상과 차분한 분위기를 풍기는 다크 브라운 색상이 있다. 내후성이 있는 합성수지 도료를 사용했다.

① 'ML-909' 900×35×900mm
② 'ML-912' 900×35×1200mm
③ 'ML-915' 900×35×1500mm
④ 'ML-918' 900×35×1800mm

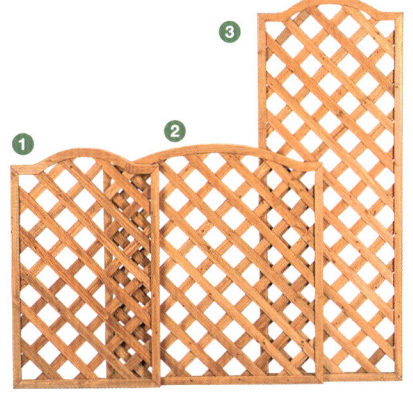

디자인 래티스

프레임에 곡선을 가미한 래티스로 정원의 경계 등으로 삼기 좋다. 래티스를 설치하기만 해도 정원의 분위기가 한층 부드러워지고 유럽식 정원의 분위기가 풍긴다. 곡선의 형태에도 여러 가지가 있다.

① 'WR-609' ● 600×35×970mm(브라운)
② 'WR-909' ● 900×35×980mm(브라운)
③ 'WR-615' ● 600×35×1570mm(브라운)

야키스기 래티스 격자

나무의 교차 부분이 대각선이 아닌 격자로 되어 있다. 야키스기(삼나무의 표면을 그을려서 나뭇결을 돋보이게 한 목재)의 분위기를 잘 살린 래티스다. 베란다나 경계 등에 잘 어울린다.

① 'YL-900' ● 900×35×900mm
② 'YL-918' ● 900×35

와이어 디자인 래티스

목재 래티스와 와이어 장식이 함께 들어간 세련된 래티스. 와이어의 교차 부분과 접촉 부분은 용접으로 고정시켜 잘 빠지지 않도록 했다. 와이어 부분은 녹이 슬지 않도록 아연 도금과 폴리에스테르 도장을 했다.

① 'TL-609' ● 600×35×970mm(브라운)
② 'TL-615' ● 600×35×1570mm(브라운)

④ 'WY-609' ● 600×35×900mm (브라운)
⑤ 'WY-615' ● 600×35×1500mm (브라운)
⑥ 'WY-618' ● 600×35×1800mm

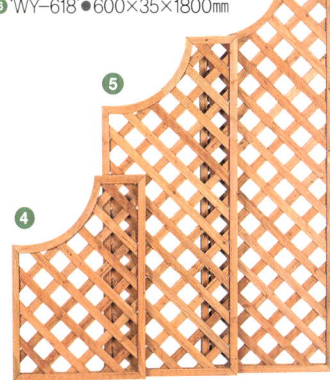

래티스 포스트

래티스를 연결해서 설치할 때 필요한 고정용 포스트

① 'NLP-780B' 80×80×780mm
② 'NLP-1080B' 80×80×1080mm
③ 'NLP-1380B' 80×80×1380mm
④ 'NLP-1680B' 80×80×1680mm
⑤ 'NLP-1980B' 80×80×1980mm
● 색상은 모두 브라운, 다크 브라운, 야키스기

래티스 연결 철물

래티스끼리 L자형으로 연결시키는 철물

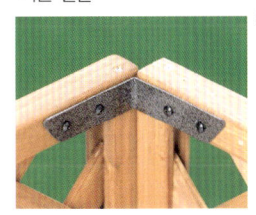

'LK-100' ● 130×130×169mm

래티스 연결 철물 코너 보강

래티스끼리 연결해서 코너를 보강하는 철물
'LK-110' ● 130×9×160mm

래티스 포스트 고정 철물
(평지 고정용, 비매립형)

콘크리트 위에 래티스 포스트를 설치할 때 이를 고정시키는 철물. 시중에 판매되는 앵커 볼트를 이용해서 설치한다.

'LPK-145C' ● 145×145×103mm

래티스 고정 철물

프레임 폭이 35mm인 래티스를 포스트에 고정시키기 위한 철물. 래티스의 코너에 부착한다.

'LK-7' ● 130×45×160mm

Brick

아름다운 정원을 만들 때 반드시 필요한 자재

벽돌

다양한 종류의 벽돌 중에서 자신의 취향에 맞는 제품을 찾아라

벽돌은 용도에 따라 '바닥용'과 '벽용'으로 나눌 수 있다. 일반적으로 얇은 벽돌은 '바닥용'으로 두꺼운 벽돌은 '벽용'으로 쓰인다. 또 '일반 벽돌' 이외에도 일부러 고온에서 구워 얼룩을 만드는 '구운 벽돌'과 특수한 용도로 사용되는 '내화 벽돌' 등 종류도 다양하다.
게다가 고벽돌이나 파벽돌 등 개성적인 제품이 많으므로 색상의 조합이나 분위기, 사이즈 등을 눈으로 직접 확인하고 나서 구입하는 것이 좋다.

벨기에 벽돌 패든
오랜 시간 비바람을 맞은 듯 소박한 느낌을 주는 벽돌. 1m²당 약 58개의 벽돌의 필요하다.
● 190×90×50mm ● 조이풀 혼다

붉은 벽돌
모서리가 반듯한 것이 특징이다. 다양한 용도에 사용할 수 있도록 두께나 길이, 폭이 규격 사이즈의 절반인 제품도 있다.
● 210×100×60mm(기본) ● 부피, 둘레, 크기가 2분의 1인 제품 ● 조이풀 혼다

그레이트 월 벽돌(삼공)
구멍이 뚫려 있는 벽돌. 벽돌을 쌓아서 사용할 때 보이지 않는 곳에 사용한다.

● 230×110×60mm
● 실버, 핑크, 옐로우 ● 조이풀 혼다

그레이트 월 벽돌(기본)
색감이 좋아서 쌓아 올렸을 때 벽면이 아름답다.

● 230×110×60mm
● 실버, 핑크, 옐로우 ● 조이풀 혼다

벨기에 벽돌 발레리안
밝은 색상의 벽돌로. 바닥에 깔거나 담장에 사용하면 정원이 한층 화사해진다.

● 190×90×50mm
● 조이풀 혼다

스틱 스트라이프
장식용 가로대나 진입로의 연석 등에 사용하는 가는 벽돌이다.

● 170×60×60mm
● 옐로우, 핑크, 실버, 브라운 ● 조이풀 혼다

뉴사우스웨일스 브릭(칼튼)
자연스러운 멋이 느껴지는 소박하고 따뜻한 분위기의 벽돌이다. 헤리티지보다 조금 무거운 분위기가 난다.

● 230×110×76mm
● 이공벽돌 ● 조이풀 혼다

뉴사우스웨일스 브릭(헤리티지)
곳곳에 작은 얼룩이 있어 쌓아 올리면 따뜻한 분위기가 느껴진다.

● 230×110×76mm
● 이공벽돌 ● 조이풀 혼다

【 기초공사의 보강 】 벽돌이나 포석을 깔 때 윗부분에 자동차처럼 중량이 무거운 물체가 올라갈 가능성이 있을 때는 기초공사를 보강한다. 커다란 석쇠처럼 생긴 보강재를 구입하여 쇄석과 모르타르 사이나 모르타르층에 넣는다.

【 줄눈흙손 】 벽돌을 깔거나 쌓을 때 줄눈에 모르타르 등을 발라 고정시키는데. 모르타르를 채우거나 누를 때 사용하는 폭 10m 정도의 전용 흙손을 줄눈흙손이라고 한다. 작업 시 사용하면 편리하다.

02 | 조경 자재 / 벽돌

통풍 벽돌
중앙에 둥근 구멍이 뚫려 있다. 120㎜ 벽돌과 두께가 같으므로 잘 조합하면 포인트가 될 수 있다.

● 190×190×120㎜ ● 조이풀 혼다

장식용 벽돌
귀여운 모양의 장식용 벽돌. 벽돌 구조물에 포인트를 줄 수 있다. 하트 모양이나 동물의 모습이 들어간 제품 등이 있다.

● 100×100×60㎜ ● 조이풀 혼다

퀸즐랜드 브릭 카디스
높이 쌓아 올려 외벽 등을 만들면 좋다. 옆면이 밝은 흰색을 띠고 있으며, 곳곳에 얼룩이 남아 있는 것이 특징이다.

● 230×110×76㎜ ● 삼공벽돌 ● 조이풀 혼다

내화 벽돌

SK-34
튼튼하고 열에 강해 바비큐 화덕에 사용하기 알맞다. 도로 포장 등에 사용해도 좋다.
● 230×114×65㎜ ● 2분의 1 사이즈 ● 조이풀 혼다

후루카마 빈티지
구울 때 생긴 얼룩 때문에 오래된 분위기가 난다. 내구성이 뛰어나 바닥에 쌓거나 담을 쌓는 데 적합하다.
● 230×115×65㎜ ● 조이풀 혼다

장식용 벽돌

구운 벽돌
깊고 차분한 분위기가 느껴지는 벽돌이다. 고온에서 구워 강도가 세며, 다양한 용도에 사용된다. 지면에 쌓기만 해도 이용 가능한 벽돌이다.
● 210×100×60㎜ ● 2분의 1 사이즈 ● 조이풀 혼다

고벽돌

올디시 벽돌
표면이 울퉁불퉁해서 오래된 느낌이 난다. 빈티지풍의 분위기를 한껏 즐길 수 있다.
● 215×100×65㎜, 215×100×50㎜ ● 레인보우, 퍼플 ● 조이풀 혼다

기초지식 | 벽돌 쌓기와 벽돌 깔기의 기초공사

벽돌 깔기의 기초
시공 범위의 가장자리는 벽돌을 세우거나 침목을 사용한다. 먼저 쇄석을 깔고 그 위에 모래를 부은 다음 벽돌 사이의 줄눈에 모래나 드라이 모르타르를 채운다.

벽돌 쌓기의 기초
쇄석으로 지반을 충분히 굳히고 나서 모르타르로 벽돌을 쌓기 위한 기초를 만든다. 작업을 하는 도중에 수준기로 틈틈이 수평 상태를 확인한다.

정원을 꾸밀 때 벽돌을 바닥에 깔거나 담처럼 높이 쌓아 올리는 일이 많은데, 벽돌 공사를 깔끔히 마무리하려면 기초공사를 제대로 하는 것이 중요하다.

Tile

02 | 조경 자재 / 벽돌 타일

간편하게 작업하면서도 벽돌의 분위기를 낼 수 있는

벽돌 타일

가볍고 얇아서 붙이기만 하면
마치 벽돌을 쌓은 것처럼 보이는 편리한 자재

벽돌 타일은 다목적 본드 등을 이용해 담장이나 건물 외벽에 간편하게 붙여 마치 벽돌을 쌓은 듯한 느낌을 줄 수 있는 제품이다.

수분을 잘 흡수하지 않는 제품을 선택하면 추운 지역의 외벽 등에 붙여도 얼어서 금이 가거나 깨지는 일 없이 간단하게 시공할 수 있다. 또 타일의 질감이나 색상 등도 종류가 매우 다양하여 자신의 취향에 맞는 제품을 선택할 수 있는 장점도 있다. 가구나 실내 벽에는 양면테이프를 이용해 간편하게 붙일 수 있다.

카루카루 브릭
매우 가벼워서 양면테이프로도 붙일 수 있다. 수분도 잘 흡수하지 않는다. 미니 사이즈의 제품도 있어 실내에도 사용할 수 있다.
● 215×65×15mm ● 총 6가지 색상

애드 인터픽스 코너&플랫
전용 접착제 겸 줄눈재인 '메지본드'를 사용하면 줄눈을 채울 필요 없이 간편하게 시공할 수 있다.
● 코너, 플랫 ● 옐로우, 화이트, 레드, 오렌지

앨든 브릭 타일 플랫
벽돌의 본고장 벨기에에서 생산되는 유럽풍 벽돌 타일이다. 코너용 제품도 있다.
● 210×55×11mm ● 사바나, 루즈 등 총 5가지 색상

벨파치 올드 파세
울퉁불퉁한 표면과 조금씩 다른 색상으로 빈티지스러운 분위기를 낸다. 63장/㎡
INAX ● 220×60×17mm ● 올드 옐로우, 올드 코트, 올드 로즈, 올드 브라운

벽돌 타일
표면이 울퉁불퉁해서 벽돌 느낌이 강하다. 본드 등으로 붙인 후 줄눈은 모르타르로 채운다.
● 99×99×14mm

 기초지식 **전용 접착제로 붙인다**

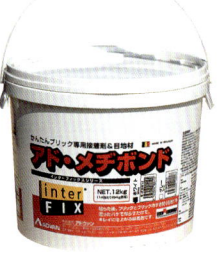

각 브랜드의 벽돌 타일은 대부분 전용 접착제(줄눈재를 겸한 제품도 있음)가 있다. 확실하면서도 손쉽게 작업할 수 있도록 타일을 구입할 때 전용 접착제 여부도 미리 확인하자.

DIY TECHNIC

타일을 붙이는 순서

벽돌 타일을 붙이는 작업은 DIY의 느낌이 강하다. 누구나 쉽고 간편하게 즐길 수 있다.
담장에 벽돌 타일을 붙이면 마치 벽돌을 일일이 쌓아 올린 듯 전혀 다른 분위기를 풍긴다.

❶ 본드를 골고루 바른다

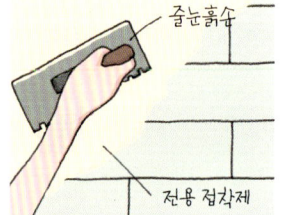

전용 접착제 등을 준비한 다음 줄눈흙손을 이용해 벽에 골고루 바른다.

❷ 접착제를 고르게 편다

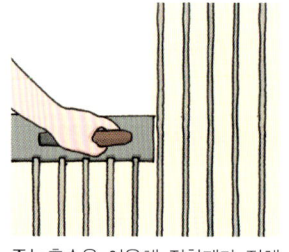

줄눈흙손을 이용해 접착제가 전체적으로 고르게 발라지도록 한다.

❸ 타일을 붙이기 시작한다

접착제와 줄눈재를 겸한 제품을 사용할 경우, 타일을 붙이기만 하면 모든 작업이 끝난다.

Paving Stone

02 | 조경 자재 / 포석

포인트를 주거나 바닥 전체에 까는 등 다양한 용도로 쓰인다

포석

소재와 형태, 색상이 다채로운 만큼 제대로 사용하기가 어렵다

평판, 블록, 네트, 비정형 등 포석은 종류도 많으며 색상이나 형태도 매우 다양하다.
한눈에 보아도 전통 분위기가 물씬 풍기거나 전형적인 서양식 디자인을 한 제품도 있지만 어떻게 사용할지는 개인의 자유다. 포석을 이용해 예술적인 정원을 만들어보자.

평판 타입
평판 타입 중에서 둥근 모양은 징검돌용이다. 네모난 제품은 보통 전체적인 포장 용도로 쓰이지만, 징검돌로 사용할 수도 있다.

❶ 카멜 로드 스톤
크기나 형태가 조금씩 달라 바닥에 깔면 자연의 정취가 물씬 풍긴다.
● 약 100×200×30~50mm/200×200×30~50mm/200×400×30~50mm ● 샌드 옐로우, 라임 옐로우 ● 조이풀 혼다

❷ 인터로킹 봉고
일반 보도블록이나 공원 보행로에 사용되는 포석으로 장식성이 뛰어나다.
● 240×120×30mm/240×240×30mm ● 오렌지, 브라운, 그린, 레드, 블루

❸ 로마 평판
진입로 등과 같은 바닥 포장에 잘 어울린다. 사이즈도 다양하게 마련되어 있다(총 6가지 사이즈).
● 200×200×30mm/200×400×30mm/300×300×30mm/400×400×30mm/300×600×30mm/400×600×30mm ● 옐로우, 핑크 ● 조이풀 혼다

❹ 앤티크 우드 평판
콘크리트로 만들어진 목조 평판. 침목과 비슷한 느낌과 질감을 잘 구현했다. 침목에 비해 내후성이 뛰어나다.
● 200×800×40mm/200×600×40mm/200×200×40mm ● 조이풀 혼다

테라코타 타일
스페인에서 생산된 정교한 타일이다. 가로세로 300mm의 타일로 1m² 를 시공할 때 총 11장이 소요된다.
● 200×200×18mm ● 300×300×20mm

레이 블록
벽돌 모양의 선명한 색을 띤 평판. 바닥에 전체적으로 깔면 화사한 분위기를 풍긴다.
● 약 300×300×35mm ● 옐로우, 레드, 브라운 ● 조이풀 혼다

화강암
정원에서 자주 볼 수 있는 대표적인 포석이다.
● 300×300×70mm ● 300×600×70mm ● 옅은 갈색, 옅은 붉은색, 옅은 자주색 ● 조이풀 혼다

골드코스트 페이버 벽돌
포장용 벽돌 소재다. 밝고 단정한 정원에 잘 어울린다. 총 3가지 사이즈가 있다.
● 230×230×50mm ● 탠(황갈색), 골드 ● 조이풀 혼다

악시아 서클 웨더드 버프
원형 혹은 반원형을 쉽게 만들 수 있는 천연석 스타일의 콘크리트 석재

● 지름 18,000mm

카테드랄 스톤
표면이 매끈해서 고급스러운 분위기를 풍긴다. 사이즈는 총 4가지이며, 색상은 3종류가 있다.
● 약 200×200×25mm ● 앤티크 블루, 올드 블랙, 옐로우 브라운 ● 조이풀 혼다

티그리스 스테핑 스톤
크고 세로로 긴 포석이다. 징검돌이나 계단의 디딤돌로 사용하기 좋다.
● 360×910×40mm ● 샌드 옐로우, 라임 옐로우 ● 조이풀 혼다

Paving Stone

블록 타입

형태가 가지런하여 까는 방법에 따라 다양한 패턴을 만들 수 있다. 또한 비교적 두꺼운 편이라 하중이 걸리는 장소에 시공하면 좋다.

① 핀록
좁은 공간을 포장할 때 사용하기 좋은 핀코로 블록이다. 1m²를 채우기 위해 약 175개의 블록이 필요하다.
●75×75×60mm ●그레이, 브라운, 옐로우, 레드 ●조이풀 혼다

② 러버 그레이 에콜로지 페이브
먼지가 나지 않도록 물을 뿌리면 증산작용으로 기온 상승을 억제시키는 효과가 있는 친환경 소재다. 보수력이 뛰어나며 식물과도 잘 맞는다. 차분한 그레이 컬러의 자연석으로 모던한 분위기의 정원에도 잘 어울린다.
●200×100×50mm ●조이풀 혼다

③ 인터로킹
화려한 색상을 갖춘 포장용 석재다. 한 가지 색으로 통일하거나 여러 색을 조합해서 쓸 수도 있다.
●200×100×60mm(기본)/100×100×60mm(2분의 1 사이즈) ●그레이, 테라코타, 옐로우, 브라운 ●조이풀 혼다

④ 화강암 핀코로
정방형 화강암. 화단의 연석 등으로 자주 사용된다. 사이즈는 총 3가지가 있다.
●백색 화강암 90×90×90mm/90×90×180mm/90×90×270mm ●흑색 화강암 90×90×90mm/90×90×180mm/90×90×270mm ●조이풀 혼다

네트 타입

네트 타입은 석재의 뒷면에 네트를 붙이거나 석재 사이에 와이어를 통과시켜 매트 형태를 만드는 제품이다. 매트 사이의 틈을 조정해가며 지면을 채운 다음 줄눈에 네트 타입 전용으로 나오는 작은 자갈을 채워 넣으면 마치 포석을 일일이 깐 것처럼 아름다운 모습이 완성된다. 어긋나는 일이 거의 없고 실용적이다.

체인스톤
포석의 정취를 충실히 재현한 네덜란드산 석재. 시공 시간도 크게 단축된다.
●400×600×20mm ●레드, 옐로우

조인트 페이버
콘크리트로 만든 인조석을 와이어로 연결해서 바닥을 쉽게 채울 수 있게 만든 가공재로, 강도도 뛰어나다.
●300×300×23mm ●레드, 옐로우, 브라운

가드닝 스톤 사각형
사각형으로 가공된 천연석을 네트에 접착시켜 만든 바닥재다. 같은 사이즈의 비정형 제품도 있다.
●580×350×15mm

네트가 부착된 비정형 석재
석재의 뒷면을 그물로 고정(접착)시켜 바닥에 깔기 쉽게 가공한 제품이다. 같은 사이즈의 사각형 제품도 있다.
●300×300×20mm

비정형 타입

자연스럽게 깨진 듯한 모양을 하고 있어 천연석의 정취가 그대로 느껴지는 비정형 타입의 제품이다. 모르타르나 전용 기초재를 사용한다. 각 제품은 그물망에 담겨 있거나 끈으로 묶인 상태로 판매되고 있다.

① 코츠월드 스톤
영국 코츠월드 지역에서 채굴한 소박한 분위기의 천연석

② 알비노 비정형
비정형의 자연석. 형태를 그대로 살려 지면에 깔면 강한 인상을 줄 수 있다. 한 묶음으로 약 0.2m²를 깔 수 있다. 두께는 약 25~30mm ●화이트, 옐로우, 핑크 ●조이풀 혼다

【 주차장에는 반죽 모르타르를 사용 】 이 책에서는 드라이 모르타르를 사용해서 간편하게 포석을 까는 방법을 소개하고 있지만 주차장처럼 상당한 중량이 걸리는 장소를 시공할 때는 모르타르가 단단히 굳을 수 있도록 반죽 모르타르를 사용하는 것이 좋다.

02 | 조경 자재 / 포석

DIY TECHNIC

포석 시공에 필요한 기본 테크닉

■ 인터로킹 블록의 시공 방법

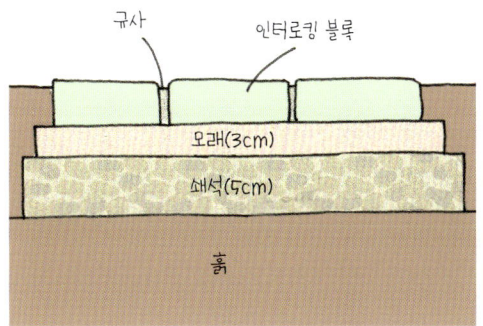

인터로킹 블록은 빈틈없이 깔끔하게 시공하는 것이 기본이다. 기초공사를 얼마나 튼튼하고 반듯하게 하느냐가 핵심이 된다. 또 매우 작은 틈에도 규사를 채워 움직이지 않도록 하는 것이 중요하다.

■ 핀코로 시공 방법

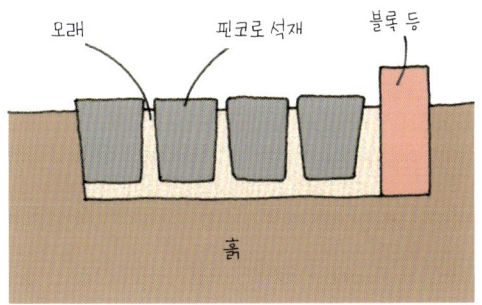

핀코로 석재를 시공할 때는 우선 석재의 높이에 맞춰 지면을 판다. 그리고 취향에 맞는 디자인의 석재를 선택해 지면을 채운 후, 석재 사이의 틈에 모래를 채워 넣고 단단히 눌러 고정시키기만 하면 된다. 석재를 자유롭게 교체할 수 있어 보수하기 쉬운 것이 특징이다.

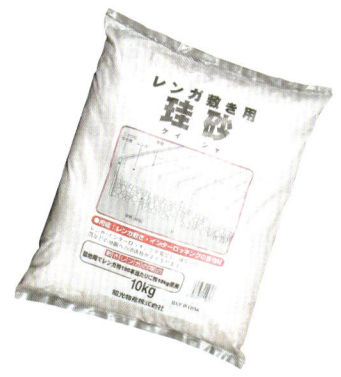

규사

규사는 모래보다 입자가 고와서 좁은 틈 사이도 채울 수 있다. 인터로킹 블록이나 벽돌을 빈틈없이 깔 때 줄눈재로 사용한다.

비정형 석재의 시공 방법 및 작업 순서

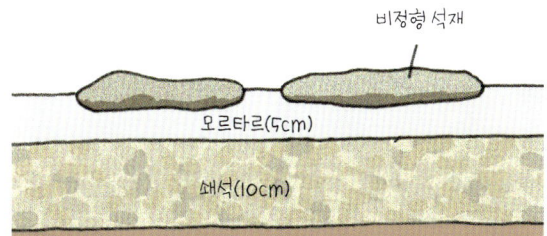

비정형 석재의 시공 방법을 예로 들어 모르타르로 포석을 고정시키는 작업 과정을 소개한다. 우선 비정형 석재, 블록 포석 그리고 벽돌 모두 10cm 정도 두께의 쇄석층을 만들어 단단히 굳혀서 시공이 끝난 후, 움푹 패는 곳이 없도록 한다.

❶ 시공할 장소의 지면을 판 다음 고르게 다듬는다

삽으로 지면을 판 다음 폭이 넓은 판자를 이용해 표면을 평평하게 만든다. 블록 포석을 사용할 경우에는 쇄석층 5cm, 모래층 3cm 위에 포석을 깔고 줄눈에 모래나 모르타르를 채운다.

❷ 쇄석, 모르타르, 비정형 석재를 깔기

쇄석층을 단단히 굳히면 드라이 모르타르로 5cm 두께의 평평한 층을 만든다. 비정형 석재의 틈 사이에는 작은 석재를 채워 큰 틈이 남지 않도록 한다.

추천 아이템

줄눈을 아름답게 만든다

포석의 줄눈을 모르타르로 고정시키고 싶지 않다면 사진에 나와 있는 줄눈 전용 자갈을 이용해보자. 색상도 직접 선택할 수 있다.

조인트 줄눈 스톤●화이트, 옐로우

키랏 스톤●옐로우, 민트

❸ 줄눈에 드라이 모르타르를 채운다

비정형 석재를 모두 깔고 나면 그 위에 드라이 모르타르를 얹어 갑판솔 등으로 빈틈을 메운다. 줄눈을 모두 채우면 고무장갑을 낀 손으로 틈 사이를 꾹꾹 눌러준다.

❹ 그 위에 물을 뿌려 굳힌다

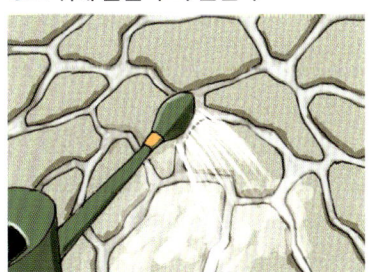

솔이나 스펀지 등으로 석재 위에 남은 드라이 모르타르를 모두 닦아낸 후, 물뿌리개로 물을 뿌린다. 석재를 물로 씻어낸다는 느낌으로 한다. 이 작업이 끝나면 모르타르가 굳어서 석재가 고정된다.

Garden Edge

화단이나 통로의 가장자리를 꾸며 정원의 분위기를 바꾼다

정원석·연석

개성적인 분위기를 만드는 자재가 다양하게 구비되어 있다

정원석과 연석은 화단이나 통로의 가장자리에 사용하거나 분위기를 바꾸기 위한 포인트 장식으로 이용할 수 있다. 종류를 명확히 분류할 수는 없지만 DIY 전문점에 진열된 제품은 '천연석'과 인공적으로 생산되거나 가공된 '블록 타입' 그리고 디자인 가공된 '조형 타입'으로 나눌 수 있다. 종류나 색상이 워낙 다양하므로 이용 방법에 따라 정원의 분위기를 크게 바꿀 수 있다. DIY 전문점에서 판매하는 수많은 종류의 연석을 구경하다 보면 정원을 가꾸는 데 필요한 창조적인 능력이 향상될 것이다.

천연석

형태나 분위기, 색상 등이 저마다 다른 다양한 제품이 마련되어 있다. 소박한 멋을 풍기는 돌일수록 가지런히 늘어놓거나 위아래로 쌓는 등 시공 방법에 따라 다양한 분위기를 연출할 수 있다.

❶ 쓰쿠바석
묵직한 돌로 정원에 두는 것만으로도 분위기가 달라진다. 돌 표면에 녹처럼 얼룩이 있는 것이 특징이다.
● 지름 1척(약 30cm) ● 조이풀 혼다

❷ 미카모이시(三毳石)
차분한 느낌을 주는 낙엽색 돌이다. 모양이 가지런하여 위로 쌓을 수도 있다.
● 조이풀 혼다

❸ 그린 쉐도우 스톤
에메랄드빛 바탕에 붉은색이 마블 형태로 섞인 아름다운 돌이다. 형태는 전체적으로 매끄럽다.
● 조이풀 혼다

❹ 페더록 스톤
정원용 경석(輕石)이다. 매우 가볍고 심플한 회색빛을 띠고 있어 활용도가 높다. 보습성과 통기성이 뛰어나 식물과도 잘 맞는다.

❺ 문스톤
곳곳에 구멍이 뚫려 있는 독특한 모양의 돌이다. 화단에 놓는 등 정원에 포인트를 줄 수 있다.
● 조이풀 혼다

❻ 버팔로 블록
베트남산 냇돌이다. 매우 무겁고 물에 젖은 것처럼 매끄러운 검은색을 띠는 것이 특징이다. 식물과도 잘 어울린다.
● 조이풀 혼다

스파게티 스톤
마치 파스타를 둥글게 말아놓은 듯한 재미있는 형태의 돌이다. 화단 등에 장식하면 좋다. 색상은 레드와 그린 두 가지가 있다.
● 조이풀 혼다

02 | 조경 자재 / 정원석·연석

❶ 스톤 보더
땅에 가지런히 세워 장식하거나 도로의 연석으로 사용해도 된다.
- 지름 약 10cm, 길이 90cm
- 라임 스톤, 샌드 스톤
- 조이풀 혼다

❷ 헥사고날 스톤(육방석)
용암이 깨져서 생긴 기둥 모양의 현무암. 뜰이나 연못 둘레, 문설주 등에 쓰인다.
- 길이 약 65~70cm(L사이즈)
- 조이풀 혼다

❸ 스텝핑 모스록
자연스러운 분위기가 물씬 풍기는 갈색 돌. 화초가 우거진 와일드한 정원에 잘 어울린다.
- 조이풀 혼다

❹ 부르주 로드 스톤
북유럽 포석에 사용되는 앤티크 석재다. 저마다 무늬가 조금씩 달라 분위기가 있다.
- 조이풀 혼다

❺ 터프 스텐 스톤
질감이 부드러워 가공하기 쉬운 다공질 석재다. 담을 쌓아 식물과 어우러지게 하면 내추럴한 분위기가 한층 살아난다.
- 조이풀 혼다

에지(edge)재

주로 화단을 만들 때 사용하며 다양한 디자인의 제품이 있다. 소재는 도기나 콘크리트 등이며 저마다 독특한 형태를 하고 있어 재미를 더하는 DIY 제품이다.

❶ 빅토리안 에징
단정하면서도 소박한 느낌을 주는 대표적인 에지재로 지입로나 화단 둘레에 사용하면 좋다.
- 450×60×170mm
- 테라코타, 웜 옐로우, 앤티크 레드
- 조이풀 혼다

❷ 레지 스톤 보더
벽돌을 쌓은 듯한 모양의 에지재로 밝은 색산이 화초를 더욱 돋보이게 한다. 스트레이트 이외에도 안쪽 커브, 바깥쪽 커브, 코너용 제품 등이 있다.
- 약 440×200×55mm
- 조이풀 혼다

❸ 벽돌 에지
비정형 화단 등 자유로운 형태의 에징에 사용할 수 있는 내화벽돌이다. 커브 형태를 손쉽게 만들 수 있다.
- 300×100×100mm
- 조이풀 혼다

❹ 플라워 블록
사각형 모양의 화단을 손쉽게 만들 수 있다. 사이즈는 총 3가지, 색상은 2가지가 있다.
- 100×390×190mm/100×390×110mm/75×300×150mm ● 레드, 오렌지 ● 조이풀 혼다

❺ 스칼럽트 에징
연결만 하면 화단이나 흙막이가 완성된다. 코너용 제품으로는 각도가 다른 두 가지 제품이 있다.
- 600×165×60mm ● 레드, 오렌지 ● 조이풀 혼다

Garden Stone

정원의 분위기를 완성하는 재료
바닥돌

**색상, 입자, 분위기 등이 저마다 다른
다양한 종류가 창의력을 자극한다**

바닥돌이라고 하면 일반적으로 일본식 정원의 풍경을 떠올리게 된다. 그러나 조경 자재점에서는 서양식 정원에 어울리는 다양한 장식용 바닥돌을 판매하고 있다. 바닥돌마다 색상이나 입자의 크기, 형태 등이 달라서 독특한 분위기를 느낄 수 있다.
이제 바닥돌은 정원 가꾸기에서 빠질 수 없는 중요한 소재가 되고 있다.

❶ 레드록 자갈
벽돌처럼 선명한 붉은색을 띤 자갈이다. 주로 서양식 정원에 사용된다. 입자의 크기는 S와 M 두 가지가 있다.
● 약 26리터 ● 1㎡/3~4봉지 ● 조이풀 혼다

❷ 흑옥석
모서리가 닳은 둥근 자갈. 매트하면서도 자연스러운 질감이 일본식 정원에 잘 어울린다. 입자의 사이즈로는 5푼과 8푼이 있다.
● 약 20kg ● 1㎡/34봉지 ● 조이풀 혼다

❸❹ 백야드 커버즈
매우 단단한 처트로 이루어진 장식용 자갈. 동서양을 막론하고 어느 정원에나 잘 어울리는 세련된 색상을 띠고 있다.
● 처트 레드, 처트 브라운 ● 약 15kg(10리터) ● 1㎡/4~6봉지 ● 조이풀 혼다

가든 스플릿
모서리가 거의 없는 비정형 자갈. 밝고 화사한 색상이 정원의 분위기를 바꿔놓는다.
● 레드, 옐로우, 화이트, 그린, 믹스 ● 약 20kg ● 1㎡/3~4봉지 ● 조이풀 혼다

메지 그라벨(줄눈 자갈)
타일이나 평판을 비정형으로 붙였을 때 줄눈에 넣는 자갈이다. 입자의 크기는 약 4~6mm이다.
● 체리 샌드, 핑크, 실버 화이트 ● 약 10kg ● 조이풀 혼다

메지 샌드(줄눈 모래)
입자가 더욱 고운 줄눈용 모래다. 벽돌 포장 등을 할 때 줄눈에 사용된다. 입자의 크기는 5호다.
● 다크 브라운, 카멜 ● 약 10kg ● 조이풀 혼다

【 잡초 방지 시트 】 정원에 자갈을 깔기 전에 밑에 깔아주기만 해도 잡초가 자라는 것을 막을 수 있는 편리한 시트가 있다. 정원을 가꾸는 것은 좋지만, 잡초를 뽑기가 귀찮다면 한 번 사용해보자.

02 | 조경 자재 / 바닥돌

자갈

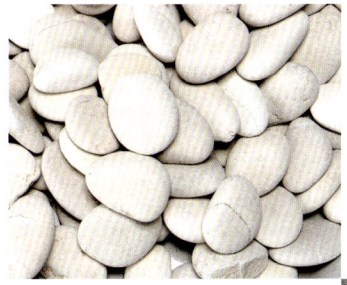

백색 나치이시(점판암의 일종)
둥글고 매트한 느낌을 주는 돌이다. 모던한 정원의 식물 주변에 깔면 좋다. 3푼과 5푼 크기가 있다.
● 약 12kg ● 1㎡/6~7봉지 ● 조이풀 혼다

흑색 나치이시
모던한 정원에 포인트를 주기에 적당하다. 3푼과 5푼 크기가 있다.
● 약 12kg ● 1㎡/6~7봉지 ● 조이풀 혼다

오이소(大磯) 자갈
해안가 모래처럼 입자가 고운 자갈로 차분한 인상을 준다. 3푼과 5푼 크기가 있다.
● 약 20kg ● 1㎡/3~4봉지 ● 조이풀 혼다

백색 자갈
정원 등에 자주 쓰이는 순백색 자갈이다. 3푼, 5푼, 8푼 크기가 있다.
● 약 20kg ● 1㎡/3~4봉지 ● 조이풀 혼다

오색 자갈
냇가에 있는 자갈처럼 자연스러운 분위기를 풍긴다. 물에 젖었을 때 나타나는 색상의 조화가 아름답다. 3푼, 5푼, 8푼 크기가 있다.
● 약 20kg ● 1㎡/3~4봉지 ● 조이풀 혼다

이세 자갈
정원이나 가옥의 현관 주변에 잘 어울리는 자갈이다. 3푼, 5푼, 8푼 크기가 있다.
● 약 20kg ● 1㎡/3~4봉지 ● 조이풀 혼다

에코팁

에코팁
벽돌을 잘게 부수어 만든 팁이다. 보수성과 통수성이 뛰어나며 증산작용으로 지표면의 기온 상승을 억제하는 효과가 있다.
● 약 10kg(13리터) ● 1㎡/3~4봉지 ● 조이풀 혼다

추천 아이템

이런 효과를 가진 자갈도 있다

바닥돌 중에는 조금 특별한 효과를 가진 것들이 있다. 보습 기능이 있거나 걸으면 소리가 나기도 하고, 잡초의 번식을 억제하는 것도 있다. 이러한 바닥돌의 효과를 잘 이용하면 한층 즐거운 정원을 만들 수 있다. 이런 신기한 효과를 꼭 한 번 경험해보자.

잡초 버스터즈
7mm/12mm의 작은 자갈이 모여 잡초의 성장을 억제한다.
● 12kg ● 1㎡/4~5봉지

방범용 자갈
자갈 위를 걸으면 상당히 소리가 크게 난다. 수상한 사람이 침입하지 않도록 창문이나 뒷문 주변에 깔아두면 좋다.
● 그린, 화이트 ● 약 30리터 ● 조이풀 혼다

주춧돌·블록

본격적인 정원 가꾸기에 도전할 때 반드시 필요한 아이템

정확한 작업이 완성도를 좌우하는 두 가지 기본 자재

우드 데크를 비롯한 각종 구조물의 발밑을 지탱하는 주춧돌 그리고 담장이나 화단 가장자리 등에 이용하는 콘크리트 블록이다.
두 가지 자재 모두 정원 가꾸기의 필수 아이템인 동시에 세밀하고 정확한 작업이 요구되는 소재이기도 하다. 그러므로 다양한 종류 중에서 용도에 맞고 작업하기 쉬운 제품을 선택하자. 또 DIY이므로 완성 후의 모습까지 고려해 선택하는 것이 좋다.

주춧돌

❶ 2×4 주춧돌
상부에 파인 십자 모양의 홈과 중앙에 난 구멍이 2×4 사이즈에 맞춰 나온 제품이다.
●150×150×250mm ●180×180×250mm

❷ 하고이타 부착 주춧돌
가장 대표적인 타입으로 지주를 고정하는 금속판(하고이타)이 달려 있다. 금속판이 없는 제품도 있다.
●125×138mm ●100×108mm

❸ 펜스 블록
철제 펜스의 기둥 등을 세울 때 사용하는 전용 블록으로 거의 대부분을 땅속에 파묻어 사용한다.
'펜스 블록' 고에이 콘크리트 ●180×180×450mm

블록

경량 블록
경석을 주원료로 한 가장 대표적인 콘크리트 블록
스탠더드 블록 ●390×190×100mm·7kg ●390×190×120mm·8kg ●390×190×150mm·10kg ●390×190×190mm·11.9kg
스탠더드 블록 코너용 ●390×190×100mm·6.9kg ●390×190×120mm·8.5kg ●390×190×150mm·10kg

솔리드 스톤
표면에 포인트를 줄 만한 디자인을 새겨 콘크리트의 거친 질감을 그대로 드러낸 블록
'솔리드 스톤' 397(길이)×190(높이)×120mm(폭)

중량 블록
모래를 주원료로 한 블록으로 강도가 세서 시공 후 내진성이 뛰어나다. 최근 들어 블록의 주류로 부상하고 있다.
스탠더드 블록 ●390×190×100mm·9.5kg ●390×190×120mm·11.5kg ●390×190×150mm·13.5kg

깔끔한 8개의 리브(rib)와 스플릿 가공한 외관 덕분에 정취 있는 벽이 완성된다. 단면용, 양면용, 코너용 제품이 있다.
'리블록 F' 397(길이)×190(높이)×120mm(폭)/(왼쪽부터 옐로우, 브라운, 그레이)

【 **방수 블록** 】 모래를 주원료로 한 C종 블록에 제조 단계에서 약품을 투입하여 방수성을 향상시킨 C종 방수 블록도 있다.

【 **블록의 분류** 】 콘크리트 블록은 A, B, C종으로 분류된다. 경석이 주원료인 A종, 모래를 주원료로 하여 강도가 뛰어난 C종 그리고 경석과 모래를 주원료로 하여 중간 수준의 강도를 가진 B종이 있다.

Cement

02 | 조경 자재 / 시멘트

DIY 가드닝의 폭을 넓혀 주는 소재

시멘트

용도별 사용 방법을 익혀두면 누구나 손쉽게 작업할 수 있다

혹시 시멘트, 모르타르, 콘크리트 이 셋의 차이를 알고 있는가? 원료 그대로의 상태가 시멘트이다. 여기에 모래를 섞으면 모르타르가 되고 자갈을 섞으면 콘크리트가 된다. 혼합 내용에 따라 호칭이 달라지므로 주의하자.

전문가용 제품을 사용하려면 전문가의 솜씨가 필요하다고 생각하기 쉽지만 직접 사용해보면 의외로 손쉽게 이용할 수 있어 가드닝의 폭이 한층 넓어진다. 꼭 한 번 이용해보기 바란다.

시멘트
이른바 원재료로 시멘트를 물에 녹인 것을 시멘트 풀이라고 한다. 시멘트 풀은 접착 등 일부 용도에 이용할 때를 제외하고는 그대로 사용하는 일이 거의 없다.
'포틀랜드 시멘트' ●25kg

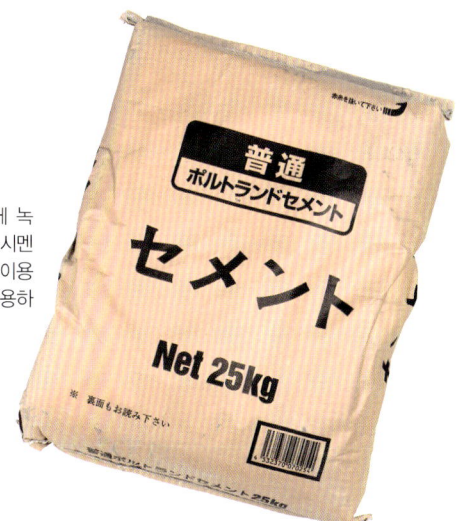

컬러 드라이 모르타르
시멘트에 모래를 섞어 착색한 제품이다. 내부 및 외부의 시공 표면에 색을 칠할 때 효과적이다. 사진에 나온 제품은 황토색 '컬러 드라이 모르타르'다. ●10kg

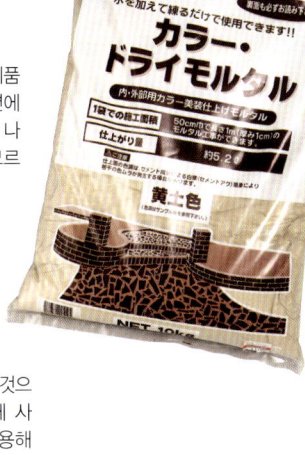

드라이 콘크리트
시멘트에 모래와 자갈을 섞은 것으로 콘크리트 바닥의 기초공사에 사용한다. 표면은 모르타르를 사용해 마무리한다.
'드라이 콘크리트' ●25kg

자갈 콘크리트
정원의 경관이 크게 향상된다. 물로 반죽한 다음 흙손을 이용해 발라주기만 하면 잡초가 자라거나 물이 고이는 것을 예방할 수 있다. 색상은 그레이, 오렌지가 있다.
'투수성 컬러 자갈 콘크리트' 20kg

타일 접착 시멘트
벽돌 타일, 슬라이스 타일, 도기질 타일, 자기질 타일 등을 붙일 때 사용한다. 물로 반죽만 해주면 되므로 매우 간편하다.
'타일 접착 시멘트' 5kg

■각 명칭과 농도의 차이

명칭	시멘트	모래	자갈	용도
시멘트 풀	1	-	-	접착이나 소량의 충전, 기초공사에 사용
모르타르	1	3	-	일반적인 마무리, 접합용으로 사용
모르타르	1	2	-	접착 강도를 높여야 할 때 사용
콘크리트	1	3	6	일반적인 용도로 사용
콘크리트	1	2	4	강도를 높여야 할 때 사용

잡초를 미리 예방하자

마사오
흙의 느낌을 잃지 않으면서 잡초가 자라는 것을 예방하는 '마사토'. 골고루 뿌린 다음 그 위에 물을 붓기만 하면 서서히 굳는다.
'마사오' 15kg

추천 아이템

시멘트에 색을 더하자

화이트 시멘트, 백색 콘크리트 등에 섞어 색을 입힐 수 있는 염료가 있다. '시멘트용 색 가루'는 레드, 옐로우, 그린, 블루 등 총 10가지 색상이 있다.

Tie & Stake

02 | 조경 자재 / 침목·말뚝

자꾸만 손이 가는 매력적인 조경 자재

침목·말뚝

자재로서의 주목도는 양극단이지만 실용성은 동급이다

자신도 모르게 자꾸만 손이 가는 침목에 비해 말뚝은 실물을 보기 전까지는 아예 기억조차 못 하는 경우가 태반이다. 이렇듯 두 자재의 주목도는 실로 극단적인 차이를 보인다.

그러나 두 제품 모두 원예 자재로서 실용성이 높아서 볼수록 다양한 용도가 떠오른다. 단, 침목은 중고품의 수가 해마다 줄어들고 있어 진품을 구입하기가 쉽지 않은 상황이다. 게다가 자연목의 중요성이 다시 강조되는 추세라 말뚝도 앞으로 가격이 점차 오를 가능성이 있다.

침목

❶ 신품 침목·병
방부 처리를 한 새 침목이다. 길이가 2100mm인 제품부터 두께가 그 절반에 해당하는 제품까지 종류도 다양하다.
- 200×140×600mm/200×140×900mm/200×140×1200mm
- 조이풀 혼다

❷ 중고 침목
삭은 듯한 질감을 가진 중고 침목. 표면에 볼트 구멍 등이 남아 있어 분위기가 있다.
- 약 230×약 130~150×약 600mm
  약 230×약 130~150×약 800
  약 230×약 130~150×약 1200mm
- 조이풀 혼다

❸ 침목정
철도 레일을 침목에 고정시키기 위한 철제 못. 침목과 함께 사용하면 정원에도 잘 어울린다.
- 약 16cm

말뚝

소박하면서 실용성이 뛰어난 원예 소재인 만큼 그 종류도 상상을 초월한다. 다양한 종류의 사이즈가 마련되어 있으며 가공 처리된 제품도 있으므로 용도에 맞는 제품을 선택하도록 하자.

그을린 말뚝
말뚝의 겉표면을 그을려 탄화시킨 것으로 해충의 피해와 부패를 방지한다.
- 900mm
- 1200mm
- 1500mm
- 1800mm

백목 말뚝
아무 처리도 하지 않은 가장 대표적인 말뚝이다. 지름은 60mm 정도가 기준이다.
- 900mm
- 1500mm
- 1800mm

흰 대나무
결국 대나무대에 불과하지만 길이가 다양하여 DIY부터 정원 가꾸기까지 다양한 용도로 사용할 수 있다.
- 1500mm ● 2000mm

ACQ(Alkaline Copper Quaternary) 통나무 말뚝
목재 방부제를 가압 주입한 통나무 말뚝이다. 약물이 장시간 지속되어 해충으로부터 나무를 보호한다.
- 1200mm ● 1500mm

구운 통나무 8연속 말뚝
천연목을 통나무처럼 만든 연속 말뚝으로 보통 8연속이나 12연속 등이 있다.
- 630×300×지름 75mm

[연속 말뚝] 화단 등에 손쉽게 이용할 수 있는 연속 말뚝은 말뚝의 개수나 긴 말뚝과 짧은 말뚝의 배열 방법, 말뚝 끝의 절단 방법 등에 따라 다양한 종류가 있다.

How to DIY — 벽돌 작업

모르타르 만들기

벽돌을 붙이거나 고정할 때 사용한다. 구석구석까지 건비빔(시멘트나 모르타르 등을 물에 섞지 않고 비비는 것)하는 것이 요령이다.

① 도구와 재료를 준비하기

모르타르를 만들기 위한 준비 재료. 시멘트, 모래, 삽, 반죽용 괭이, 반죽통, 물 적당량

③ 물을 붓고 비비기

A

B

재료가 골고루 섞여 전체적으로 같은 색을 띠게 되면 물을 준비해서 본격적인 반죽에 들어간다.

물을 조금씩 부으면서 건비빔을 할 때와 마찬가지로 괭이를 이용해 재료를 섞는다. 물을 한 번에 많이 붓지 않도록 주의하자.

② 건비빔하기

A

B

모르타르는 모래와 시멘트를 3:1의 비율로 섞어 만든다. 참고로 자갈과 모래, 시멘트를 6:3:1의 비율로 섞으면 콘크리트가 된다.

반죽용 괭이를 준비한다. 재료를 바닥까지 골고루 섞을 수 있도록 재료를 앞으로 끌어당겨 조금씩 섞는다. 힘을 주어 억지로 섞으려고 하다가는 쓸데없이 힘을 낭비할 수 있다.

C

전체적으로 골고루 섞어 반죽이 걸쭉해지면 완성이다. 귓불과 비슷한 질감이 되도록 한다.

C D

괭이를 앞으로 끌어당기며 거의 동시에 위쪽으로 들어 올린다. 자신의 앞에 놓인 손(오른손잡이라면 왼손)을 기점으로 괭이를 들어 올렸다가 내린다고 생각하자.

비비는 방향을 바꿔주며 전체적으로 골고루 섞는다. 반죽통의 네 모서리에 남아 있는 재료도 남김없이 모두 섞는다.

섞는 순서

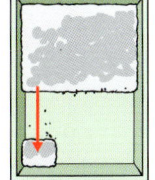
앞에서부터 전체적으로 골고루 섞는다.

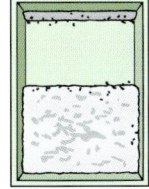
모서리에 남은 재료도 남김 없이 섞는다.

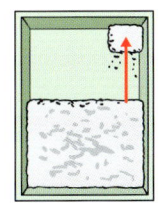
반대편으로 가서 같은 동작을 반복한다.

서는 위치

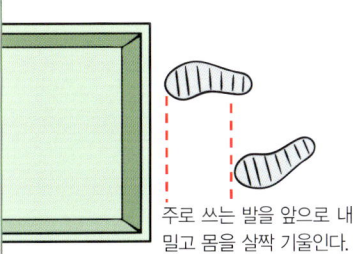
주로 쓰는 발을 앞으로 내밀고 몸을 살짝 기울인다.

자세

상체를 숙이고 무릎을 굽혔다 펴면서 몸 전체를 이용해 괭이를 들어 올린다.

How to DIY | 벽돌 작업

벽돌 깔기

수평을 제대로 유지하는 것이 공사의 완성도를 좌우한다.

벽돌 깔기 순서(줄눈에 모래를 사용할 경우)

❶ 모래를 깐다

벽돌의 두께와 모래의 두께를 고려해 지면을 파고 모래를 골고루 깐다. 이때 수평기를 이용해 수평 상태를 확실히 확인하고 모래가 균등하게 깔리도록 한다.

❷ 벽돌을 깐다

줄눈이 들어갈 수 있을 만큼 간격을 벌리면서 벽돌을 깔기 시작한다. 줄눈에 모래를 채울 때는 보통 벽돌 사이에 간격을 거의 남기지 않는다. 바닥이 너무 많이 꺼지면 모래를 더 붓고, 바닥이 다시 높아지면 고무망치로 벽돌을 미세하게 조정하여 위치를 바꾼다.

❸ 수평 확인하기

다시 한 번 수평기를 이용해 벽돌이 수평을 이루도록 한다.

❹ 벽돌 깔기 완료

벽돌을 전부 깐다.

❺ 줄눈 채우기

표면에 모래를 잔뜩 뿌린 후 줄눈을 채워나간다. 건비빔 모르타르를 사용하는 경우에도 방법은 비슷하지만 모래보다 좀 더 신중한 자세로 줄눈을 채워나가야 한다.

❻ 물 뿌리기

물을 뿌리면 모래가 줄눈에 들어가기 쉬워지며 불필요한 모래는 흘려보내게 된다. 샤워기 등을 이용해 물을 세차게 뿌린다.

❼ 이것으로 완성!

당분간은 모래가 자리를 잡지 못해 쓸려 나올 수 있지만 시간이 지나면 조금씩 안정된다.

03 건축재

건축에 사용되는 소재는 유리, 타일, 금속, 플라스틱, 고무 등 다양하다.
그 종류만큼이나 용도도 다양하다.
소재의 특성을 이해하고 나서 취미 생활부터 유지 및 관리까지
모든 분야에서 자신만의 창의적인 생각을 발휘해보자.

석고보드 | 유리 | 타일 | 금속 | 플라스틱 | 고무 | 단열재 | 방음재 | 몰딩재

석고보드

Gypsum Wallboard

03 | 건축재 / 석고보드

내화·방음 효과가 뛰어난 '벽'을 만드는 기초 건축재

**판지 사이에 석고를 끼운 보드로
기초공사에서 빠질 수 없는 기초 자재**

석고보드는 석고를 심재로 하고, 양면을 종이 사이에 끼워 보드 형태로 만든 성형판이다. 주택뿐만 아니라 각종 건축문의 기초재로 사용되고 있다. 온도나 습도에 따른 변형이 적고, 재질이 부드러워 절단이나 구부림 가공 등이 용이하며 단열·방음 효과가 있는 등 벽의 기초재에 필요한 다양한 기능을 갖추고 있다. 그중에서도 내구성·방화성이 특히 뛰어나다. 화염에 휩싸이면 석고에 함유된 수분이 수증기로 방출되어 고온을 억제하는 작용을 한다. 단, 흡수성이 높아 물기를 흡수하면 강도가 떨어지고 충격에 취약해지는 단점이 있으므로 취급에 주의가 필요하다.

DIY 전문점에서도 910×1820m 사이즈 등의 제품을 판매하고 있다. 설치할 때는 못이나 전용 강력 접착제 등을 사용한다. 표면에 벽지나 분사형 도료, 도장 등 모든 처리가 되어 있는 일반적인 석고보드부터 바름벽의 바탕재로 사용하는 석고보드와 벽지를 따로 붙일 필요가 없는 장식용 석고보드도 있다.

석고보드

범용성이 높은 석고보드로 '평보드' 또는 '일반보드'라고도 한다. 벽·천장·칸막이 등 각종 내장의 기초재로 쓰인다. 표면에 크림색이나 회색 종이가 붙어 있으며 분사형 도료나 벽지 등에 적합하다.

'타이거 보드' 요시노 석고●1820×910×9.5mm/1820×910×12.5mm

장식용 석고보드

붙인 상태에서 그대로 벽으로 사용할 수 있도록 표면을 벽지나 플라스틱 시트로 꾸미거나 도장 및 형압 가공 등을 한 보드다. 주로 천장용으로 많이 쓰인다.

'집톤 라이트' 요시노 석고●1820×910×9.5mm

석고 라스보드

바름벽 등을 만들 때 사용한다. 일정한 간격으로 요철이 있는 라스보드다. 요철이 있어서 밀착성이 좋지만 최근에는 점차 감소하는 추세다.

'뉴 라스보드' 요시노 석고●1820×910×7mm

신기한 건축재 발견!

고급스러운 느낌의 대리석조보드

DIY 전문점에서 판매하는 다양한 건축재 중에는 흥미로운 소재가 많다. 인조 대리석도 그중에 하나다. 인조 대리석은 메타크릴 수지 강화 무기재를 원료로 하며, 전기톱으로 절단하거나 드릴로 구멍을 뚫을 수도 있어 가공하기도 쉬운 소재다.

차가운 대리석조의 질감이 고급스러운 느낌을 자아낸다. 의외로 부드러워 구멍을 뚫거나 자르기 쉽다.
●320×257×13mm

기초지식

석고보드는 벽의 기초재

석고보드라고 하면 '벽'을 떠올리는 사람이 많을 것이다. 벽은 뼈대가 되는 기둥을 세우고 버팀대를 댄 후, 표면에 벽의 기초재를 덮어 만든다. 그 기초재로 사용되는 것이 바로 석고보드다.

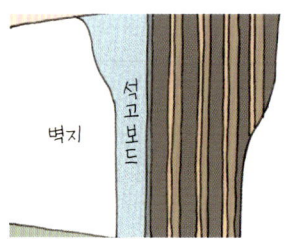

벽지 뒤에 석고보드와 같은 기초재가 있고 이를 지탱하는 뼈대인 기둥과 버팀대가 있다.

【바름벽】 회반죽이나 규조토 등을 흙손으로 발라 마감한 벽이다. 조습 기능이 뛰어나 새집증후군 등에 효과적이라고 알려지면서 최근 인기를 끌고 있다. 라스보드가 아닌 다른 바탕재를 사용해도 된다.

【규산칼슘보드】 시멘트에 규산질이나 석회질 등을 섞어 형성한 시멘트 계열 보드. 시멘트의 양이 비교적 적어서 가볍고 가공하기 좋다. 내장재로 많이 사용된다.

Glass

03 | 건축재 / 유리

투명하게 빛나는 아름다운 소재의 판유리는 유리 전문점에서 구입하자

유리

유리 블록

유리로 만든 블록 형태의 건축재로 속이 비어 있는 것이 특징이다. 일반적으로 채광 효과를 위해 벽의 일부 혹은 전면에 배치하는 경우가 많다. 블록처럼 쌓아서 사용할 수도 있으며 내부에 램프를 넣어 전등처럼 사용하는 등 다양한 용도로 활용할 수 있는 소재다.

❶ 글라스 블록 웨이브 ● 250×250mm
❷ 글라스 블록 패럴렐 패턴 ● 190×190mm

기초지식 **유리의 종류**

유리에도 여러 종류가 있다. 사용 목적에 맞는 유리를 선택하자.

형판유리
표면에 무늬를 새긴 유리. 시야를 적당히 가리므로 칸막이나 창문, 가구 등에 사용된다.

판유리
예로부터 사용되어 온 가장 일반적인 유리판이다. 한쪽 면을 불투명하게 가공한 유리를 불투명 유리(ground glass)라고 한다.

강화유리
판유리에 비해 강도가 3~5배 센 유리로 만일 파손되더라도 작은 알갱이 형태로 깨지기 때문에 안전성이 높다.

철망유리
화재나 지진 등으로 유리가 깨지더라도 사방으로 튀지 않도록 철망이나 철사를 넣은 유리다.

유리판은 유리 전문점에서

유리는 투명감이 뛰어난 소재다. 심플한 판유리 이외에도 안전성을 높이기 위해 철망이나 철사를 넣은 철망유리, 무늬가 들어간 형판유리 등 다양한 종류가 있다. 유리판은 깨지기 쉬워 취급이 어렵다는 단점이 있다. 대형 유리가 필요할 때는 유리 전문점에 문의하자.

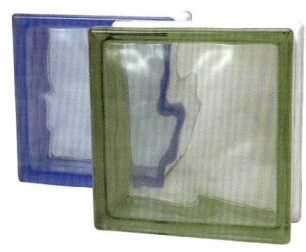

유리 블록 중에는 색상을 넣은 제품도 있다. 투명한 블록과 함께 사용해도 잘 어울린다.
'글라스 블록' 블루·그린 ● 190×190mm

건축재 코너에서 발견!

DIY 전문점에서 소량으로 판매하는 소재인 로프와 시트에 대해 알아보자.
두 아이템 모두 자신이 원하는 양만큼 구입할 수 있다.

❶ 로프

짐을 싸거나 견인을 할 때처럼 다양한 상황에서 요긴하게 쓰이는 로프. 재질이나 섬유를 꼬는 방법에 따라 특징이 달라진다. 무거운 물건에 사용할 때는 강도를 중요시하자.

❶ 물에 강한 포장용 로프 'KP 로프' 지름 9mm ❷ 나일론 재질로 만들어진 '컬러 로프' 지름 6mm ❸ 표식용 '표식 로프' 지름 9mm ❹ 부드럽고 유연한 '크레모나 곤고우치(12가닥으로 딴 매듭)' 지름 6mm ❺ 표면이 매끄러운 '크레모나 로프' 지름 6mm ❻ 천연 소재 '면 로프' 지름 6mm ❼ 강도가 높은 '에스텔 W 블레이드' ❽ 마로 만든 '마닐라 로프' 지름 9mm

❾ 활성단 시트

플로어링을 할 때 그 아래에 깔아두면 공기 정화 효과가 있다. 리폼을 하거나 바닥을 새로 깔 때 직접 구입해서 설치해보자.

조습 기능과 악취 제거 기능이 뛰어난 숯 시트로 공기 정화 효과가 있다.
활력 숯 시트 가공품 ● 490×950mm(10장)

【 로프의 종류 】 로프에는 천연섬유 로프와 화학섬유 로프가 있다. 마 또는 면 등 천연섬유로 만들어진 로프는 사용한 후, 흙으로 돌아가므로 친환경적이다. 반면 강도는 화학섬유 로프가 월등히 세다. 그만큼 튼튼하고 오래 쓸 수 있다.

TILE

장식적인 분위기를 살려 고급스러운 인테리어를 완성

타일

리폼이나 보수, 타일 아트 등 다양한 분야에서 활약

물을 사용하는 공간의 벽이나 바닥에 자주 사용되는 소재가 바로 타일이다. DIY 전문점에서는 민무늬나 다양한 무늬가 들어가 있는 내장용 타일, 타일 아트 등에 사용하는 모자이크 타일, 바닥용 타일로 한창 인기를 끌고 있는 테라코타 타일 등을 판매하고 있다.

타일은 이처럼 종류가 다양한데 이를 소재에 따라 '자기질', '석기질', '도기질'로 나눌 수 있다. 1200~1300도의 고온에서 구운 자기질 타일은 구조가 매우 치밀하고 경질이며 흡수율이 1% 이하다. 반대로 흡수율이 5% 이상인 석기질 타일이나 22% 이하인 도기질 타일은 수분을 잘 흡수하므로 두드리면 둔탁한 소리가 난다.

흡수율이 높은 도기질 타일은 내장용 타일로 주로 쓰인다. 외벽에 사용하면 동해를 입을 수 있고, 바닥에 사용하면 무게를 견디지 못하고 깨지는 경우가 있다. 경도가 높은 석기질 타일이나 자기질 타일은 내외장재와 바닥재로 적합하다. 외장용 타일은 뒷면에 '뒷굽'이 충분히 있어야 하기 때문에 내장용 타일과 나란히 붙였다가는 높낮이의 차이가 발생한다. 타일을 고를 때는 색상이나 디자인뿐만 아니라 용도도 고려해야 한다.

고벽돌의 정취가 느껴지는 외장용 타일
● 217×64mm

외장용 타일

건물의 외벽에는 동해를 방지하기 위해 흡수율이 낮고 강도는 높은 자기질이나 석기질 타일을 사용한다. 타일이 떨어지지 않도록 타일 뒷면에는 1.5mm 높이의 요철인 일명 '뒷굽'이 붙어 있다. 내장용 타일에 비해 가격이 다소 비싼 편이지만 내후성에서 상당한 차이를 보이므로 보수를 할 때도 반드시 외장용 타일을 사용하자.

DIY TECHNIC

타일을 붙이는 방법

기본적인 방법은 어느 타일이나 마찬가지다. DIY 전문점에서는 타일을 붙이는 데 필요한 접착제나 줄눈재, 도구 세트 등을 판매하고 있다. 타일을 붙이기 전에 위치나 배치 순서 등을 잘 생각해두는 것이 좋다.

① 접착제를 바른다

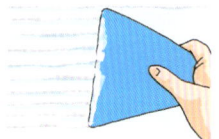

접착제를 균일한 두께로 바른다. 톱니 흙손이나 접착제 전용 주걱 등을 사용하면 편하다.

② 타일을 붙인다

줄눈이 균일하도록 신경 쓰며 접착제 위에 타일을 붙인다. 작업이 끝나면 반나절 이상 건조시킨다.

③ 줄눈재를 바른다

줄눈재를 주걱에 묻힌 다음 타일 사이를 메운다. 줄눈 작업용 주걱을 사용하면 작업이 훨씬 수월해진다.

④ 줄눈재를 닦아낸다

표면을 고르게 다지면서 울퉁불퉁하거나 더러워진 부분을 수건으로 닦아내면 모든 작업이 끝난다.

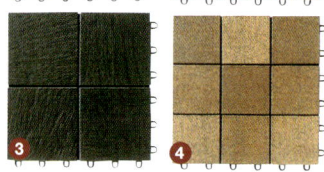
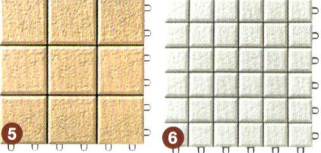

토토(TOTO) 바세아(BASEA)
① MW시리즈 MW01T ● 300×300×26.5mm
② MR시리즈 MR01 ● 300×300×26.5mm
③ MS시리즈 MS02 ● 300×300×28mm
④ MT시리즈 MT01 ● 300×300×28mm
⑤ MG·MK시리즈 MK01 ● 300×300×28mm
⑥ MN시리즈 MN03 ● 300×300×28mm

바닥용 타일

바닥에 타일을 깔기만 해도 미관과 분위기가 크게 달라진다. 사진에 나온 제품은 비접착식 타일로 가벼운 것이 특징이다. 사이즈를 잰 다음 타일을 깔고 가장자리를 잘라내기만 하면 베란다나 발코니를 세련된 모습으로 바꿀 수 있다.

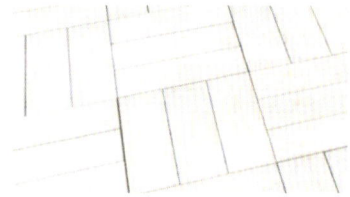

타일에 새겨진 선을 이용해 재미있는 무늬를 만들 수도 있다.

【줄눈】 타일과 타일 사이의 간격. 보통 백색 시멘트 등을 줄눈재로 사용해 메운다. 최근에는 곰팡이 방지 기능이 추가된 화장실·부엌용 줄눈재나 신축성이 뛰어난 바닥용 줄눈재도 판매되고 있다.

【동해(凍害)】 타일 바탕에 침투한 수분이 외부 공기의 온도 변화에 따라 동결과 융해를 반복하며 타일을 파괴하는 것을 뜻한다.

내장용 타일

화장실이나 욕실, 부엌 등 물을 사용하는 공간에 사용되는 내장용 타일은 대부분 유약(유리질)을 표면에 입힌 도기질 타일이다. 흡수율이 높기 때문에 외벽에는 사용할 수 없지만 색상이나 무늬의 종류가 다양하며 장식성이 뛰어난 제품도 많다. 줄눈을 포함했을 때 100×100mm가 되도록 한 변의 길이가 96~98mm인 제품이 많다. 최근에는 수입 타일도 증가했다.

고급스러운 분위기를 풍기는 타일 벽. 민무늬 타일도 배치 방법을 달리하거나 다양한 크기의 타일을 조합해 얼마든지 풍부하게 표현할 수 있다(INAX '미스티킬라믹' 시공 사례).

❶❷❸❹ '비빅' INAX●97.75×97.75mm
❺❻ '쁘띠 가든' INAX●97.75×97.75mm
❼❽ '베르두라' INAX●97.75×97.75mm
❾❿⓫⓬ '미스티킬라믹' INAX●97.75×97.75mm
⓭⓮⓯⓰ '도슈(陶趣)' INAX●97.75×97.75mm

모자이크 타일

표면적이 50㎠ 이하인 타일을 말하며 대부분 자기 타일이다. 타일 여러 장을 하나의 유닛으로 묶은 제품이 많다. 이 페이지에서 소개하는 타일은 모두 사각형이지만 이 외에 원형 타일, 팔각형 타일, 직사각형 타일, 깨진 타일(파타일) 등이 있다. 수공예 등 다양한 분야에 폭넓게 사용할 수 있다.

글라스 타일

컬러 베리에이션이 들어간 글라스 타일이다. 단단하면서도 투명하게 빛나는 특성을 잘 살려 액자 같은 소품 등을 만들어보는 것도 좋다.
'TRANSLUCENT'
● 가로, 세로 25mm/12장

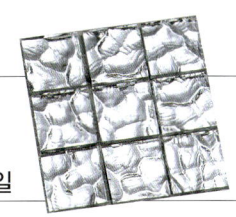

글라스 타일

빛이 아름답게 반사되는 글라스 타일이다. 수공예품을 만들거나 벽이나 바닥의 포인트로 사용할 수 있다.
● 가로, 세로 25mm/18장

글라스 타일

색유리로 만든 작은 타일. 투명감이 느껴지는 질감을 활용해 상상력과 창의력을 자유롭게 발휘할 수 있는 타일이다.
'TRANSLUCENT'
● 가로, 세로 10mm

알파벳 타일

알파벳이 그려진 타일이다. 벽이나 바닥에 붙여 포인트를 주거나 네임 플레이트 등에 사용할 수 있다.
● 가로, 세로 50mm/1장

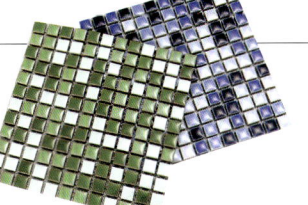

모자이크 타일

그림이나 패턴을 만들 때 활용할 수 있는 가로, 세로 10mm의 작은 타일이다. 뒷면에 있는 그물망은 물에 젖으면 떨어진다.
'MOSAIC10'
● 가로, 세로 10mm/144장

【유닛(unit)】 줄눈의 폭이 균일하도록 종이나 그물망 위에 타일을 일정한 간격으로 붙여 놓은 상태를 일컫는다. 원하는 사이즈에 맞춰 유닛을 잘라 타일을 붙일 수 있다. 줄눈의 폭을 맞추기 쉬워 편리하다.

Metal

내구성·내열성이 뛰어난 스타일리시한 소재

금속

금속 특유의 샤프한 멋과 풍부한 가공성이 매력적

판형·봉형·철망형·선형 등 다양한 상태로 가공되어 매장 앞에 진열되어 있는 금속. 종류에 따라 특성이 다소 차이 나기는 하지만 목재나 플라스틱에 비해 견고하고 내구성이 뛰어나다는 특징이 있다. 경년 변화(시간이 지남에 따라 성능이나 기능이 떨어지는 것)도 적은 편이다. 절단이나 구부림 가공 등이 어려운 소재도 있지만 그만큼 한 번 정해진 형태를 끝까지 유지하려는 힘 또한 크다.

판재는 절단이나 구부림, 용접 등 다양한 가공이 가능하므로 폭넓게 활용할 수 있다. 시트 형태나 그물망 형태의 소재도 있으므로 용도에 맞춰 사용하면 된다. 봉형 소재는 용도에 따라 형태나 크기가 세분화되어 있으므로 가장 적합한 제품을 선택하는 것이 중요하다. 철사도 가공성이 뛰어난 점이 매력이다.

금속섬유나 체인 등은 어떻게 활용하느냐에 따라 다양한 용도로 사용할 수 있다. 용접이나 납땜 등의 방법으로 소재를 접착할 수 있다는 점 또한 금속의 큰 특징 가운데 하나다.

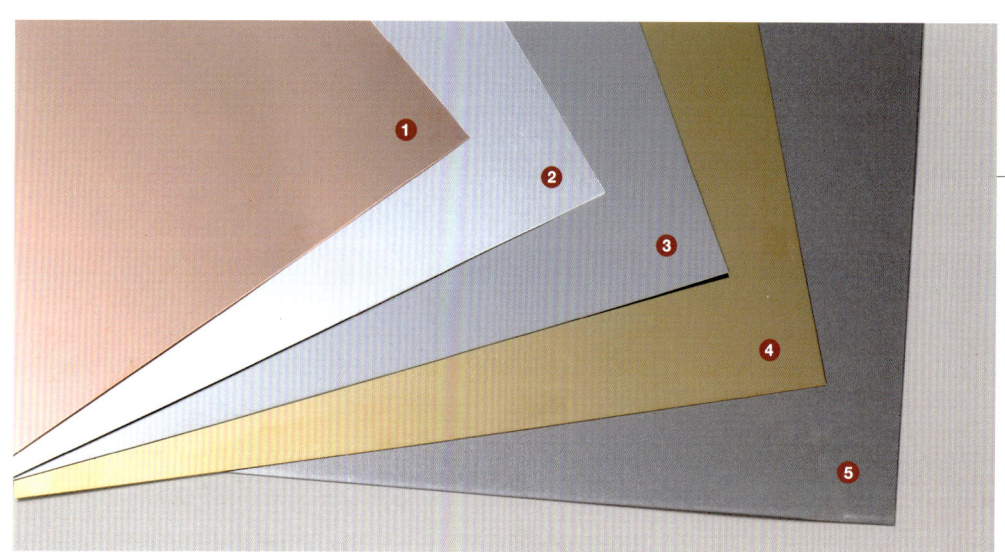

금속판

금속 판재는 쇠톱이나 금속 절단용 가위 등을 이용해 자르거나, 구부리고 용접하는 등 가공성이 뛰어난 소재다. 종류에 따라서는 도장 처리가 필요한 소재도 있고, 손쉽게 절단할 수 있는 소재도 있는 등 저마다 특성이 다르다. 따라서 용도에 맞는 소재를 선택하는 것이 중요하다.

❶ 동판

동은 전기나 열 전도성이 뛰어나 전기 관련 부품에 많이 쓰인다. 동판은 신장성이 뛰어나 체이싱(chasing)이나 드로잉(drawing) 등 각종 가공을 하기 쉽다. 또 두께가 0.8mm 이하인 동판은 손으로 구부릴 수도 있다. 쇠톱을 이용하면 손쉽게 자를 수 있다.
● 180×200×1mm

❷ 알루미늄판

가볍고 부드러워 다루기 쉬우며 절단이나 구부림 가공도 용이하다. 전문 공구를 사용하지 않아도 작업이 가능하다. 알루미늄판은 사이즈가 다양하며 두께도 0.2, 0.4, 0.6, 0.8, 1, 1.5, 2, 3mm로 다양하다. 쇠톱이나 실톱으로 자를 수 있으며, 0.8mm 이하는 금속 절단용 가위로도 자를 수 있다.
● 300×200×1mm

❸ 스테인리스판

내부식성이 매우 강하므로 도장 등 표면에 다른 처리를 할 필요가 없다. 단단하고 탄성이 있는 만큼 절단 등 가공성이 떨어지며 알루미늄판 등에 비해 가격이 다소 비싼 편이다. 13 스테인리스강, 18 스테인리스강, 18-8 스테인리스강 등이 있으며, 그중에서도 18-8 스테인리스강이 가장 내식성이 뛰어나다.
● 300×200×1mm

❹ 놋쇠판

놋쇠는 구리와 아연의 합금을 뜻한다. 금색을 띠며 질감이 뛰어나 액세서리 등에 잘 어울린다. 동(銅)만큼은 아니지만 신장성이 뛰어난 편이어서 드로잉 가공도 가능하다. 톱으로 자를 수 있으며, 줄질도 가능할 만큼 가공성이 뛰어나다.
● 180×200×1mm

❺ 철판(연철판)

철판은 철과 탄소의 합금으로 '철강재'라고도 불린다. 탄소 함량이 0.35% 이하인 철판을 연철판이라고 한다. 강도가 비교적 세고 가격도 저렴하지만, 녹이 슬기 쉬워 반드시 도장 처리를 해야 한다. 일반적으로 아연을 도금한 '함석판'과 주석을 도금한 '양철판' 등이 사용되고 있다. 용접이나 납땜 등의 가공이 가능하다.
● 450×600×1mm

03 | 건축재 / 금속

스테인리스 헤어라인판
스테인리스판에 일정한 방향으로 조흔을 만든 판이다. 일반적인 금속판보다 240번 이상 사포를 일정 방향으로 문질러 머리카락처럼 가느다란 선을 만든다.
● 333×400×0.5mm

두랄루민판
알루미늄처럼 녹이 잘 슬지 않고 가벼우며, 강도까지 센 그야말로 훌륭한 소재다. 워낙 고가(알루미늄의 두 배 정도)여서 구입하기가 쉽지 않다는 단점이 있다.
● 200×300×1mm

함석판
매우 얇은 철판에 아연을 도금한 것이다. 내산성·내알칼리성이 부족하므로 보통 방수 페인트나 도료를 칠해 사용한다.
● 200×300×0.3mm

발포 알루미늄판
발포 플라스틱과 마찬가지로 알루미늄을 발포시켜 만들었다. 두께감이 있는 것치고는 상당히 가볍다. 단, 절단이나 구부림 가공 등이 쉽지 않다.
● 250×300×10mm

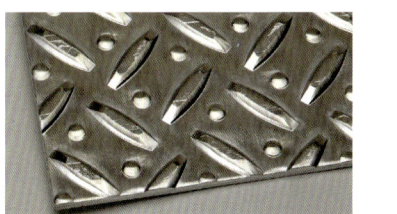

알루미늄 줄무늬 강판
알루미늄판의 표면에 줄무늬 가공을 한 것이다. 두께감이 있으며 내구성이 뛰어나다. 표면 처리를 마쳤으므로 실외에서도 사용할 수 있다.
● 300×300×3mm

알루미늄 스지이타
알루미늄 소재의 판에 엠보싱 가공으로 줄무늬를 넣은 판이다. 소재의 샤프한 느낌을 잘 살린 가공에 적합하다. 절단 등은 알루미늄판과 비슷한 정도로 가능하다.
● 300×300×1.5mm

펀치 판

판재에 일정한 간격으로 구멍을 뚫은 것을 펀치 판이라고 한다. 구멍의 크기는 저마다 다르며 오른쪽 사진에 나와 있듯이 구멍이 원형뿐만 아니라 사각형이나 마름모꼴로 뚫려 있는 제품도 있다. 두께감이 있는 판재에 구멍이 뚫려 있어 장식이나 부재로 폭넓게 활용할 수 있다. 소재는 강성(剛性, 물체의 형태가 변하지 않는 단단한 성질)이 뛰어난 스테인리스인 경우가 많다.

❶ 알루미늄 펀치 판 ● 0.5mm×200×300mm ❷ 알루미늄 펀치 판 ● 0.5mm×200×300mm
❸ 알루미늄 펀치 판 ● 0.5mm×200×300mm ❹ 알루미늄 펀치 판 ● 0.5mm×200×300mm
❺ 알루미늄 펀치 판 ● 1.0mm×200×300mm ❻ 알루미늄 펀치 판 ● 1.0mm×200×300mm

철사·선재

금속을 선처럼 가늘고 길게 만든 것이다. 굵기는 번수(番手)로 표시되며 가장 굵은 '#8'(4.0mm)부터 가장 가는 '#30'(0.30mm)까지 총 열두 단계가 있다. 절단은 펜치나 니퍼로 하며, 굵기가 2mm 이상인 경우에는 볼트 글리퍼로 자른다.

❶ 구리선
부드럽고 다루기 쉽다. 녹이 잘 슬지 않지만 보존 상태에 따라서는 녹청(녹색 곰팡이)이 생길 수도 있다.
구리선 ● #20(0.90mm)×약 90m

❷ 유니크롬 철사
철선에 유니크롬(광택 크로메이트) 도금을 한 것이다. 하얗게 빛나는 것처럼 보이지만 녹이 잘 슨다. 잘 휘어지며 가공성이 뛰어나다.
유니크롬 철사 ● #20(0.90mm)×약 40m

❸ 스테인리스선
스테인리스로 만들어진 선재다. 탄성이 뛰어나 잘 휘어지지 않지만 실외에서 내부식성이 뛰어나다. 철사 등에 비해 가격이 다소 높다.
스테인리스선 ● #20(0.90mm)×약 50m

❹ 철사
철선에 아연 도금을 한 것이다. 비교적 가격이 저렴하며 부드러워 다루기 쉽다. 녹이 슬기 쉽다는 단점이 있다.
철사 ● #20(0.90mm)×약 100m

【 와이어 로프 】 스테인리스 등 금속섬유를 꼬아서 만든 로프다. 견고하면서도 부드러운 특징을 살려 정밀기기 등에도 사용하고 있다. 가정에서는 무거운 물건을 매달거나 벽에 고정시킬 때 이용한다.

【 컬러 철판 】 '함석판'이라 불리는 아연 도금 철판에 폴리에스테르 수지를 칠한 벽재로 예로부터 널리 사용되었다. 빨간색, 흰색, 녹색, 파란색, 회색 등 지금은 종류도 다양하고 가격도 비교적 저렴해졌다.

Metal

금속망

금속망으로는 '육각망'과 '평직망' 두 종류가 있다. 이 책에서 소개하는 '평직망'의 그물눈은 직사각형 모양으로, 체나 필터 등에 많이 사용된다. 그물눈의 크기는 메시(mesh, 1제곱인치 안에 있는 그물눈의 수)라는 단위로 표시한다. 가령 40메시는 25.4㎜ 안에 그물눈 40개가 있다는 뜻이다. 수가 클수록 그물눈의 크기는 더욱 작아진다.

금속망을 사용할 때는 말린 자국이 남지 않도록 반대 방향으로 한 번 감아주고 태커 등으로 임시 고정한 후 설치해야 늘어지지 않는다.

스테인리스
스테인리스망
❶ (10mesh)200×300 ❷ (12mesh)200×300
❸ (20mesh)200×300 ❹ (30mesh)200×300
❺ (40mesh)200×300 ❻ (60mesh)200×300
❼ (80mesh)200×300 ❽ (100mesh)200×300
❾ (120mesh)200×300

구리
구리망
❶ (10mesh)200×300 ❷ (20mesh)200×300
❸ (40mesh)200×300 ❹ (60mesh)200×300
❺ (80mesh)200×300 ❻ (100mesh)200×300

놋쇠
놋쇠망
❶ (10mesh)200×300 ❷ (12mesh)200×300
❸ (20mesh)200×300 ❹ (30mesh)200×300
❺ (40mesh)200×300 ❻ (60mesh)200×300
❼ (80mesh)200×300 ❽ (100mesh)200×300
❾ (120mesh)200×300

체인

욕조의 고무마개를 연결하는 볼 체인, 화분을 매달아놓는 체인 등 체인의 종류는 너무나도 다양하다. 체인의 특성은 소재(철·알루미늄·스테인리스 등)와 표면 처리(크롬 도금·알마이트 착색 등), 형태(만텔 체인·이중 체인 등)에 따라 결정된다. 사용 목적이나 장소에 맞는 제품을 선택하는 것이 좋다.

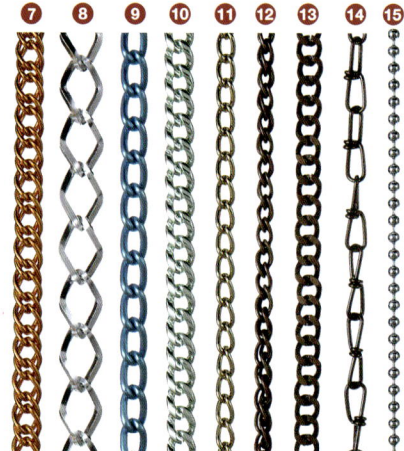

❶ 라이트 체인 크롬
❷ 새시 U 체인
❸ 럭셔리 체인
❹ 더블 링크 체인
❺ 알루미늄 체인 816골드
❻ 라이트 체인
❼ 더블 와이드 만텔 체인
❽ 각형 만텔 체인
❾ 알루미늄 만텔 체인
❿ 액세서리 체인
⓫ 만텔 체인 파인컬러
⓬ 럭셔리 체인
⓭ 럭셔리 체인
⓮ 빅터 체인 파인컬러
⓯ 놋쇠 볼 체인

금속섬유

매우 가느다란 섬유 형태가 된 금속은 전기 전도성을 띠고 있어 정전기 방지 기능이 필요한 카펫이나 필터, 복식 섬유 등의 제품에 사용되거나 건축 부재로 쓰인다. 이러한 섬유를 하나의 소재로 취급한 것이 바로 금속섬유로 사용 방법이 실로 무궁무진하다. 금속 특유의 질감을 활용해 장식용 제품 등에 사용할 수 있다.

❶ 구리 섬유

❷ 알루미늄 섬유

❸ 스테인리스 섬유

❹ 놋쇠 섬유

금속봉·파이프재

공작 재료용 금속봉재에는 다양한 종류가 있다. 환봉·각봉·파이프 이외에도 특정한 용도로 사용되는 갖가지 형태의 제품이 있으며, 재질도 알루미늄·구리·스테인리스·철·놋쇠 등으로 다양하다.
알루미늄은 기본적으로 압출재이기 때문에 이음매가 없으며 철이나 스테인리스는 이음매를 용접해서 만든다. 이 페이지에서는 알기 쉽도록 알루미늄 제품을 기준으로 금속봉재의 다양한 형태를 소개한다.

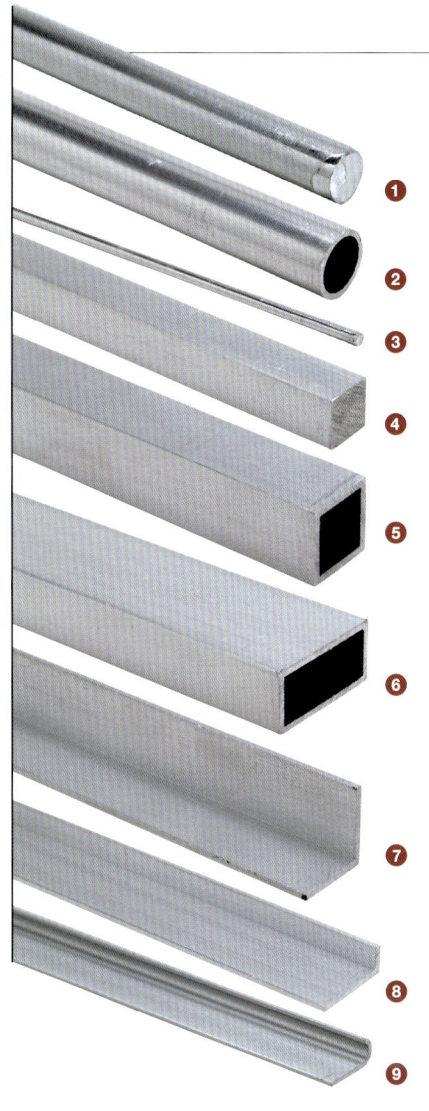

❶ 환봉
가장 기본적인 소재다. 심재로 쓰거나 가공해서 사용할 수 있다.
알루미늄 환봉
● 12×1000㎜

❷ 파이프
가공성이 뛰어나 공작 등에 자주 쓰이는 소재다.
알루미늄 파이프
● 10×1000㎜

❸ 환봉
지름이 작은 환봉. 공작·장식용 등 다양한 용도로 사용된다.
알루미늄 환봉
● 2×1000㎜

❹ 사각봉
안이 막혀 있는 압출재 사각봉
알루미늄 사각봉
● 8×8×1000㎜

❺ 정사각관
안이 뚫려 있는 사각 파이프. 안에 케이블이나 코드를 통과시킬 수도 있다.
알루미늄 정사각관
● 12×12×1000㎜

❻ 직사각관
직사각형 모양의 사각 파이프. 실톱 등으로 자를 수 있다.
알루미늄 직사각관
● 15×25×1000㎜

❼ 앵글
L자형 앵글 소재
알루미늄 앵글
● 15×15×1000㎜~

❽ 부등변 앵글
양쪽 길이의 비율이 1:2인 앵글
알루미늄 부등변 앵글
● 5×15×1000㎜

❾ 멘토리(面取リ) 조이너
카펫이나 벽지의 가장자리 등을 깔끔하게 정리해서 숨길 수 있다.
알루미늄 멘토리 조이너
● 1m

❿ 홈 형강
채널 스틸(channel steel)이라고도 하며 목재나 합판 등의 가장자리에 설치해 목재를 보호·보강한다.
알루미늄 홈 형강
● 15×15×1000㎜

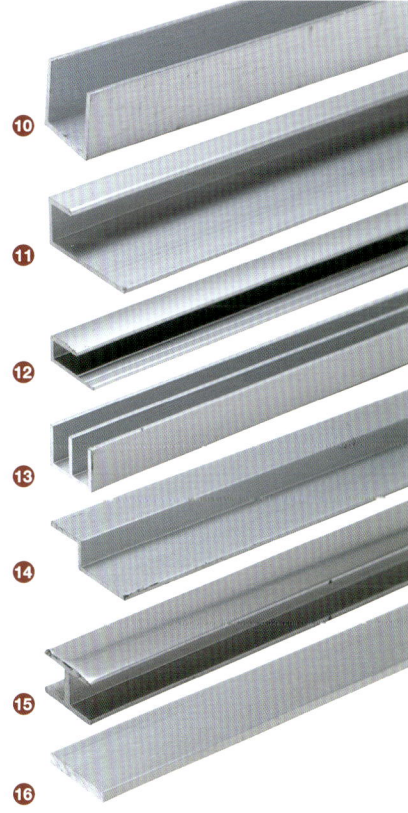

⓫ 젠더
목재나 합판 등 판재의 가장자리에 설치해 소재를 보호·보강한다.
알루미늄 젠더
● 6×1000㎜

⓬ 조이너(joiner)(ㄷ형)
젠더와 마찬가지로 판재의 가장자리 부분에 설치해 소재를 보호·보강한다.
알루미늄 조이너(ㄷ형)
● 3.5×1000㎜

⓭ T형 레일
상하 혹은 좌우로 설치해 판재 등을 고정시키는 2열의 레일로 사용한다.
알루미늄 T형 레일
● 45×1000㎜

⓮ Z바
벽시나 카펫의 가장자리 혹은 높이가 차이 나는 부분을 누르거나 감쌀 때 사용한다.
알루미늄 Z바
● 55×1000㎜

⓯ H형강
양 옆이 안쪽으로 들어가 있는 좁고 긴 홈 부분으로 접합 부분의 누름돌로 사용된다.
알루미늄 H형강
● 3×910㎜

⓰ 평강
부드러워서 구부리거나 구멍을 뚫기도 하고 자르는 등 가공성이 뛰어나 금속 공작에 많이 쓰인다.
알루미늄 평강
● 15×1000㎜

Plastic

03 | 건축재 / 플라스틱

가볍고 튼튼하며, 다양한 색상으로 변화 가능한 소재

플라스틱

아이디어에 따라 다양한 용도로 활용 가능한 화학계 재료

플라스틱은 종류가 많고, 배합 비율 등에 따라 무수히 많은 변화를 줄 수 있다. 그중에는 열을 가하면 얼마든지 다시 부드러워지는 '열가소성 플라스틱'과 한 번 굳으면 아무리 열을 가해도 부드러워지지 않는 '열경화성 플라스틱'도 있다.
소재에 따라 내열 온도나 탄력성도 차이 나므로 가공 목적에 맞는 플라스틱을 선택하는 것이 중요하다.

플라스틱판

크기와 두께, 색상이 다양하다. 두께에 따라 '판재', '필름', '시트' 등으로 호칭이 바뀔 때도 있다. 재질에 따라 유연성이나 특성 등이 차이 나므로 용도에 맞는 제품을 선택하자.

아크릴판

투명도가 높고 플라스틱 중에서도 단단한 편으로 흠집이 잘 나지 않아 유리 대용으로 사용되기도 한다. 색상이 풍부하며 투명, 반투명, 불투명, 형광, 형판 등 선택의 폭이 다양하다.

'아크리선데이 판' 아크리선데이 ● 180×320 ×2mm ● 17색

폴리프로필렌

염화비닐판과 더불어 가장 생산량이 많은 플라스틱 중 하나다. 유연성이 뛰어나고 구부림에 강하다. 열에도 비교적 강하다.

'PP 크래프트 시트' 아크리선데이 ● 490×565×0.75mm ● 10색

'PP 크래프트 필름' 아크리선데이 ● 460×650×0.2mm ● 6색

'PP크래프트 시트 발포 타입' 아크리선데이 ● 200×300×2mm ● 7색

염화비닐판

휨이나 충격에 강하고, 가위나 커터 칼로 자를 수 있는 등 가공성이 뛰어나다. 물론 드릴로 구멍을 뚫을 수도 있다.

경질 염화비닐판 '선데이 시트' 아크리선데이 ● 300×300×0.5mm ● 13색

저발포 염화비닐판 '포렉스' 아크리선데이. 물에 뜰 정도로 가벼움 ● 200×300×3mm ● 7색

플라스틱 추출재

봉상소재의 플라스틱 추출재는 대부분 단단하고 투명감이 있는 아크릴이다. 파이프나 사각봉, 삼각봉 같은 대표적인 제품 이외에도 코너 연결용 제품 등이 있어 판재와 함께 사용하면 창작의 폭이 넓어진다. 절단이나 접착에는 판재와 마찬가지로 커터 칼이나 전용 접착제를 사용한다.

모서리 연결봉

아크릴판의 가장자리를 홈에 끼워 연결할 수 있는 연결봉이다.

'인테리어 보재' 아크리선데이
● 가로, 세로 10cm×500mm

컬러 아크릴 파이프

살짝 비틀린 형태의 형광 컬러 파이프. 장식용으로 안성맞춤이다.

'형광 파이프' 아크리선데이 ● 1000mm ● 4색

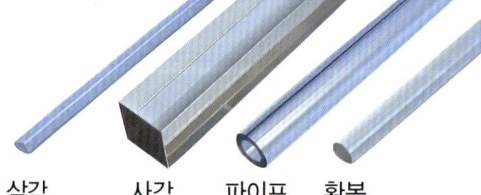

삼각   사각   파이프   환봉

아크릴판을 사용한 작업에 도움이 되고 접착을 보강할 수 있는 삼각봉이나 사각봉, 파이프, 환봉 등도 있다. 접착시킬 때는 전용 접착제를 사용하는 편이 수월하다.

삼각 아크리선데이 ● 3×1000mm
사각 아크리선데이 ● 3×1000mm
파이프 아크리선데이 ● 지름 10×지름 7
환봉 아크리선데이 ● 지름 3×1000mm

【 플라스틱 접착 】 플라스틱은 소재에 따라 산이나 알칼리, 알코올 등과의 상성이 차이 난다. 접합시킬 때 알맞은 접착제를 선택하지 않으면 녹아버릴 수 있으므로 주의하자.

【 합성수지 】 처음 만들어진 플라스틱 '페놀수지'가 송진의 형상과 흡사했던 탓에 '천연수지'에 대비되는 '합성수지'라는 명칭이 생겨났다. 그러나 합성수지는 천연수지와 분자 구성 등이 전혀 다르다.

Rubber

03 | 건축재 / 고무

탄성력과 신축성을 살려 생활에 편리함을 준다
고무

고무는 대부분 플라스틱의 동료

상당한 변형을 가해도 원래의 모습으로 되돌아오는 성질이 강한 고무. 이러한 고무는 대부분 합성고무다. 고무는 원래 합성고무와 고무나무 등에서 채취하는 천연고무를 모두 일컫는 말이지만(고무 밴드는 지금도 천연고무로 만든다), 현재 우리 주위에서 흔히 볼 수 있는 고무 제품은 석유에서 추출한 물질로 만든다. 천연고무보다는 오히려 플라스틱과 가깝다고 할 수 있다.

매장에서 판매하는 고무 소재로는 미끄럼 방지용이나 완충재로 사용되는 판상고무, 완충·방음·방진용으로 사용되는 발포고무 그리고 고임 장치의 완충 역할을 하는 패킹 등이 있다. 완충재나 방음재, 미끄럼 방지용 제품뿐만 아니라 공작에 사용하는 판재 등도 커터 칼이나 가위로 자를 수 있으며 고무 전용 접착제로 붙일 수 있어 비교적 다루기 쉽다.

고무 판재

재질이나 형상이 각기 다른 고무 판재(❸과 ❹는 발포고무, ❺는 방진고무). 구입 당시에는 재질의 차이를 한눈에 확인할 수 없지만 시간이 지날수록 내구성에서 차이를 보이므로 용도에 맞는 제품을 선택하자.

❶ 고무판
천연고무(NR: Natural Rubber)를 주성분으로 한 일반적인 고무다. 내후성·내열성 등이 높은 편은 아니지만 비교적 가격이 저렴하다. 천연고무판을 발포시킨 것이 바로 발포 스펀지이다.
●5×100×100mm

❷ 경질 고무판
내구성을 향상시키기 위해 고무를 경화시킨 것. 천연고무보다 내구성은 뛰어나지만 장기간 사용하면 주위에 색이 물들 수 있으므로 폴리에틸렌 등을 부착해서 사용하는 것이 좋다.
●5×100×100mm

❸ 발포 스펀지
천연고무를 주원료로 한 일반적인 발포고무. 탄성이 뛰어나며 마모성이 적다. 가격이 저렴하고 다루기 쉬우며 실용적이다. 방음재나 쿠션재 등으로도 사용된다.
●5×100×100mm

❹ 클로로프렌 고무 스펀지
강도나 내구성이 뛰어난 클로로프렌 고무(CR: Chloroprene Rubber)를 발포시킨 것이다. 내열성과 내한성도 어느 정도 있으며 상당히 다루기 쉬운 고무다. 다양한 곳에 사용되고 있다.
●5×100×100mm

❺ 방진 패드
천연고무를 원료로 한 고무판에 깊은 홈을 새겨 방진 효과를 낸 것이다. 탄성이 뛰어난 반면 마모성은 적다. 세탁기나 오디오 뒤에 깔면 진동을 방지할 수 있다.
●15×100×100mm

❻ 니트릴 부타디엔 고무판
니트릴 부타디엔 고무(NBR: Nitrile Butadiene Rubber)는 내유성(기름의 작용을 잘 견디는 성질)이 뛰어난 고무다. 내오존성과 전기 절연성이 떨어지므로 직사광선이 닿는 곳이나 전기장치 주위에는 적합하지 않다.
●5×100×100mm

❼ 클로로프렌 고무판
합성고무 중에서도 성능이 전반적으로 가장 뛰어난 클로로프렌 고무는 공업용품에 많이 쓰인다. 내후성, 난연성, 내오존성도 우수하다.
●5×100×100mm

【 천연고무 】 식물의 수액에 포함된 고무 성분을 추출한 것. 합성고무에 비해 강도나 내구성이 떨어지지만 소각해도 유독가스가 거의 발생하지 않고 땅속에 묻으면 흙으로 돌아가는 친환경적 소재다.

Rubber

03 | 건축재 / 고무

기타 고무 성형재

방진·완충재·방음재·트럭 적재함용·의료용·전선 보호용 등 다양한 용도에 따른 고무 성형재가 생산되고 있다.

❶ 원주형
방진용 원주형 고무. 진동을 흡수하는 기능이 있다.
지름 50×50mm
지름 30×30mm

❷ 고무 블록
전선 등의 보호재로 쓰이는 블록 형태의 고무
32×56×100mm

❸ 완충 고무(L자형)
트럭 적재함에 쓰이는 완충 고무. 내후성이 뛰어난 에틸렌 프로필렌 고무를 사용한다.

❹ 완충 고무
트럭 적재함에 쓰이는 완충 고무. 안쪽에 있는 나사 구멍을 이용해 고정시킨다.

고무 추출재

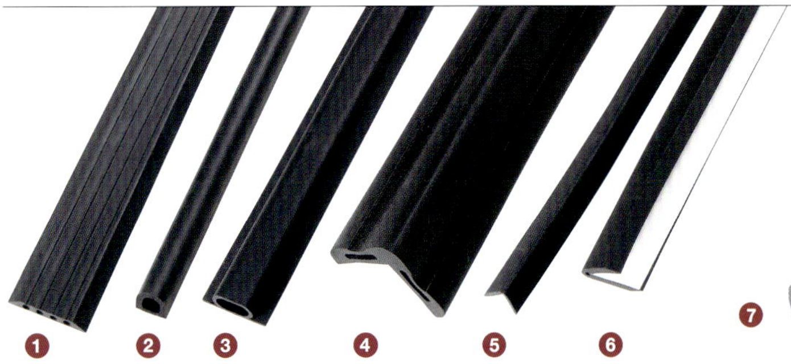

추출재는 우무묵처럼 원료에서 추출한 성분을 특정한 형태로 만든 것이다. 추출재는 이음매가 없는 만큼 일정한 강도를 유지할 수 있으며 미묘한 각도의 형태도 만들 수 있다.

❶ 세로로 구멍이 뚫려 있는 프로텍터 '유공 방진고무' ● 소재: EPDM
❷ 문 가장자리에 붙여 완충재로 쓰는 'D형 스펀지(접착형)' ● 20×20×330mm
❸ 차고 기둥 등에 완충재로 쓰이는 '완충 고무(접착형)'
❹ 90도 각도를 유지하는 'L자형 고무' 50×50×330mm
❺ 안쪽 면에 고정용 접착 스티커가 붙은 '앵글형 고무(접착형)'
❻ 안쪽 면에 접착 스티커가 붙은 'L자형 고무(접착형)' ● 소재: EPDM

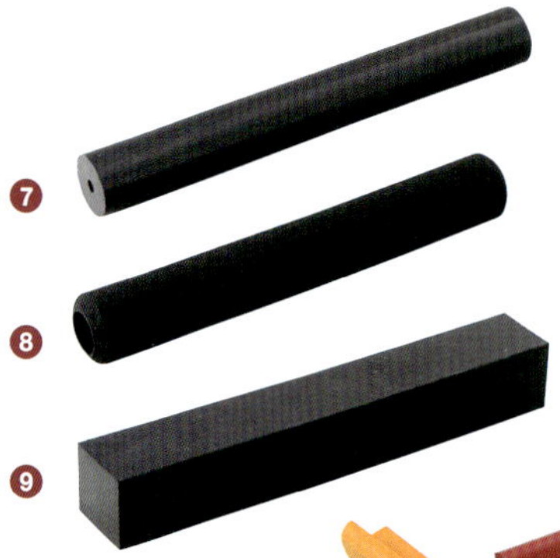

❼ 환봉 고무 ● 지름 25×200mm
❽ 스펀지 커버 ● 지름 20×220mm
❾ 사각봉 고무 ● 30×30×200mm

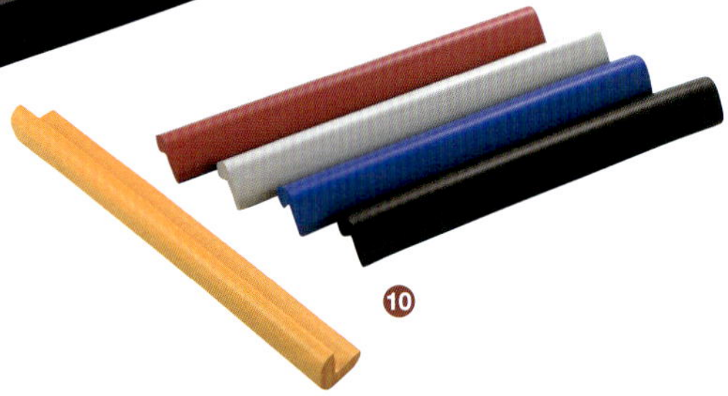

미끄럼 방지용 시트

고무의 특성 중 하나가 바로 잘 미끄러지지 않는 점이다. 이러한 특성을 활용한 제품이 바로 미끄럼 방지용 시트다.

❶ 스틸렌 고무로 된 시트 뒷면에 있는 자잘한 그물코가 미끄럼을 방지하는 '논슬립 시트' 1.5×300×300mm
❷ 뒷면에 나 있는 작은 홈이 바닥에 밀착하는 'B야마 시트' 3×300×300mm
❸ 일정한 간격으로 나 있는 돌기가 미끄럼을 방지하는 '매트 고무' 5.5×300×300mm
❹ 특수 요철 고무. 독자적으로 개발한 특수 '요철'은 맨발로 다닐 수 있을 정도로 부담이 없으면서도 효과가 뛰어나다. 2×200×300mm

❿ 주차장 주변에 설치하면 안심하고 후진할 수 있는 완충재 '안심 쿠션 L자형(대)' ● 40cm
⓫ 안심 쿠션 코너용(대)
⓬ 안심 쿠션 한 면이 잘린 원통형(대) ● 40cm
⓭ 안심 쿠션 반달형(대) ● 40cm

Insulation

03 | 건축재 / 단열재

건물 내의 온도를 일정하게 유지하는 새로운 건축재

단열재

글라스 울(유리솜)

저렴하여 일반적으로 많이 쓰이는 섬유계열 단열재다. 얇은 유리섬유를 매트 형태로 성형한 것으로 방수지나 알루미늄 포일 등이 붙어 있다. 롤 형태나 보드 형태, 솜 형태 등 다양한 형태가 있다. 두께가 단열 능력을 좌우하는데 일반적으로 한랭 지역에서는 100mm 이상, 온난 지역에서는 50mm 이상이다.

'글라스 울' 도쿄방음 ● 600×900×25mm

재질 선택이 중요
효과를 높이려면 빈틈없이 붙여야 한다

단열재는 열을 차단하고 실내와 온도 차가 나는 외부 공기를 실내로 침투시키지 않는 역할을 한다. 단열재의 소재는 크게 섬유 계열과 발포 플라스틱 계열로 나뉘는데 두 소재 모두 내부에 공기층을 만들어 열의 이동을 차단하는 작용을 한다. 일반적으로 단열재는 밀도가 높으며, 두께가 있는 편이 단열 효과가 높다고 알려져 있다. 단열 효과를 한층 높이려면 벽과 바닥, 천장에 단열재를 빈틈없이 붙이는 것이 가장 중요하다. 또 최근에는 울이나 코르크, 마와 같은 식물섬유 등 친환경 자연소재 계열의 제품이 수입되고 있으며, 이 밖에도 알루미늄이나 고무 소재의 단열재도 등장했다.

발포고무 단열재

종류는 많지 않지만 발포고무 계열의 단열재도 있다. 발포고무 EPDM을 발포시킨 실링재로 단열 효과 이외에도 흡음·방음 효과가 있다. 내후성과 산화열화 등 저온 상태에서의 유연성도 뛰어나다.
● 150×300×15mm

고발포 폴리에틸렌

폴리에틸렌 수지에 발포재를 첨가해 10~40배로 발포시킨 반경질 단열재다. 흡수성·흡온성이 떨어지는 반면 강도가 세다. 가볍고 다루기 쉬우며 가공성이 뛰어나다. 단, 녹을 수 있으므로 접착제 선택에 주의해야 한다.

기초지식 | 단열재의 종류와 특징

단열재는 섬유 계열과 발포 플라스틱 계열로 크게 나눌 수 있다. 각각의 대표적인 재질의 특징을 표로 정리했다.

		원료	특징
섬유 계열	글라스	유리 원료를 고온에서 녹여 가느다란 섬유 상태로 가압 성형한 것	흡음·방음성이 뛰어나며, 가볍고 유연하다. 절단도 간단하나. 불연 새료로 인징된 닌연싱 소재다.
	암면 (rock wool)	암석이나 천연 광물을 고온에 녹여 섬유화한 것	불연 재료로 인정되었다. 흡음·방음 효과가 있다. 온기에 비교적 취약하다.
	셀룰로오스 섬유	펄프나 폐신문지 등을 분쇄한 다음 방염 처리해서 솜 형태로 만든 것	부직포 공법이나 블로우인 공법 등을 이용하므로 사람이 들어가지 못하는 좁은 장소도 시공할 수 있다. 흡음성이 뛰어나다.
발포 플라스틱	경질 우레탄폼	폴리올 등 액체 원료를 혼합해 고분자화·성형한 것	흡수·흡습성이 떨어진다. 강도는 세다. 가볍고 탄력이 있어 다루기 쉽다. 불에는 약하다.
	고발포 폴리에틸렌	폴리에틸렌 수지를 발포제로 발포시킨 반경질의 단열재	내수성이 높고 유연하다. 흡수·흡습성이 떨어지고 불에 약하다. 가볍고 다루기 쉬워 가공성은 높다.
	추출법 폴리스틸렌폼	폴리스틸렌과 발포제를 혼합 융해한 후, 발포시키면서 추출해 형성	가볍고 탄력이 있다. 가공성이 뛰어나며 강도도 세다. 불에는 취약하며, 흡수·흡습성도 떨어진다.

알루미늄제 단열재도 등장
내열 1600도의 단열재

알루미늄 가공을 한 단열재로 연속 온도 150~200도에서는 글라스 울과 거의 동일한 수준의 단열 성능을 나타낸다.

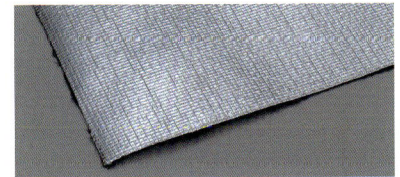

● 내열성(열반사율) 85%
● 33×60cm

【 결로 】 단열재를 넣으면 표면 결로(천장·벽·마루 등 물체의 표면에 생김)를 방지할 수 있다. 그러나 단순히 단열재를 넣기만 하면 실내 공기가 유입되어 내부 결로가 발생하기 쉽다. 따라서 내장재의 안쪽에 방습 시트 등을 붙여 기밀성을 확보할 필요가 있다.

Insulation

소리와 충격을 막아서 마음 편한 공간을 만들어주는 소재

방음재

방음재의 기본은 차음과 흡음, 제진이다

소리에는 공기를 통해 전달되는 '공기 전파음'과 물체를 통해 진동이 전달되는 '고체 전파음'이 있다. 이 가운데 '공기 전파음'은 '차음'과 '흡음'을 통해 감퇴시킬 수 있다. '차음(遮音)'은 소리를 반사시켜 차단한다는 뜻이다. 반면 '흡음(吸音)'은 부드러운 소재로 소리의 진동을 흡수하는 것을 말한다. 소리를 반향시키지 않을수록 흡음성이 높다.

2층에서 난 소리가 아래층으로 울리는 것처럼 '고체 전파음'은 '제진(制振)' 작용을 통해 감퇴시킨다. 전달된 진동을 고무 매트나 펠트, 고무 시트 등을 이용해 주위로 퍼져나가는 것을 억제한다. '차음'과 '흡음', '제진'이라는 세 가지 방법을 적절히 조합하면 실제로 방음 효과가 향상된다.

차음재

차음재는 '고밀도이며, 질량이 큰 물질일수록 소리를 차단하는 능력이 뛰어나다'라는 법칙에 따라 개발된 방음재다. 가볍고 얇은 제품보다 무게감이 있는 제품이 소리를 더 잘 차단한다.

납 시트

십여 년 전까지 가장 일반적이었던 방음재는 바로 납 시트였다. 밀도가 크고 중량이 무거워서 차음 효과가 뛰어났다. 인체와 직접 접촉하지 않는 장소에 사용되고 있다.

'순납 시트' 도쿄방음 ● 접착 없음 ● 920×1000×0.3mm/35kg

방음 테이프

문이나 창문을 열거나 닫을 때 흘러나오는 소리 또한 신경 쓰이는 법이다. 모처럼 넓은 면적에 방음 처리를 했다면 이처럼 작은 부분의 방음 처리도 놓치지 말자.

'방음·방진 테이프' 도쿄방음 ● 순납/접착형 ● 50mm×1m×0.3mm

셔트 온 시트

환경호르몬 계열의 유독가스나 연소 시에 염화수소가스 등을 발생시키지 않는 친환경 차음재다. 차음 효과가 뛰어나 실내 차음재로 적합하다.

'셔트 온 시트' 도쿄방음 ● 1m×10m×1mm

기초 지식 : 방음공사 방법과 소음 레벨

집 안에서 손쉽게 실천할 수 있는 방음·방진 대책을 몇 가지 소개한다. 방음공사를 할 때는 자신에게 소음으로 느껴지는 소리가 어떠한 방식으로 전달되고 있는지를 먼저 따져봐야 한다. 전달 방식에 따라 차음재를 사용해야 할지, 소리를 흡수하는 흡음재를 붙여야 할지, 아니면 방진 대책에 주력할 것인지가 결정된다(두 가지 이상의 방법을 종합적으로 실시하는 것이 효과적일 때도 있다).

방진고무
스피커는 바닥에 직접 올려놓지 말고, 방진고무 위에 설치한다. 벽에는 스펀지 형태의 흡음재를 붙이는 것이 좋다.

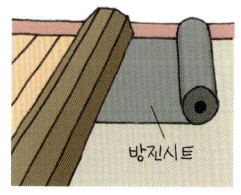

방진시트
카펫 아래에는 차음 시트를 깐다. 빈틈이 생기면 납 테이프 등으로 보강한다.

데시벨(dB)	
20	매우 조용하다(시계 소리·호흡 소리)
40	조용하다(속삭이는 소리·에어컨 소리)
60	일상적인 소리(편하게 대화하는 소리·텔레비전 소리·문을 여닫는 소리)
80	시끄럽다(어린이가 우는 소리·화장실 물 내리는 소리)
100	매우 시끄럽다(개 짖는 소리·피아노 소리·가동 중인 공장)
120	괴로울 정도다(제트기의 발진음·전철 지나가는 소리)

【 데시벨(dB) 】 소리의 크기를 나타내는 단위다. 10dB이 내려가면 인간의 귀에는 음량이 절반으로 줄어든 것처럼 느껴진다. 반대로 소리의 주파수(고저)를 나타내는 단위는 헤르츠(Hz)다. 인간은 20~2000Hz의 소리를 들을 수 있다.

03 | 건축재 / 방음재

흡음재

소리를 흡수해서 전달 방식을 약화시키는 소재를 흡음재라고 한다. 이 책에서는 글라스울과 각종 스펀지 소재를 소개하지만 유공합판 등도 흡음재의 역할을 한다. 흡음재는 빈틈없이 빽빽하게 붙이는 것이 중요하다.

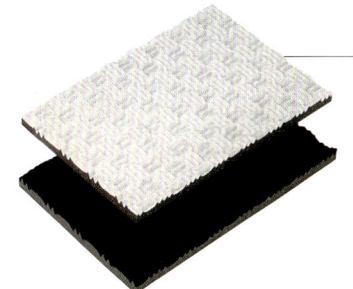

미니소넥스
특수 우레탄 폼의 표면적을 2.5배가 되도록 성형한 흡음재다. 중역~고역의 소리를 흡음하는 데 뛰어나며, 반사음이나 공명음 등도 반사시키지 않는다.

'미니소넥스' 도쿄방음 ● 300×450×24mm, 4매입

글라스 울
가느다란 유리 섬유를 가압 형성한 매트 형태의 시트로 단열재로도 사용된다. 가볍고 공기층을 많이 포함하고 있어 방음·흡음 효과가 뛰어나다.

'글라스 울' 도쿄방음 ● 고밀도 글라스 울 ● 600×900×25mm

제트로 흡음 시트

고성능 흡음재다. 차음성·내후성·내열성이 뛰어나 실내 이외에서도 사용 가능하다. 뒷면은 접착 가능한 형태로 되어 있고 자르기도 쉽다.
● 250×420×10mm, 2매입

화이트 큐온

100% 페트병(폴리에스테르)으로 만들어져 친환경 에코마크를 받은 제품이다. 흡음뿐만 아니라 단열성과 방진성이 뛰어나다. 커터 칼로 자를 수 있어 다루기도 쉽다.
'화이트 큐온' 도쿄방음
● 430×500×50(10)mm

사일런트 매트

카오디오나 스피커 흡음재로 사용되는 흡음·제진재다. 탄력성과 복원력이 뛰어나다. 재질은 합성고무발포이며, 뒷면은 접착 가능하다.
'PROOFEC 사일런트 매트' 도쿄방음 ● 300×250×5mm

제진재

진동을 전달 도중에 감소시켜 진동면에서 소리가 발생하지 않도록 하는 소재다. 차음재 아래에 까는 부틸고무나 방진고무, 카페트 아래에 까는 고무시트 등이 제진재에 해당한다. 쿠션성이 있는 소재가 많으며 마루에 깔거나 벽에 붙여 사용한다. 고체음의 차단에는 제진재가 효과적이다.

Kincsem

진동이 발생하지 않도록 개발된 제진재다. 소음을 열에너지로 바꿔 흡수하므로 공명 진동이나 소음을 방지한다.
● 200×300×1mm

세드레인 컴포트 킹

고탄력성·내마모성이 뛰어난 폼 매트다. 저온 환경에서도 딱딱해지지 않으며 대전방지 가공이 되어 있다.

소르보세인

영국에서 군사 목적으로 개발된 충격 흡수 소재다. 겔(gel) 상태로 되어 있는 특수 시트로 외부에서 가해진 진동을 내부로 흡수하는 특성이 있다.
● 250×300×3mm

이것이 끝이 아니다! 충격 흡수재

충격 에너지를 흡수해버리는 소재

제진재와 비슷하면서도 약간 다른 특성을 지닌 소재가 있다. 바로 '충격 흡수재'다. 작은 진동부터 큰 충격 에너지까지 내부로 흡수한다. 감촉은 제품마다 차이가 있지만 탄력성이 뛰어난 '겔' 상태다.

슈피 겔
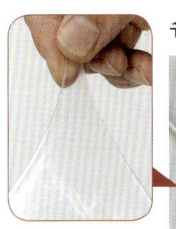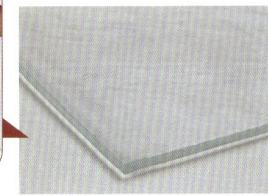

'액체에 한없이 가까운 고체'로 충격 흡수&방진 소재다. 영하 20~75℃까지 폭넓은 온도에서 사용할 수 있다. 무색투명하고 신축성이 뛰어난 소재다.
● 300×300×3mm

쇼크논
아크릴과 우레탄 고무로 만들어진 제품으로 고무계 발포 스펀지가 흡수하는 충격의 70~80배를 흡수한다.
● 300×300×5mm

EXPER-U

폴리우레탄 수지를 주성분으로 한 부드러운 겔 상태의 물질. 충격 흡수 능력이 뛰어난 완충재다.
● 100×100×5mm

Moulding

03 | 건축재 / 몰딩재

방을 한 단계 업그레이드시키는 장식 부재 몰딩재
몰딩재

문선·창문선

문이나 창틀에 붙이는 몰딩재. 재질이 무도장 목재일 경우에는 바니시나 스테인으로 나뭇결을 살려 도장하거나 페인트를 이용해 다양한 색을 칠할 수 있다. 아이디어만 있다면 인테리어뿐만 아니라 목공 작품 등 다양한 곳에 활용할 수 있다.

- ❶ 데코몰 7217●w26m/m×90mm
- ❷ 데코몰 7212●w25m/m×90mm
- ❸ 데코몰 7214●w20m/m×90mm
- ❹ 데코몰 7208●w25m/m×90mm
- ❺ 데코몰 7206●w18m/m×90mm
- ❻ 데코몰 7204●w15m/m×90mm
- ❼ 데코몰 7209●w10m/m×90mm

은혈못이나 접착제로 간편하게 붙일 수 있어 실패하지 않는다

몰딩재는 '문선'이나 '창문선' 또는 '굽도리판자'처럼 벽 가장자리나 모서리를 커버링하면서 장식적인 효과까지 얻을 수 있는 장식용 부재의 총칭이다. 주로 목재로 만들지만 고무나 타일, 코르크나 발포 플라스틱 등을 사용한 제품도 있다. 차지하는 면적은 좁지만 벽의 포인트가 되는 부재다.

굽도리판자

벽과 마루의 경계를 덮는 몰딩재다. 벽 아랫부분에 붙여 벽지의 가장자리를 커버한다. 은혈못(머리를 감추기 위해 못의 양끝을 뾰족하게 만든 못)이나 접착제로 간단히 붙일 수 있지만, 소재에 따라서는 전용 접착제가 필요한 제품도 있다. 벽지의 재질이나 색상에 맞춰 선택하는 것이 좋다.

목질 굽도리판자
1m나 180cm 등 길이가 다른 다양한 사이즈의 제품이 있다. 폭과 디자인도 다양하다.
- 다크 오크, 라이트 오크
- 3940×60×9mm

고무 굽도리판자
고무 굽도리판자는 롤 형태로 말려 있는 제품을 조금씩 잘라서 판다. 원하는 길이로 잘라 사용할 수 있으며 활처럼 굽은 면에도 사용할 수 있는 것이 특징이다.

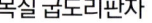

석재 굽도리판자
천연석으로 만들어진 굽도리판자다. 돌의 질감이 그대로 살아 있어 고급스러운 느낌을 준다. 이 밖에 타일이나 코르크로 만들어진 굽도리판자도 있다.
605×120×13mm

기초지식 | 몰딩 소재의 사용 방법

몰딩재는 벽을 보호하고 벽지의 가장자리를 커버링하며 장식적인 효과를 내는 등 다양한 역할을 한다. 다양한 종류가 있으므로 몰딩재를 붙일 장소에 맞는 적합한 제품을 선택하자.

- ❶ 굽도리판자 '우드 베이스 H623' 10m/m×82m/m
- ❷ 체어 레일 '우드 체어 레일 H390' 16m/m×61m/m
- ❸ 창문선 '윈도우케이징 H3004A' 13m/m×56m/m, 사우더 몰딩즈

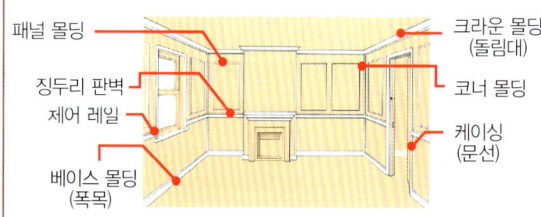

패널 몰딩 · 크라운 몰딩(돌림대) · 징두리 판벽 · 코너 몰딩 · 체어 레일 · 케이싱(문선) · 베이스 몰딩(폭목)

돌림대나 굽도리판자 등은 많이 사용된다. 반면 체어 레일이나 코너 몰딩 같은 부재는 붙이기만 해도 방의 분위기를 바꿀 수 있다.

[돌림대(crown moulding)] 천장과 벽의 경계에 붙이는 몰딩재. 천장과 벽의 코너에 딱 들어맞도록 장식면의 뒷면이 직각 돌기 형태로 되어 있다. 두께나 무늬가 다양하다.

04 바닥재

'바닥을 플로어링으로 하고 싶다', '바닥에 코르크를 붙이고 싶다' 등
최근에는 DIY로 바닥을 리폼하려는 사람이 증가하고 있다.
바닥을 바꾸면 실내 분위기가 확 달라질 뿐만 아니라 건강에 좋은 효과를 내기도 한다.
마루의 특성을 잘 고려해 알맞은 제품을 선택하자.

플로어링재 | 코르크 바닥재 | 비닐 바닥재 | 카펫 | Column: 천연 소재 바닥재

플로어링재

인기 우드 플로어링으로 기분 좋은 공간을 디자인하다

나무의 따뜻함이 느껴진다

나무의 따뜻함이 느껴지는 플로어링재가 인기를 끌고 있다. 특히 무구재의 느낌이나 보온, 조습 기능이 다시 주목받고 있다. 가격이나 관리가 어렵다는 점이 무구 플로어링재의 단점으로 작용하고 있는 데다 복합 플로어링재의 품질이 눈에 띄게 향상되고 있기 때문이다. 일반적으로 못을 이용해 바닥 바탕재에 박아 설치한다. 두께에 따라서는 그대로 바닥에 깔기만 해도 되는 플로어링재도 있다.

단층 플로어링

단층 플로어링재는 무구재나 집성재로 만들어진 플로어링재를 말한다. 요즘은 무구 목재로 만들어진 플로어링재의 인기가 높아서 이를 지칭하는 경우가 많다. 단층 플로어링재의 특징으로 나무의 생생한 촉감과 조습 효과를 들 수 있다. 또한 작은 흠집 등은 사포로 문질러 지우는 등 관리하기도 편하다. 반면 휘거나 나무가 일어나 다루기 힘들다는 것이 단점이다.

'훈연 건조 목재 플로어링(옹이)' 구리코마 포레스트 ● 7매 · 3.07㎡ (3650×120×15mm, 30mm, 40mm) ● 수종: 삼나무 ● 무도장품

DIY TECHNIC

플로어링재를 붙이는 방법

플로어링재는 기본적으로 은촉과 은촉홈이 가공되어 있으며 이를 맞춰 끼우도록 되어 있다. 깔끔하게 붙이려면 벽 가장자리부터 붙여야 한다. 그래야만 정확히 붙일 수 있으며 조정을 할 때 반대쪽 벽만 주의하면 된다. 중요한 것은 붙이기 시작할 때 은촉과 은촉홈의 양쪽에서 못을 박는 것이다. 은촉에는 못을 비스듬히 박아야 잘 빠지지 않는다.

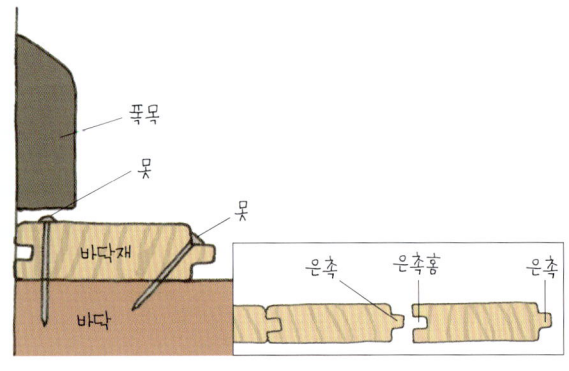

우드 카펫

카펫처럼 깔기만 해도 방을 플로어링한 것처럼 리폼할 수 있는 편리한 아이템이다. 흔히 말하는 일반적인 플로어링재와는 다르지만 표면에 천연목의 쓰키이타 단판을 붙여 감촉이 좋으며, 사용감도 플로어링재와 비슷하다. 따뜻한 원목의 느낌을 간편하게 즐겨보자.

'우드 카펫'

【 복합 1·2·3종 】 복합 플로어링의 바탕 재료(표면화장판이 붙어 있는 합판)에 따라 분류하는 방법. 1종은 오로지 합판, 2종은 집성재나 단판 적층재, 3종은 그 밖의 것을 바탕 재료로 삼은 것이다. 표면판의 재질을 기준으로 한 분류 방법과는 다르다.

【 조습 기능 】 습도가 높을 때는 흡습(吸濕)하고, 습도가 낮을 때는 방습(放濕)하는 나무의 자연적인 기능이다. 무구재 플로어링도 두꺼울수록 조습 기능이 높다.

04 | 바닥재 / 플로어링재

'레이어우드' 산게쓰●24매·3.3m²(909×151.5×3mm)●자작나무, 오크/내추럴, 오크/브라운

복합 플로어링

합판 등의 표면에 화장판을 압착시킨 플로어링재다. 천연목화장 플로어링과 특수가공화장 플로어링으로 나뉜다. 무구재와 달리 안정성이 높다. 또한 내마모성, 차음성 등 다양한 기능을 갖춘 상품이 가득하다.

천연목화장 플로어링

표면판에 벚나무, 전나무, 로즈우드 등 천연목의 얇은 단판(약 0.8mm)을 붙인 플로어링재다. 표면이 얇을수록 탄력성이 높으며 흠이 잘 생기지 않아 보수도 편하다. 이 위에 UV 도장이나 우레탄, 세라믹 도장 등을 하면 내구·내마모성이 높은 플로어링재가 된다. 바탕재의 두께나 소재를 이용해 차음 기능을 향상시킨 제품도 있다.

'우드 플로어' 산게쓰●L-45:45, 24매·3.16m²(909×145×1.6mm)●자작나무/화이트, 메이플/화이트, 메이플/미디엄, 오크/브라운, 월넛

'아트 플로어 LIP3 오리지널 시리즈' 난카이 플라이우드●12매·3.3m²●멜오크·라이트, 멜오크 미니엄

특수가공화장 플로어링

합판 등의 바탕재 위에 붙이는 표면재가 목질 단판 이외인 플로어링재. 천연목화장 플로어링보다도 가공의 폭이 넓으므로 더욱 기능이 뛰어난 제품이 생산되고 있다. 특히 바닥 난방이나 화장실 및 욕실에 적합한 플로어링재로 많이 이용된다. 표면의 모양이나 색상, 플로어링의 틈도 가공할 수 있으므로 새집증후군이나 미끄러짐 등과 같은 안전적 측면이나 줄눈에 먼지가 잘 끼지 않게 하는 방법 등 위생적인 측면까지도 함께 고려하고 있다.

'고급 명목 플로어 벚나무 AA 시리즈' 도요텍스●약 6매·약 3.3m²(1818×303×12mm)●바닥 난방 전용, 내수성, 내상성●① 내추럴 체리② 라이트 체리③ 미디엄 체리④ 마일드 체리⑤ 앰버 체리

'난카이 아트 플로어 리부르시리즈' 난카이 플라이우드●6매·3.3m²(1818×303×12mm)●와일드 그레인, 토네이도 메이플, 어드밴스 체리, 퍼스트 울 등●내마모성, 내후성, 내상성, 내수성, 내약품성

【 WPC 】 우드 플라스틱 콤비네이션. 복합 플로어링의 표면판에 사용된다. 목재 안에 있는 공기를 뺀 다음 세포벽 등에 수지를 주입·함침시켜 경화 처리하는 기술이다. 상처나 깨짐에 강해진다.

Cork Floor

천연 코르크의 부드러운 느낌을 가득 채운다
코르크 바닥재

소재의 편안함을 그대로 활용한 바닥재

코르크 바닥재는 코르크나무의 껍질에서 탄생한다. 코르크나무 껍질을 분쇄해서 가열한 후, 녹여서 굳힌 커다란 코르크를 잘라서 제품화한다.

코르크의 특징이라 하면 단연 가벼운 무게와 탄력성을 꼽을 수 있다. 무도장 코르크는 좀 더 촉감이 좋다. 단열·차음·흡음 등과 같은 기능이 뛰어나 부엌 바닥재로 적합하다. 또 쿠션성이 뛰어나서 손이나 무릎을 짚었을 때에도 충격을 완화해줘 어린이나 노인들이 쓰는 방의 바닥재로도 잘 어울린다. 사람들이 많이 모이는 곳처럼 내구성이 요구되는 곳에는 세라믹 도장 등이 된 제품을 선택하는 것이 좋다.

타일 타입

색상이나 사양이 다양한 코르크 타일. DIY 전문점 등에서도 쉽게 구할 수 있으며 무도장과 왁스 도장 제품이 준비되어 있다. 시공도 매우 간단하며 기둥 등 돌기가 있어도 간단히 잘라서 설치할 수 있다. 또 색상이 다른 제품을 조합해서 방의 분위기를 바꿀 수도 있다.

❶T2(큰 줄무늬)
● 300×300×3.2mm(강화 피막 접합 처리), 305×305×5mm(왁스 초벌·폴리우레탄 도장 처리)

❷26(모자이크)
● 300×300×3.2mm(강화 피막 처리), 305×305×5mm(폴리우레탄 도장 처리)

❸색조 라이트 A(LA)
● 305×305×3.2mm(왁스 초벌·폴리우레탄 도장·강화 피막 접합·강화 우레탄 도장·사포 처리)●305×305×5mm(왁스 초벌·폴리우레탄 도장·강화 우레탄 도장·사포 처리) 등

❹18(나뭇결)
● 300×300×3.2mm(강화 피막 처리)●305×305×5mm(폴리우레탄 도장 처리)

❺컬러 타일 폴리 화이트
● 305×305×5mm(폴리우레탄 도장 처리), 450×450×5mm(폴리우레탄 도장 처리)

❻컬러 타일 폴리 그레이
● 305×305×5mm(폴리우레탄 도장 처리)

❼색조 미디엄 A(MA)
● 305×305×3.2mm(왁스 초벌·강화 우레탄 도장·사포 처리), 305×305×5mm(왁스 초벌·강화 우레탄 도장·사포 처리) 등

❶~❼'로빈슨 코르크 타일' 지요다 상회

 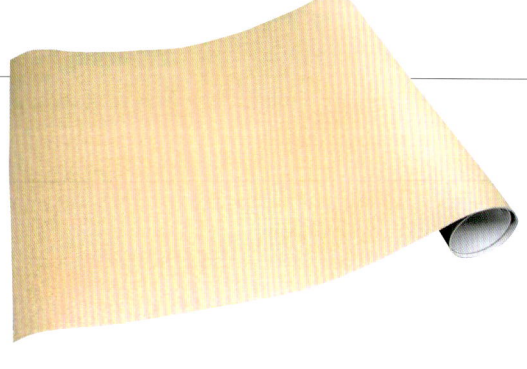

시트 타입

무도장은 아니지만 코르크의 장점을 남기는 대신 길이를 길게 해서 시공성과 관리성을 향상시킨 코르크 바닥재다. 타일 타입보다 부드러우며 자르기도 간편하다. 플로어링이나 쿠션 플로어 등 기존 바닥재 위에도 겹쳐 붙일 수 있다. 또한 줄눈이 없어서 먼지가 쌓이지 않아 청소가 쉽다는 것이 특징이다. 가격 또한 다른 코르크 바닥재에 비해 비교적 저렴하다. 색상이나 무늬는 그리 다양하지 않다.

'코르크 시트'●두께 1mm×610mm/4mm×610mm/4mm×910mm

【 코르크의 탄력성 】 코르크재가 다른 바닥재와는 달리 탄력성이 뛰어난 이유는 코르크 세포에 가득 차 있는 엄청난 수의 기포 때문이다. 이러한 기포가 외부로부터 가해지는 힘을 흡수·분산해서 원래의 형태로 돌아가는 힘이 된다.

04 | 바닥재 / 코르크 바닥재

'라이카플로어' SINCOL
●케이스: 900×145×12mm, 케이스: 900×185×12mm ●표면: 우레탄 도장, 항균처리 ●방활성 있음
●경·중보행용(신발 금지)

플로어링 타입

재질적인 특징은 타일 타입과 다르지 않지만 바닥재의 방향이나 줄눈의 조합 등을 즐길 수 있는 것이 특징이다. 빛에 노출되는 방향이나 오랜 세월의 변화에 따라 타일 한 장 한 장이 저마다 다르게 변하는 것이 코르크 바닥재의 특징인데, 플로어링 타입은 이러한 변화를 마치 하나의 디자인처럼 즐길 수 있다. 또 실가공이 되어 있거나 플로어링재처럼 못을 사용하지 않고 바닥에 그대로 깔 수 있는 타입도 있어 더욱 간편하게 작업할 수 있다.

기타 코르크 바닥재

최근 친환경적인 측면과 배리어 프리(barrier-free, 장애인과 고령자 등 사회적 약자의 물리적·심리적 장벽을 없애려는 정책)적인 측면에서 주목을 받고 있는 바닥재다. 폭넓은 가공성과 다양한 기능 때문에 바닥재 이외에도 다양한 용도로 사용할 수 있는 제품이 개발되고 있다. 이 책에서 소개하는 욕실용 바닥 타일도 이러한 사례에 해당한다. 피부에 자극을 주지 않는 코르크 소재라는 점과 코르크만의 독특한 탄력성 때문에 툇마루나 매트 등을 깔지 않더라도 욕실의 보습성과 안전성을 향상시킬 수 있다. 또한 탄화 코르크 등 새로운 소재도 개발되고 있어 전망에 관심이 쏠리고 있다.

'계단용 코르크 발판' 지요다 상회 ●915×305×25mm ●색상: 라이트 등 총 5색

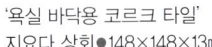
'욕실 바닥용 코르크 타일' 지요다 상회 ●148×148×13mm

DIY TECHNIC

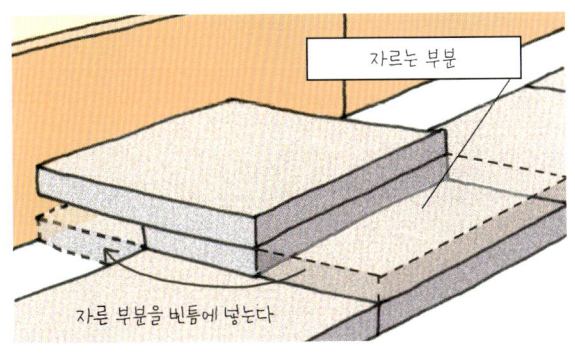

자르는 부분

자른 부분을 빈틈에 넣는다

빈틈 조정 타일을 자르는 방법

코르크뿐만 아니라 타일 타입의 바닥재는 모두 깔고 난 후 벽 쪽 부분에 남는 빈틈을 메우기 위해 타일의 폭을 조정할 필요가 있다. 이때 타일을 자르는 가장 간단한 방법이 일러스트에 나온 방법이다. 어렵게 계산할 필요 없이 빈틈을 메울 만큼만 정확하게 자를 수 있다. 타일의 재질에 따라 미세하게 조정하는 것이 핵심이다.

'코르크 플로어링' 지요다 상회 ●915×100×7mm, 900×75×5mm, 900×150×5mm, 610×305×7mm, 305×305×7mm

[코르크의 원산지] 코르크의 원산지는 포르투갈, 스페인, 이탈리아, 남프랑스, 북아프리카 등의 지중해 연안이다. 포르투갈에서는 정부가 관리하는 보호 수목으로 지정되어 있으며 생산량이나 품질이 철저히 관리되고 있다.

Vinyl Floor

다채로운 색상과 무늬로 공간을 원하는 대로 변신시키다
비닐 바닥재

**저렴하면서도 뛰어난 기능으로
DIY 애호가들에게 사랑받는 소재이다**

플로어링이 인기를 끌기 전에 대부분의 가정에서 사용했던 바닥재다. 특히 물을 쓰는 공간이나 옷을 보관하는 공간 등에 많이 사용됐다. 다양한 색상과 무늬가 들어간 표면재가 특징이며, 쿠션 플로어 중에는 실제 플로어링과 구분할 수 없을 만큼 정교한 프린트가 들어가 있는 제품도 있다. 또 임대주택 등에서는 교체의 용이성, 방음 효과, 비용 등을 고려해서 쿠션 플로어를 사용하는 경우가 많다. 타일 타입은 내구성과 시공성이 뛰어난 데다 디자인적인 기호에 맞춰 붙일 수 있다는 장점이 있다.

쿠션 플로어

발포 염화비닐이나 유리섬유 등을 기재로 하며, 표면재가 될 염화비닐에 엠보스 가공이 되어 있는 장척 바닥재다. 표면재에 엠보싱 가공이 되어 있어 색상이나 무늬의 변화가 다양하다. 내수성과 보온성이 뛰어나 예전부터 부엌이나 욕실 등에 이용되어 왔다. 다른 장점도 많으며 플로어링재와 코르크 바닥재에 비해 가격도 저렴하다.
●너비 910mm×두께 1.8mm~3.5mm, 너비 1820mm×두께 1.8mm~3.5mm ●너비 91mm, 너비 1820mm

점착 타입

염화비닐을 기재로 한 타일 사양의 바닥재다. 뒷면에 점착 가공되어 있어 시공할 때 박리지를 벗겨 사용하는 제품이 많다. 더욱 안정적으로 시공할 수 있는 조인트 타입의 제품도 많다. 내수성이 뛰어나므로 부엌이나 화장실을 간단하게 리폼하기에 가장 좋다.

●305×305mm
●나뭇결무늬, 돌결무늬

비닐 타일

가로, 세로 약 300~500mm의 사각형으로 되어 있는 타일 형태의 바닥재다. 주원료는 염화비닐이지만 함유율에 따라 종류가 나뉜다. 장척 시트 타입과 달리 타일 특유의 디자인성을 고려해 붙일 수 있다는 점이 특징이다. 최근 새 집증후군 등이 발생하면서 이러한 문제점을 해소한 제품들이 증가하고 있다.

연질 비닐 타일

표면에 필름 가공이 되어 있는 비닐 타일이다. 비닐 수지나 가소제의 함유율이 높은 반면 충전제나 첨가물이 적어 질감이 매끄럽다. 때가 잘 타지 않으며, 청소도 쉬운 것이 특징이다. 표면에 광택이 흐르기 때문에 반경질 비닐 타일과는 또 다른 분위기를 낼 수 있다.
●303×303mm

반경질 비닐 타일

P타일 등으로 알려져 있는 비닐 타일이다. 병원이나 학교 등 각종 시설에서 볼 수 있는 체크무늬의 바닥에 많이 쓰인다. 비닐수지 등의 함유율이 적으며, 다양한 소재가 함유되어 있어 내구성이 뛰어난 중보행용 타일이다. 단, 타일의 모서리 등이 깨지기 쉽다는 단점이 있다.
●305×305mm

●305×305mm

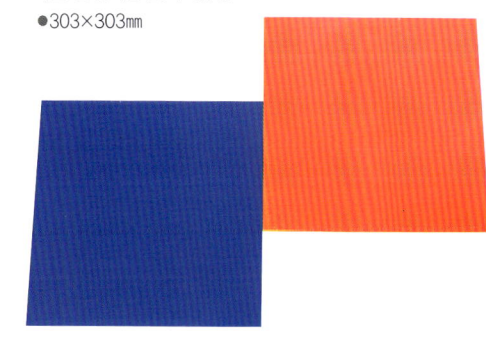

04 | 바닥재 / 카펫

기분 좋은 감촉이 생활에 편안함을 준다

카펫

라이프스타일에 맞춰 자신에게 맞는 카펫을 선택한다

DIY 전문점에서 판매하는 카펫은 크게 롤 카펫과 타일 카펫 두 종류로 나눌 수 있다. 다른 바닥 소재와 달리 대규모의 시공이 필요하지 않은 만큼 남는 시간을 자신의 라이프스타일에 맞는 제품을 찾는 데 할애하자. 이때 촉감이나 기능성 등을 고려해보는 것이 좋다. 예를 들어 아이를 키우는 가정은 더러워진 부분을 교체할 수 있는 타일 카펫을, 애완동물을 키우는 가정은 잘 미끄러지지 않으며 진드기 방지 가공이 되어 있는 제품을 선택하는 것이 좋다. 여러 조건을 고려해 자신에게 가장 잘 맞는 제품을 선택하자.

롤 카펫

제조 공정 중에 생긴 긴 롤형 제품을 일정한 크기로 잘라 판매하는 카펫을 말한다. 또 매장 앞에서 롤 카펫을 원하는 만큼 잘라서 파는 것도 롤 카펫이라고 한다. 전자는 터프티드 카펫(tufted carpet)이 대부분이며, 후자는 니들 펀치 카펫(needle punch carpet)이 많다.

❶ '뉴 레모드' 토리(TOLI) ● 너비 3640mm, 전체 두께 10mm ● 파일 길이 8mm 컷 파일
❷ '텔스터' 토리(TOLI) ● 너비 3640mm, 전체 두께 7mm ● 파일 길이 4.5mm 루프 파일

터프티드 카펫
기포(基布)라 불리는 평직물에 파일 실을 꿰매어 만든 카펫. 파일에는 컷 파일과 루프 파일 두 가지가 있다. 파일에 쓰이는 소재는 울이나 아크릴 등이다. 형태가 잘 유지되도록 뒷면에 삼베가 덧대어져 있다.

니들 펀치 카펫
폴리프로필렌 등으로 만든 섬유상의 매트를 바늘로 무작위로 찌른 다음 프레스 가공한 것. 탄력성은 없지만 뒷면에 발포재를 붙여 탄력성을 향상시킨 제품도 있다. 튼튼하고 물에 강해 시공성이 뛰어나다.

● 910 · 1820mm

'어택 350' 토리(TOLI) ● 전체 두께 11.5mm ● 총 14색
● 뒷면 흡착 가공

'파미타 라이트' 산게쓰
● 500×500mm ● LL-40 ● 총 6색

타일 카펫

가로, 세로 약 300~500mm 크기의 정사각형 카펫이다. 표면은 터프티드 카펫이 많지만 조인트나 약점착 타입 제품에는 니들 펀치 카펫도 많이 사용되고 있다. 얼룩이 지거나 더러워져도 한 장씩 청소·교환할 수 있으며, 무늬를 자유롭게 디자인할 수 있는 것이 특징이다.

● 약점착 타입 ● 295×295mm
● 물세탁 가능 ● 총 8색

COLUMN
04 바닥재
'천연 소재 바닥재'

아마인유, 송진, 안료, 목분, 코르크, 마포를 원료로 한 시트 바닥재. 주원료인 아마인유의 뛰어난 항균 작용 때문에 새롭게 주목을 받고 있다.
'리놀륨' 토리(TOLI)●2000mm×10m×2.5mm 두께●총 24색

DIY 목공에 추천하는 개성 넘치는 바닥 소재가 창조하는 쾌적한 공간

천연 소재 고유의 분위기와 기능을 반영한다

새집증후군 같은 과민성 문제의 영향을 받아 최근 천연 소재에 대한 관심이 날로 높아지고 있다. 이러한 흐름에 맞춰 바닥재 분야에서도 무구 플로어링이나 천연 코르크 등의 인기가 급상승하고 있다. 대나무 플로어링, 사이잘 삼(sisal hemp), 골풀(등심초) 등 예전에는 구하기 어렵던 소재의 바닥재를 이제는 DIY 전문점에서도 손쉽게 구입할 수 있게 되었다.
이러한 천연 소재는 대부분 항균 작용이 뛰어나다는 특징이 있으며 그중에서도 특히 사이잘 삼이나 야자나무 같은 열대성 식물 소재는 내수성이 뛰어나 욕실 주변 등에 널리 쓰인다. 시원한 분위기를 느낄 수 있는 소재이므로 여름철 전용 바닥재로 사용하여 인테리어에 변화를 줄 수도 있다. 단순히 깔아두기만 하면 되는 제품이 많아 시공 방법도 간단하다.

'UV 대나무 타일 DX40' 우에다 바닥재 공장●400×400mm

대나무 플로어링은 내구성과 청결감이 있으며, 세균 및 곰팡이 방지 효과가 뛰어난 천연 소재다. 아토피나 새집증후군 대책에 가장 적합한 웰빙 고급 건축재다.
'대나무 플로어링' 대나무자원 크리에이트●횡적층집성, 종적층집성●909×90.9×12mm

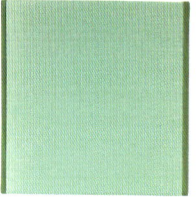

타일 카펫의 다다미 버전이라고 말할 수 있는 유닛식 다다미 바닥재. 돗자리 부분은 천연 골풀을 사용해 다다미의 모습과 분위기를 그대로 재현했다. 플로어링 위에 그대로 깔 수 있는 '유닛 다다미 라쿠자(樂座)' 이케히코 코퍼레이션●880×880×23mm, 1760×880×23mm

등나무, 사이잘 삼, 야자나무는 열대기후에서 잘 자라는 천연 소재로 내수성과 내구성, 흡방습성이 뛰어나서 욕실이나 주방 등 물을 사용하는 공간에 많이 쓰인다. 이 밖에도 목질 펄프는 뛰어난 가공성과 시원한 분위기 덕분에 새로운 소재로 주목받고 있나.
❶'호스케아 등나무 베스트' 우에다 바닥재 공장●500×500×약 5.5mm
❷'매기 사이잘 타일' 우에다 바닥재 공장●500×500mm/2색
❸'야자 유닛' 우에다 바닥재 공장●800×160×17mm·20mm 두께●야자나무 100%
❹'마야 햄프 타일' 우에다 바닥재 공장●500×500mm

05 내장재

DIY 전문점에서는 수많은 종류의 내장재를 판매하고 있다. 특히 벽지나 장지 중에는 소재와 무늬가 다채로우면서도 쉽고 간편하게 바를 수 있는 제품이 많이 개발되어 있다. 전통 스타일과 현대적인 스타일을 반영한 다양한 디자인을 즐기면서 DIY에 도전해보자.

벽지 | 시트 소재 | 맹장지 종이 | 장지 종이 | How to DIY: 내장

Wall Coverings

간편하게 붙일 수 있는 점착형부터 천연 소재로 된 친환경 벽지도 있다

벽지

방 분위기를 단숨에 바꿔버리는 가장 간편한 소재 가운데 하나다

벽지는 종류가 다양하다. 붙이는 방법도 어렵지 않다. 벽지는 방 분위기를 손쉽게 바꿀 수 있는 소재다.

벽지의 기본 구조는 표면층과 원지로 구성되어 있다. 벽지는 표면층에 사용된 재질에 따라 비닐벽지(실크벽지), 직물벽지, 종이벽지로 크게 나뉜다. 또한 최근에는 건강에 대한 관심이 크게 높아지면서 규조토나 대나무 숯을 이용한 벽지도 등장해 인기를 끌고 있다. 그중에서도 가장 대중적인 인기를 끌고 있는 것이 바로 비닐벽지다. 가격이 비교적 저렴하고 오염 물질을 쉽게 닦아낼 수 있어 관리하기 쉬운 것이 장점이다. 직물벽지는 차분하면서도 고급스러운 분위기를 풍긴다. 종이벽지는 주로 수입 벽지가 많으며 다양한 무늬와 아름다운 디자인 덕분에 큰 인기를 끌고 있다.

비닐벽지·생품 타입

비닐벽지는 표면의 염화비닐수지층에 꽃무늬를 인쇄하거나 바위·직물의 질감이 느껴지도록 가공한다. 오염 물질이 다소 묻더라도 손쉽게 닦아낼 수 있어서 부엌(가스레인지 등 불과 가까운 곳은 불가능)이나 식당, 어린이방 등에 적합하다. 생품 타입은 잘못 붙이더라도 떼서 다시 붙일 수 있을 뿐만 아니라 공기가 들어가도 쉽게 고칠 수 있어 DIY 초보자에게 적합하다.

❶~❹ '간단 슈퍼 생품 벽지' 아사히펜●낡은 벽지를 떼지 않고 그 위에 직접 붙일 수 있는 제품이다.

❶KN-1 ❷KN-2 ❸KN-3 ❹KN-4. 이 밖에도 KN-5, KN-6 등 총 여섯 가지 무늬가 있다.●92cm×5m, 92cm×10m, 92cm×15m

[기초지식] 접착 방식에 따른 벽지의 분류

벽지는 표면층의 재질 외에도 뒷면에 사용된 풀의 종류, 즉 접착 방식에 따라 분류할 수 있다. 그림에 나온 것처럼 생품, 점착, 재습, 풀 없음 등 네 가지 타입이 있으며 각 벽지마다 작업별 특징이 있다.

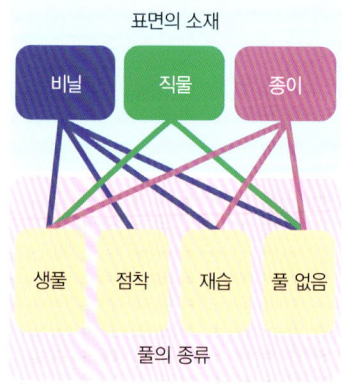

생품 타입
바르기 쉬운 생품이 발라져 있는 벽지다. DIY 전문점에 원하는 무늬와 양을 이야기하면 집으로 배달해주는 주문용 벽지다. 간혹 매장에서 곧바로 구입할 수 있도록 비닐 포장된 제품도 있다.

점착 타입
원지에 점착제가 발라져 있어 원지를 벗기면서 벽에 붙이는 스티커 방식의 벽지다. 재습 타입과 풀 없음 타입처럼 벽지를 펼쳐 물이나 풀을 바를 공간이 필요하지 않으므로 손쉽게 작업할 수 있다.

재습(再濕) 타입
우표처럼 물을 묻혀야만 접착력이 생기는 타입으로 벽지 중에 가장 일반적이다. 물을 충분히 묻힌 후 종이가 늘어나길 기다렸다 붙이면 주름이 생기지 않게 잘 붙일 수 있다.

풀 없음 타입
뒷면이 아무런 가공도 되어 있지 않은 종이 상태인 벽지다. 섬유벽지 중에는 이러한 타입이 많다. 뒷면에 '벽지용 풀'을 발라 벽에 붙여 사용한다. 원하는 시간에 원하는 만큼만 분량을 정해 작업할 수 있다는 장점이 있다.

【원지】 벽지의 바탕이 되는 종이를 말한다. 낡은 벽지를 벗기면 표면층 부분만이 벗겨지고 벽에 원지 부분이 남는다. 벽지를 새로 바를 때는 일반적으로 남아 있는 원지 위에 새 벽지를 붙인다.

05 | 내장재 / 벽지

화지·천연 소재의 벽지

화지는 최근 실내 장식재로 새롭게 평가받고 있다. 따뜻함이 느껴지는 전통적인 분위기와 부드러운 촉감 그리고 무엇보다 실내 환경을 양호하게 유지시키는 뛰어난 기능으로 주목받고 있다. 포름알데히드 같은 유해 물질을 배출하지 않으며, 보습 기능뿐만 아니라 습도를 자동적으로 조절하는 조습 기능까지 갖추고 있다.

❶~❺ '우루시와시(漆和紙)' ●화지에 옻을 칠한 소재로 강도가 높으며 조습 작용을 한다. 방수성이 뛰어나 욕실이나 부엌 벽면에도 사용할 수 있다. 화지의 질감이 옻에 녹아들어 독특한 분위기를 낸다. 중후하면서도 화려한 느낌이 난다.
❶ 시로(白)/93×63cm, 183×93cm
❷ 슈(朱)/93×63cm, 183×93cm
❸ 가라시(からし)/93×63cm, 183×93cm
❹ 아사기(浅黄)/93×63cm, 183×93cm
❺ 슌케이(春慶)/93×63cm, 183×93cm
❻~❽ '가키시부와시(柿渋和紙)' ●화지에 감물 도료를 바른 소재다. 내구성이 뛰어나고 방부·방수·방충·방균 작용이

있다. 깊이가 느껴지는 차분한 느낌을 주는 것이 특징이다.
❻ 우스이(薄)/93×63cm, 183×93cm
❼ 주노(中濃)/93×63cm, 183×93cm
❽ 고이(濃)/93×63cm, 183×93cm
❾~⓬ '사이시키와시(彩色和紙)' ●아교와 안료를 섞어 화지에 바른 소재다. 내구성이 있으며 보온성과 보습성이 뛰어나다.
❾ 사비쓰치(さび土)/93×63cm, 183×93cm
❿ 긴슈(銀朱)/93×63cm, 183×93cm
⓫ 오도(黄土)/93×63cm, 183×93cm
⓬ 아이(藍)/93×63cm, 183×93cm

간단 벽지·친환경 벽지

초보자도 다루기 쉬워 간단하게 시공할 수 있는 대표적인 벽지

낡은 벽지를 떼어내지 않고 박리지를 벗겨 손쉽게 붙일 수 있는 스티커형 벽지와 소각시켜도 유독가스가 배출되지 않는 수성수지제 비닐벽지도 등장했다.

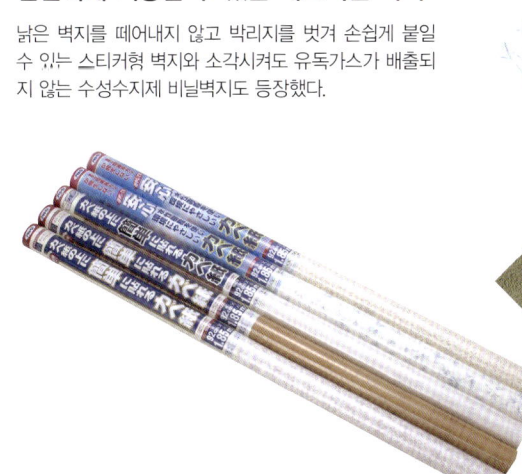

❶ 안심 벽지 ●수성수지·재습 ●무늬: 마린/(92cm×1.85m)~(92cm×10m)
❷ 안심 벽지 ●수성수지·재습 ●무늬: 우구이스(어두운 녹갈색)/(92cm×1.85m)~(92cm×10m)
❸ 간단 벽지 ●비닐·점착 ●무늬: 로제오/(92cm×1.85m)~(92cm×30m)
❹ 간단 벽지 ●비닐·점착 ●무늬: 리플 플라워/(92cm×1.85m)~(92cm×30m)

【 감물(柿渋, 가키시부) 】 풋감을 발효·숙성시켜 만든 천연 도료. 시간이 지날수록 진하고 깊은 색이 나는 것이 특징이다. 방수·방충·항균 작용이 있다.

【 옻칠(漆, 우루시) 】 옻나무의 수액으로 예로부터 건물의 마루와 기둥 등 다양한 목제품에 도료로 사용되었다. 한 번 마르면 방수성이 있는 강력한 막이 형성된다.

Wall Coverings

웰빙·친환경 벽지

표면층에 규조토나 화지, 대나무 숯과 같은 천연 소재를 사용해 탈취, 조습, 통기성 등의 기능을 첨가한 벽지가 인기를 끌고 있다. 유해물질을 방출하지 않고 쾌적한 환경을 만든다는 점에서 좋은 평가를 받고 있다. 또한 재생지나 케나프(kenaf) 종이를 사용한 친환경 벽지도 증가하고 있다.

❶❷ '어스 월'● 표면층에 규조토를 사용해서 소취성·흡방습성·통기성이 뛰어나다.
❸ '대나무 숯 케나프 월'● 친환경 소재인 케나프와 소취성·흡방습성이 뛰어난 대나무 숯의 기능을 모두 갖고 있다.
❹❺ '방오(防汚) 케나프 월'● 항균·방오 필름을 사용해서 벽지 표면의 세균 증식을 억제한다.
❻ '화지 월'● 벼보리나 마닐라마를 섞어서 뜬 화지의 느낌을 낸 벽지.
❼ '주라쿠'● 톱밥과 볏짚으로 종이를 떠서 의장성과 통기성이 뛰어나다.
❶~❼ '환경·소재 컬렉션' 토리(TOLI)● 폭 92cm

수입 벽지

수입 벽지의 가장 큰 매력은 무늬의 종류가 풍부하며 색채·색조가 아름답다는 점이다. 영국, 미국, 이탈리아, 북유럽 등 특색 있는 벽지가 가득하다. 일반적으로 전문점에서 샘플을 보고 주문하게 되는데 이때 창틀의 도장이나 보더(border) 등을 종합적으로 고려하는 것이 좋다. 종이, 비닐, 직물 등 다양한 재질이 있으며 접착 방식으로는 재습 타입과 풀 없음 타입이 있다. 두께가 얇은 제품이 많으므로 밑바탕 작업에 신경 써야 한다.

❶ BORAS TAPETER(스웨덴)B3314● 53cm×10.05m
❷ OMEXCO(벨기에)TOV-2004● 폭 90cm
❸ 20FFANY(영국)NTP-06006● 68.6cm×10.05m
❹ OMEXCO(벨기에)TOV-2008● 폭 90cm
❶~❹ 모두 토미타(tomita)에서 취급함

보더(border)

보더는 띠벽지로 벽의 중간이나 천장 둘레에 포인트를 주는 역할을 한다. 폭은 약 5cm~30cm로 다양한 사이즈가 있으며 롤 형태로 판매한다. 벽지처럼 디자인이 다양하고 색채가 아름답다는 이유로 수입 제품이 인기가 많다.

❶ WEN5501 ❷ WEN5503● 7.6cm×10m
❸ WEN5505● 13cm×10m
❹ WEN5507● 13cm×10m
❶~❹ 모두 토리(TOLI)에서 취급함

【 새집증후군 대책 】 벽지를 비롯한 각종 내장재 중에서 포름알데히드를 방출하는 제품에는 제한 기준이 정해져 있다(한국의 경우 L당 1.5mg 이하인 경우 E1 등급으로 구분).

【 밑바탕 작업 】 특히 수입 벽지처럼 얇은 벽지를 매끄럽게 붙이려면 밑바탕을 평평하게 하는 작업을 해야 한다. 구멍이 난 부분은 퍼터를 발라 메우고 못이나 나사머리가 녹슬어 있을 때는 녹 방지제를 바른다.

Decoration Sheet

05 | 내장재 / 시트 소재

컬러풀하고 대중적인 무늬부터 차분한 디자인까지 자유자재로 바꿀 수 있다

시트 소재

박리지를 벗겨 붙이기만 하면 가구나 소품이 화려하게 변신한다

시트 소재를 사용하면 가구나 벽을 손쉽게 변신시킬 수 있다. 앞면에 무늬가 들어 있고 뒷면에 접착제가 발라져 있는 제품이 가장 일반적이다. 무지, 돌결무늬, 나뭇결무늬는 물론이고 각종 캐릭터가 프린트되어 있는 제품까지 종류도 다양하므로 취향에 맞게 고를 수 있다. 롤 형태로 판매되는 제품도 있고 길이별로 잘라서 판매하는 제품도 있다.

붙이는 방법은 간단하다. 박리지를 조금씩 벗기면서 주걱이나 수건으로 문질러 공기를 조금씩 빼면서 붙이면 기포나 주름이 생기지 않도록 깔끔하게 붙일 수 있다.

점착 시트

박리지를 벗겨 간편하게 붙일 수 있다. 가구나 방 안의 모습을 손쉽게 바꿀 수 있다. 비닐 코팅이 되어 있어 더러워져도 물수건으로 닦아낼 수 있다.

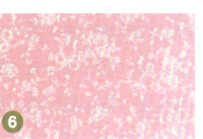

①~⑥ '슈퍼 메이크업 시트' 아사히펜●(45cm×2m), (90cm×2m)●뒷면에 눈금이 표시되어 있어서 수월하게 자를 수 있다. 평평한 면에 붙여야 한다. 모래벽처럼 우둘투둘한 면이나 물기가 많은 욕실, 야외에는 사용할 수 없다.
①A2 ②A4 ③A12 ④A13 ⑤A28 ⑥A34

창유리를 수놓는 시트 소재

창문 사이로 비추는 햇살을 부드러운 간접광으로 바꾼다

창유리에 빛을 투과하는 시트 소재를 붙이면 방 안 분위기를 크게 바꿀 수 있다. 투명한 창유리용 점착 시트가 판매되고 있으므로 취향에 맞는 무늬를 선택하면 된다. 유리문이 달린 식기장을 스테인드글라스 스타일로 바꿔보는 것도 하나의 아이디어다.

'창가의 하모니' 아사히펜●(위: 아피니스, 오른쪽: 인픽스)●(46×180cm), (92×90cm)

흠집이 난 기둥이나 수납장 문을 간편하게 변신시킬 수 있는 리폼용 점착 시트도 있다. 내수성 점착제를 사용했기 때문에 부엌이나 욕실, 화장실 등 물을 쓰는 곳에서 사용할 수 있다.

'간편 리폼 시트' 린텍 커머스(Lintec Commerce)●모랫발 타입은 불소 가공을 해서 오염 물질에 강하므로 부엌이나 욕실에 잘 어울린다. 나뭇결 타입은 경질 우레탄 가공을 해서 가구나 문의 리폼에 적합하다.

【 붙이는 장소 】 플라스틱, 유리, 스테인리스, 데콜라(Decola), 종이, 시트화 등 평평한 면에는 밀착하지만 거칠거칠한 면이나 직물 등에는 붙지 않는다. 유분이나 먼지를 잘 닦아낸 후 붙여야 한다.

Sliding-door Paper

05 | 내장재 / 맹장지 종이

초보자도 간편히 붙일 수 있는 맹장지 종이가 인기다

맹장지 종이

다리미를 사용해 붙이는 타입이나 점착 스티커형 맹장지 종이가 편리하다

맹장지 종이는 보통 5년에 한 번씩 교체한다. 낡은 맹장지 종이 위에 2~3장까지는 겹쳐 붙여도 된다. 혼부스마(本ぶすま)는 일반적으로 문틀을 떼어낸 후 종이를 붙이는 방법을 사용하지만, 다리미를 이용해 붙이는 타입과 스티커형 타입을 사용하면 문틀을 분리하지 않고도 손쉽게 맹장지 종이를 교체할 수 있다.

가장 흔히 볼 수 있는 타입은 물을 묻혀서 접착시키는 방식의 제품이다. 화지에 섬유를 섞어 강도를 높인 제품이나 잘 오염되지 않도록 비닐 코팅을 한 제품도 있다.

'풀이 첨가된 맹장지 종이' 아사히펜 ❶도리노코(鳥の子) 맹장지 종이: 유조라(夕空, 화지) ❷마직조 맹장지 종이: 아케노(あけ野, 화지+레이온사) ❸이토이리(糸入り, 실 첨가) 맹장지 종이: 기요타케(淸竹, 화지+레이온사)

DIY TECHNIC

점착 맹장지 종이 붙이기

❶ 박리지를 떼어가며 붙인다

맹장지의 문고리를 떼어내고 문틀에 마스킹을 해둔다. 문을 기대어 세운 다음 맹장지 종이의 박리지를 벗겨나가면서 조금씩 붙인다. 이때 솔로 문질러 공기를 빼내는 것이 중요하다.

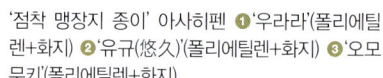

'점착 맹장지 종이' 아사히펜 ❶'우라라'(폴리에틸렌+화지) ❷'유규(悠久)'(폴리에틸렌+화지) ❸'오모무키'(폴리에틸렌+화지)

'다리미 접착 맹장지 종이' 아사히펜 ❶특선 마(麻) 스타일 실 첨가 맹장지 종이: 사자메키(화지+레이온사) ❷특선 화지: 플라워 포엠(화지) ❸특선 화지

❷ 남은 부분을 자른다

문틀 안쪽에 자 등을 갖다 댄 후, 커터칼로 남은 부분을 잘라낸다. 아래에 붙어 있는 맹장지 종이를 자르지 않도록 주의한다.

❸ 롤러로 문지른다

롤러로 골고루 문질러 접착시킨다.

❹ 완성

마지막으로 문고리를 끼운다. 주름진 부분 없이 매끄럽게 붙으면 완성이다. 맹장지 종이를 교체하면 방 안이 한층 밝아진다.

맹장지 보수용 스티커 타입

구멍이 난 곳이나 때가 탄 부분을 가리는 데 편리하다

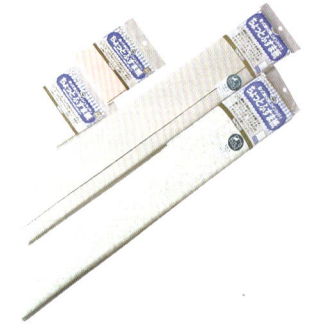

맹장지에서 구멍이 나거나 때가 타기 쉬운 부분은 손잡이 주변과 문 하단이다. 무심코 발로 차다 구멍을 내거나 어린이가 자주 손을 대는 등 문제가 끊이질 않는다. 이럴 때는 때가 탄 곳이나 구멍을 간편하게 가릴 수 있는 하단용 맹장지 종이를 이용해보자. 다양한 사이즈와 종류의 보수재가 있으므로 용도에 따라 선택하면 된다.

'간편 맹장지 종이(ちょっとふすま紙)' 린텍 커머스 ●10×10cm, 20×20cm, 하단용 스티커 타입과 하단용 맹장지 종이(아래). 맹장지 보수에 편리하다.

【 다리미 접착형 】 다리미의 열로 풀을 녹여 접착시키는 타입이다. 비닐 맹장지 종이나 발수 가공한 맹장지 종이 위에 겹쳐 붙일 수 없으므로 이럴 때는 붙어 있던 맹장지 종이의 표면을 벗겨낸 후 작업하는 것이 좋다.

【 혼부스마 】 혼부스마는 옛날부터 사용해온 나무로 짠 맹장지를 말한다. 가로 틀이나 세로 틀에 못이 박혀 있다. 반면 아파트 등에서 자주 사용하는 베니어로 만든 맹장지는 토부스마라고 한다.

Sliding-door Paper

05 | 내장재 / 장지 종이

한지 무늬(종이를 뜬 무늬), 꽃무늬, 레이스 문양 등으로 방을 화사하게 디자인한다

장지 종이

장지 종이를 새로 붙이면 방이 단숨에 환해진다

장지 종이에는 세로로 붙이는 한 장짜리 제품과 문살에 맞춰 가로로 붙여나가는 제품이 있다. 가로로 붙이는 제품으로는 미농판(美濃判, 폭 28㎝)과 반지판(半紙判, 폭 25㎝)이 있으므로 장지 문살의 폭에 맞춰 알맞은 제품을 선택하면 된다. 단, 최근에는 세로로 붙이는 한 장짜리 제품이 주류를 형성하고 있다. 잘 찢어지지 않는 제품, 빛을 잘 통과시키는 밝은 제품 등 제품마다 특징이 있으며, 특별한 기능을 첨가한 제품도 출시되고 있다. 장지 종이를 교체하는 방법은 매우 간단하다. 종이가 낡으면 마음에 드는 무늬의 제품을 구입해서 새로 붙여보자.

타입	판매 중인 사이즈
한 장용	폭 약 94㎝의 롤형
미농판	폭 약 28㎝의 롤형
반지판	폭 약 25㎝의 롤형

DIY 전문점에는 다양한 종류의 장지 종이가 판매되고 있다. 종이에 꽃이나 허브를 넣은 제품도 있다. 풀을 사용하지 않고 다리미의 열기로 접착할 수 있는 편리한 제품도 있으니 사용해보자.

'한 장용 장지 종이' 오나오(大直) ❶레이스처럼 생긴 장지 종이: 데이지/(94㎝×3.6m) ❷무지 장지 종이: 야마토(大和)/(94㎝×7.2) ❸'한지무늬 장지 종이' 운류(雲龍)/(94㎝×7.2) ❹인테리어 장지 종이: 모에기(萌木)/(94㎝×3.6m) ❺다리미 접착형 장지 종이: 꽃무늬/(94㎝×3.6m) ❻마음이 편안해지는 장지 종이: 하나모노가타리(花物語)/(94㎝×3.6m)

보수용·디자인 장지 종이

'디자인 화지'

찢어진 부분에 붙여 보수할 수 있는 제품이 많이 판매되고 있다. 디자인이 뛰어난 제품도 많아 취향에 맞게 선택할 수 있다. 또 이러한 소재를 사용해서 자신만의 스타일로 장지를 꾸며 세련된 분위기를 연출하는 것도 가능하다.

'수묵화풍 장지 종이' 오나오(大直) ●(28×94㎝)

'컬러 인테리어 화지' 오나오(大直) ●각 색상(28×3m) ●무지 종이와 섞어 바둑판무늬를 만들면 재미있다.

간단 리폼

다리미로 붙이는 장지 종이

장지 종이를 새로 붙일 때는 보통 풀을 사용하지만 다리미의 열기를 이용해 접착시키는 제품을 사용하면 쉽고 간단하게 장지 종이를 교체할 수 있다. 또 풀로 붙인 낡은 종이를 떼어낼 때는 종이를 물에 적셔야 하지만 다리미 접착형 장지 종이는 열을 가하면 쉽게 떼어낼 수 있어 교체 작업을 단축할 수 있다.

❶오래된 장지 종이를 물에 충분히 적셔 제거한다. ❷문살이 마르면 다리미 접착형 장지 종이를 문살 위에 놓은 후, 가장자리를 테이프로 임시 고정시킨다. ❸문틀이나 문살을 따라 다림질을 한다. ❹남는 부분은 커터 칼로 잘라낸다. 남은 종이가 문틀에 달라붙어 떨어지지 않을 때는 다림질을 하면 쉽게 떨어진다.

【 장지 종이 벗기기 】 수건에 물을 묻혀 장지의 뒷면에 갖다 대어 종이를 적신 후 잠시 기다렸다가 한 번에 떼어내는 것이 좋다. 장지 종이를 미리 뜯다가 찢어져 버리면 벗겨 내기 힘들다. 또 장지문에 직접 물을 뿌리면 문이 휘어질 수 있으므로 주의한다.

내장 **How to DIY**

벽지를 붙인다

'생풀 타입'의 벽지는 혼자서도 간단히 붙일 수 있다.

① 커터 칼로 재단한다

작업할 벽의 사이즈를 잰 후, 반드시 실측 사이즈보다 5~10cm 정도 길게 자른다. 넉넉히 잘라야 벽지가 모자라서 생기는 빈틈을 방지할 수 있다.

② 박리지를 3분의 1 정도 벗긴다

박리지의 화살표가 위로 향해 있는 것을 확인한 후, 윗부분의 박리지를 3분의 1 정도 벗긴다. 양 끝에 붙어 있는 조인트 테이프는 남겨둔다.

③ 벽 위로 비어져 나오도록 벽지를 붙인다

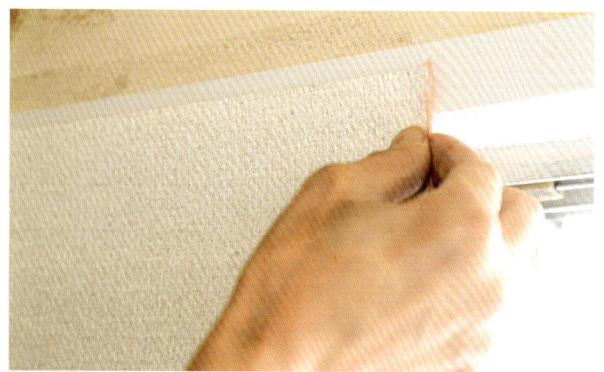

벽지를 처음 붙이려던 곳보다 2~3cm 위로 비어져 나오게 붙인다. 벽지 윗부분이 수평을 이루는지 확인한다.

④ 손바닥 전체로 벽지를 눌러 벽에 임시 고정시킨다

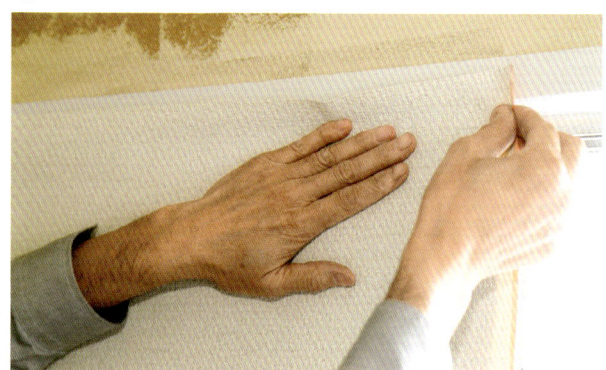

윗부분이 수평을 이루는지 확인한 후, 손바닥 전체로 벽지를 눌러 임시 고정시킨다.

⑤ 정배솔로 표면을 쓸어준다

임시 고정시킨 부분에 정배솔을 갖다 댄 다음 표면을 쓸어준다. 정배솔을 움직이는 방법은 91페이지의 'Point'를 참조하자.

⑥ 남은 박리지를 모두 벗긴 후, 벽지 전체를 벽에 붙인다

벽지 윗부분이 제대로 붙으면 박리지를 모두 벗기고 손바닥 전체로 아래에 남은 3분의 2 정도를 모두 벽에 붙인다.

How to DIY | 내장

❼ 정배솔을 가로세로 방향으로 쓸어준다

벽지를 바를 때는 정배솔을 이용해 벽과 벽지 사이의 공기를 빼고 주름을 펴주어야 한다. 정배솔은 세로 방향으로 먼저 쓸어내린 후 가로 방향으로 쓸어준다.

Point

정배솔을 움직이는 방법

정배솔은 중심에서 양옆으로 공기를 눌러 빼듯이 움직이는 것이 기본이다. 벽지를 세로로 길게 붙일 경우, 중심을 위에서 아래로 쓸어내린 다음 좌우로 쓸어주는 동작을 3단계 정도에 걸쳐 반복하면 효과적이다.

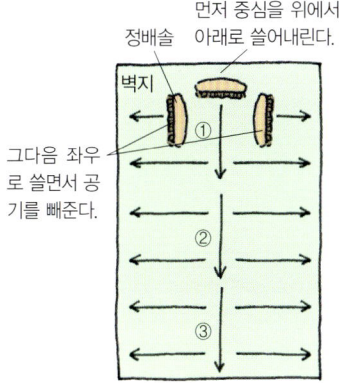

❽ 대나무 주걱으로 모서리를 낸다

가장자리 부분은 대나무 주걱으로 깊게 선을 그어 벽과 모서리에 밀착시킨다.

❾ 남은 벽지를 잘라낸다

몰딩자(칼받이)를 댄 후, 그 위에 커터 칼을 갖다 댄다. 몰딩자의 아랫부분을 자르면 자의 두께만큼 틈이 생기므로 주의하자.

❿ 가장자리를 겹쳐서 붙인 후, 겹친 부분을 위에서부터 자른다

두 번째 벽지는 첫 번째 벽지 위에 겹쳐지도록 붙인다(무늬가 있는 벽지는 무늬가 어긋나지 않도록 주의한다). 위에서 아래까지 겹쳐진 폭이 일정해야 벽지가 수직으로 잘 붙었다는 뜻이 된다. 만약 폭이 일정하지 않다면 벽지를 떼어서 다시 붙인다. 벽지가 겹쳐진 부분을 중심으로 몰딩자를 갖다 댄 다음 밑바탕이 상하지 않도록 주의하며 벽지 두 장이 겹쳐진 부분을 모두 잘라낸다. 이때 커터 칼은 바짝 기울이고, 칼날은 수직이 되게 한다.

⓫ 겹쳐진 부분 중 아래에 깔린 벽지를 벗겨 낸다

벽지가 위아래로 겹쳐졌을 때는 아래에 깔린 벽지를 벗겨 내어 좌우 벽지가 빈 틈없이 잘 붙었는지 확인한다.

⓬ 이음매에 코킹제를 바른다

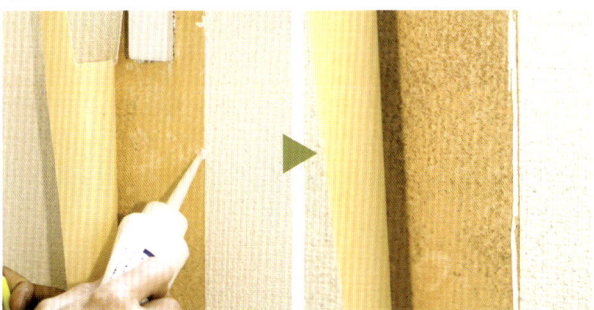

한쪽 벽지를 살짝 벗긴 후 이음매를 따라 코킹제를 바르고 벽지를 다시 붙인다. 코킹제가 벽지 위로 흘러넘치면 깨끗이 닦아낸다.

⓭ 이음매를 롤러로 압착시킨다

이음매 전체를 롤러로 문질러서 벽지를 벽에 단단히 압착시킨다. 벽지 위로 올라오는 코킹제를 헝겊으로 다시 한 번 닦아내면 도배 작업이 모두 끝난다.

점착 시트를 바른다

간편하면서도 분위기 전환 효과가 크다. 문이나 수납장 문 등에 사용해보자.

❶ 문을 깨끗이 닦은 후, 손잡이는 떼어낸다

문에 묻어 있는 먼지나 기름때 등을 꼼꼼히 닦아낸다. 손잡이처럼 튀어나와 있는 부품은 모두 떼어낸다. 손잡이는 보통 나사로 고정되어 있어 반대 방향으로 돌리면 쉽게 떼어낼 수 있다.

❷ 분무기에 중성세제를 담는다

분무기에 물을 넣은 후, 중성세제를 몇 방울 정도 떨어뜨린다. 중성세제를 이용해야 시트가 잘 미끄러져서 나중에 위치를 미세하게 조정하거나 시트를 다시 붙일 때 수월하게 작업할 수 있다.

❸ 문과 시트지의 뒷면을 분무기로 충분히 적신다

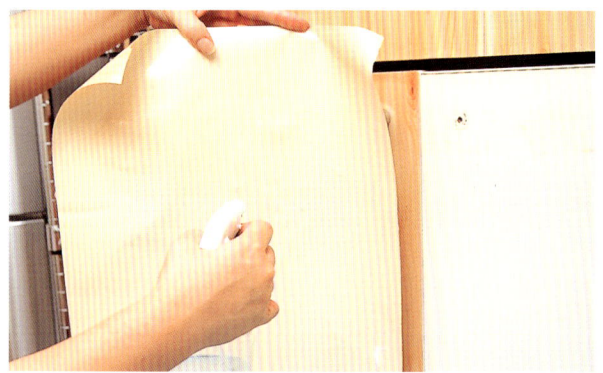

문보다 조금 크게 점착 시트를 자른다. 점착 시트의 박리지를 벗긴 후, 분무기를 이용해서 시트의 접착 면과 시트를 붙일 문에 물을 충분히 뿌린다.

❹ 주걱을 이용해서 시트를 꼼꼼히 붙인다

공기와 물이 충분히 빠져나가도록 주걱으로 누르며 시트를 꼼꼼히 붙인다. 플라스틱, 화장합판, 금속 등 평평하고 매끄러운 면이라면 별다른 어려움 없이 시트를 붙일 수 있다.

❺ 커터 칼을 이용해서 남은 부분을 잘라낸다

점착 시트가 비어져 나온 부분은 커터 칼로 조심스럽게 잘라낸다. 깔끔하게 자를 자신이 없다면 커터 플레이트나 자를 이용하자.

❻ 기포나 주름이 생기지 않았는지 확인한 후 손잡이를 달면 모든 작업이 끝난다

점착 시트를 자르는 작업까지 끝마치고 나면 시트 표면에 기포나 주름이 생기지 않았는지 확인하자. 기포나 주름이 생겼다면 접착제가 마르기 전에 수정 작업을 한다. 마지막으로 떼어냈던 손잡이를 다시 달면 모든 작업이 끝난다.

06 철물

철물은 종류가 다양하고 크기와 형태가 세분화되어 있다. 따라서 용도와 형태, 목적에 맞는 제품을 선택해야만 좋은 결과를 얻을 수 있다. 철물을 구입할 때는 반드시 형태와 사이즈를 먼저 확인해야 한다. 이 책에서는 철물에 대해 최대한 알기 쉽게 분류·정리했다.

못·리벳 | 나사 | 볼트·너트·와셔·작은나사 | 앵커·플러그·걸이용 철물 | 보강 철물 | 파이프용 철물·선반 받침 | 경첩 | 캐비닛용 철물 | 손잡이·잠금 철물 | 캐스터 | 다리용 철물·호차 | 도어용 철물 | 문 자물쇠 | 창문 자물쇠 | How to DIY: 철물

Nail·Rivet

가장 친숙한 접합 철물, 최적의 제품을 선택하라

못·리벳

재질·용도에 따라 세분화
길이는 재료 두께의 2.5~3배

못은 재료끼리 결합시키기 위한 목적으로 사용되며 철·스테인리스·놋쇠 등과 같은 재질이나 플로어·패널 같은 용도에 따라 세밀하게 분류되어 있다. 상당히 많은 종류가 있지만 극히 특수한 용도를 제외하고는 대부분 둥근철못이나 스테인리스못을 사용한다. 특히 둥근철못은 녹이 잘 슬지만 오히려 그 덕분에 결합력이 향상된다. 못 머리가 녹슬어서 신경이 쓰인다면 그 위에 도장을 하면 된다.

못을 고를 때는 용도를 우선적으로 고려하고 그 외에는 길이에 신경을 쓰자. 못을 박을 재료의 두께보다 약 2.5배~3배 정도 긴 못을 준비하면 된다.

DIY TECHNIC

못을 박는 방법

못의 접합 강도를 높이기 위해서는 못을 수직이 아닌 대각선 방향으로 여러 개 박는 것이 좋다. 못이 재료 안에서 교차하도록 박아야 좋다. 또한 접착제를 함께 사용하면 강도가 더욱 높아진다.

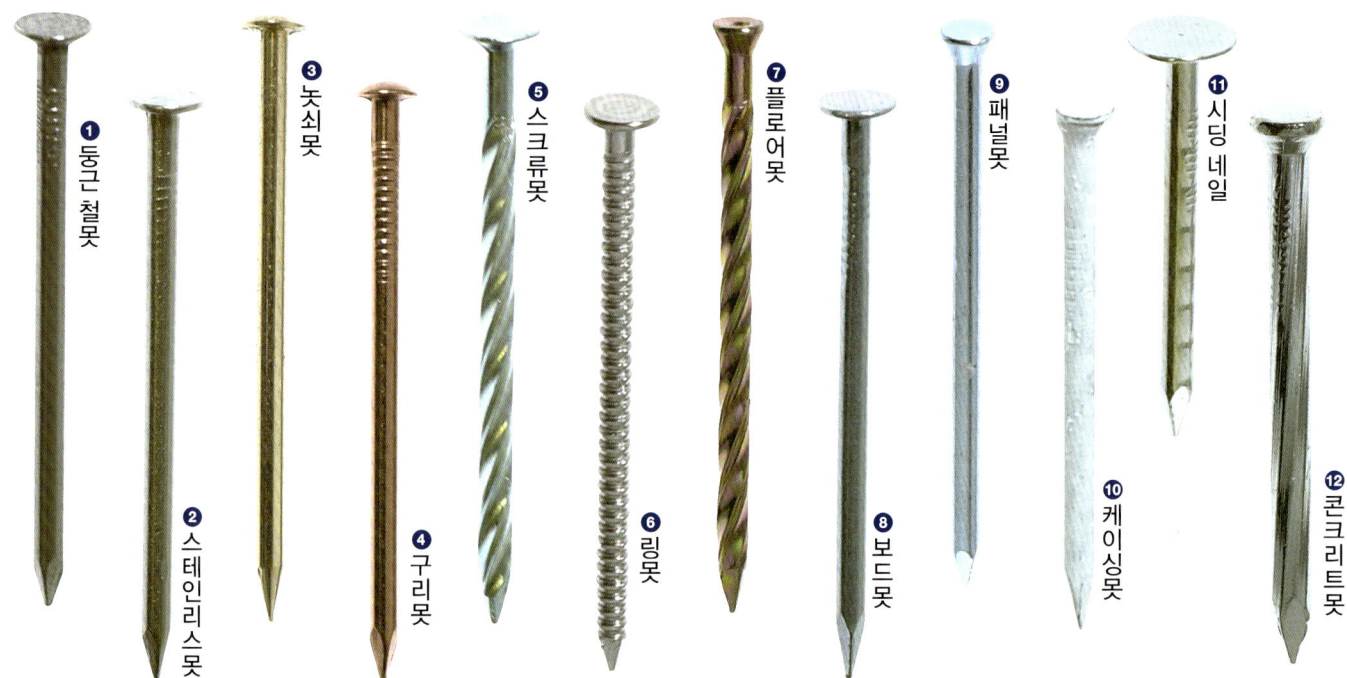

❶ 둥근 철못 ❷ 스테인리스못 ❸ 놋쇠못 ❹ 구리못 ❺ 스크류못 ❻ 링못 ❼ 플로어못 ❽ 보드못 ❾ 패널못 ❿ 케이싱못 ⓫ 시딩 네일 ⓬ 콘크리트못

❶연철로 만든 일반적인 못. 목재를 접합할 때 주로 사용한다. 내부에서 녹이 발생해 접합력을 높인다.
둥근못●19~150mm●19mm

❷스테인리스로 만들어져 녹이 잘 슬지 않는다. 수도 주변이나 습기가 많은 장소에 적합하다. 기준보다 조금 더 긴 못을 선택하는 것이 좋다.
스테인리스못●10~65mm●10mm

❸놋쇠로 만든 둥근못. 다른 못보다 돋보여 장식용으로 많이 쓰인다. 부드러운 편이므로 단단한 목재에는 적합하지 않다.
놋쇠못●6~75mm●6mm

❹구리로 만든 둥근못. 주로 장식적인 용도로 쓰인다. 특히 같은 소재인 구리판과 잘 맞는다. 못을 박기 전에 미리 구멍을 뚫을 필요는 없다.
구리못●6~45mm●6mm

❺스크류 가공으로 보지력을 향상시켜 진동에도 강하다. 목제 팔레트, 중량 곤포재, 목조건축 골조 등에 사용한다.
스크류못●25~90mm●25mm

❻링 형태의 홈이 재료가 일어나는 현상을 억제한다. 천장에 보드 바탕을 설치할 때나 화장실 등 물을 쓰는 곳, 알루미늄 판 등에 사용한다.
스테인리스 링못●25~90mm●25mm

❼바닥판 고정용. 바닥이 삐걱거리는 것을 스크류가 방지한다. 나사머리의 구멍에 펀치를 꽂고 망치로 세게 두드린다.
플로어못●철/크로메이트 도금 38~65mm●38mm

❽석고보드나 라스보드의 시공 등에 사용한다. 나사머리의 압착 면적이 넓으므로 박판도 단단히 고정시킬 수 있다.
보드못●철/유니크롬 도금●16~32mm●16mm

❾합판을 고정시키기 위한 못. 머리가 작아 눈에 잘 띄지 않는다. 또 판재에서 튀어나오지 않아 평평하게 마감할 수 있다.
패널핀●철/유니크롬 도금●19~50mm●19mm

❿화장합판용. 패널못과 형태가 비슷하지만 도장 처리를 하여 색상이 다양하다. 판재의 색상에 맞는 제품을 선택하자.
케이싱못●철, 도장●25mm●흰색, 갈색, 기타 총 8색

⓫거푸집널이나 섬유판 등에 사용되며 길이는 38mm이다. 25mm인 제품은 목질 시멘트판 등에 사용된다.
시딩 네일●철/유니크롬 도금●25, 38mm●25mm

⓬콘크리트나 블록 등에 목재, 철판, 전기기구 등을 설치할 때 사용한다. 기초 구멍을 뚫은 후 박는다.
콘크리트못●철/아연 도금●25~90mm●25mm

【구기지메(釘締め)】 못대가리를 재료 내부에 깊이 박아 넣기 위한 공구 또는 그 작업. 손발이 직접 닿는 곳에서는 못대가리가 툭 튀어나오면 상처를 입기 쉬워 반드시 이러한 작업을 한다.

06 | 철물 / 못·리벳

기초지식 | 못의 명칭

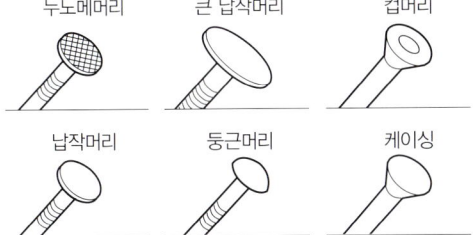

못은 머리의 형태에 따라서도 분류할 수 있다. 누노메(布目, 옷감의 결) 머리는 못을 박을 때 잘 미끄러지지 않으며 큰 납작머리는 부드러운 소재를 단단히 고정시킨다. 케이싱과 둥근머리는 미관을 중시할 때 사용하며 컵 머리에는 펀치 구멍이 뚫려 있다.

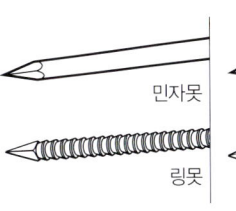

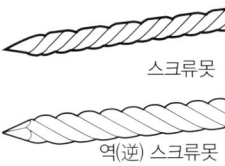

못의 몸통 부분은 매끄러운 민자못 이외에도 스크류못, 링못, 역 스크류못 등으로 나뉜다. 이들 못은 모두 보지력을 향상시키기 위해 몸통에 홈을 넣었다.

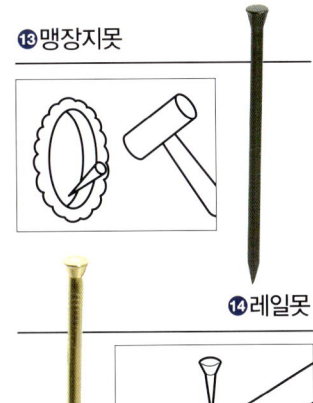

⑬ 맹장지못
⑭ 레일못
⑮ 그물못

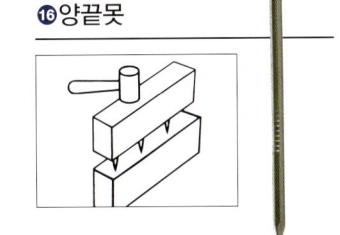

⑯ 양끝못

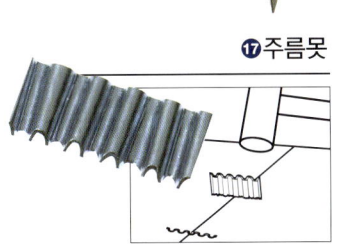

⑰ 주름못

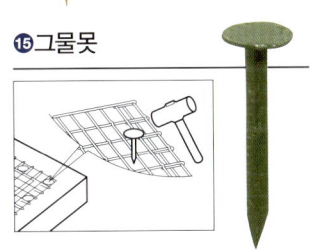

⑱ 갈고리못

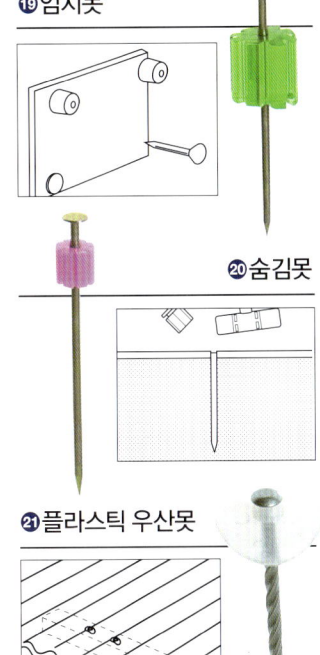

⑲ 임시못
⑳ 숨김못
㉑ 플라스틱 우산못

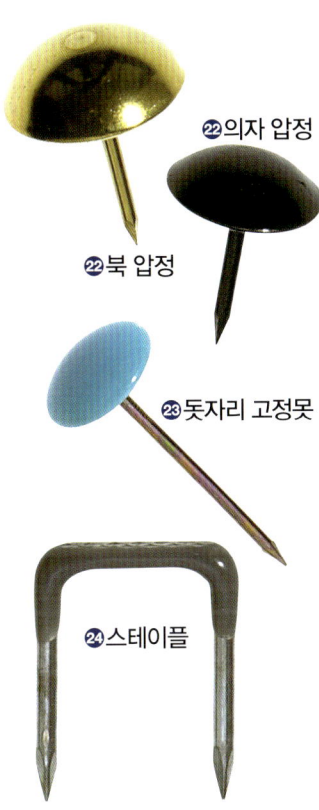

㉒ 의자 압정
㉒ 북 압정
㉓ 돗자리 고정못
㉔ 스테이플

⑬ 사진에 나온 못은 맹장지의 문살을 고정하는 못(36, 38mm)이며, 일러스트에 나온 짧은 못은 손잡이를 설치할 때 쓴다(16mm)
맹장지못 ● 철/도장 ● 16〜38mm ● 16mm

⑭ 호차용 레일을 바닥에 고정시킬 때 사용하는 못이다. 놋쇠못이 철못에 비해 레일에 살 밀착되며 흔들림이 적다.
레일못 ● 놋쇠 ● 25, 32mm ● 25mm

⑮ 판재에 방충망 등의 그물을 칠 때 사용하는 못이다. 그물코에 못을 세우고 큰 머리로 망을 누르듯이 박는다.
그물못 ● 철/도장 ● 10mm ● 녹색, 하늘색

⑯ 못 머리가 없고 양쪽 끝이 뾰족한 못으로 목재를 연결할 때 사용한다. 대나무를 쪼개어 만든 양끝못을 사용할 수도 있다
양끝못 ● 철 ● 25〜45mm ● 25mm

⑰ 판재의 목단끼리 연결하는 못이다. 물결 형태로 가공되어 있어 이음매에 박은 싼쟤가 섭합된다.
주름못 ● 철/유니크롬 도금 ● 9, 12mm ● 9mm

⑱ 와이어나 가시철사, 철망을 고정시키는 U자형 못. 스테이플이라고도 한다. 전기 배선 등에는 사용할 수 없다.
마타쿠기(又釘) ● 철/유니크롬 도금 ● 13〜65mm ● 13mm

⑲ 연질 벽재나 천장 보드, 두꺼운 화장합판 등의 위치를 결정하거나 임시 고정시킬 때 사용한다. 못을 박거나 뽑기 쉬운 형태로 되어 있다
임시고정못 K-1 ● 철/플라스틱 ● 22mm

⑳ 못을 박은 후 수지 부분을 두드리면 머리가 빠진다. 강도는 약한 편이므로 접착제를 병용하는 것이 좋다. 내상 마감이나 액자를 만들 때 사용하면 편리하다.
숨김못 ● 철/수지 ● 22〜50mm ● 22mm

㉑ 함석이나 수지로 만들어진 골판에 사용하는 전용 못이다. 못에 씌워져 있는 우산으로 단단히 고정시킬 수 있다. 연결 타입도 있어 높은 곳에서 작업하기 편리하다.
포리카사쿠기 ● 38mm ● 흰색, 파란색, 갈색

㉒ 의자 압정은 못 머리를 감추기 위한 용도로 쓰인다. 북의 가죽을 고정시킬 때 사용하는 북 압정도 마찬가지다. 천을 받치고 박는다
의자 압정 ● 14mm, 북 압정 ● 16mm

㉓ 카펫이나 골풀 돗자리를 깔 때 사용한다. 카펫이나 돗자리가 벗겨지거나 들뜨는 것을 방지한다.
우와자키 압정 ● 34.3×13.6mm ● 녹색, 투명 등 총 8색

㉔ 비닐코드나 철사 등을 고정시킬 때 사용한다. 절연 코팅이 되어 있어 전기 배선에도 사용할 수 있다.
스테이플 ● 안쪽 폭 5.5〜14.6mm ● 5.5mm

Screw

보지력(保持力)이 못보다 뛰어나다. 이제는 접합 작업의 필수품!

나사

나무나사

목재끼리 접합시킬 때 사용하는 나사다. 접시머리, 둥근접시머리, 둥근머리 등이 있다. 끝까지 박거나 장식처럼 보이도록 남겨둘 수도 있다. 나사 중에는 머리에 십자형 홈이 나 있는 플러스 나사와 일자형 홈이 나 있는 마이너스 나사가 있지만, 대부분은 플러스 나사다.

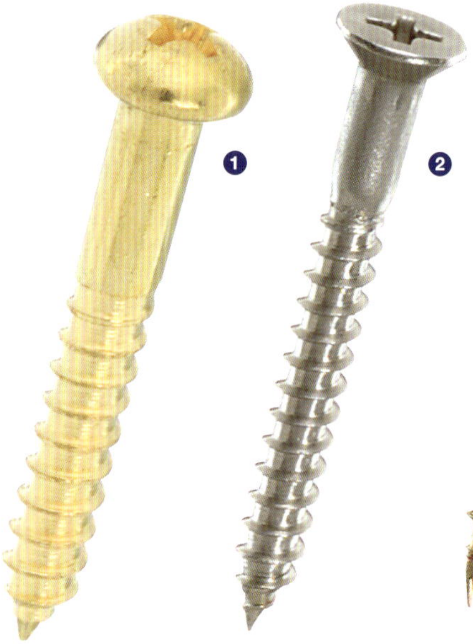

전동 드라이버용 나무나사

일반적으로 '보통 나사(coarse thread)'라고 불리는 전동 드라이버 전용 나사를 가리킨다. 나사부가 가느다란 접시머리 나사로 나무나사보다 나사산이 높으며 간격도 넓다. 보지력이 뛰어나며 목재의 수축과 팽창에 따른 판재의 들뜸 현상 등도 방지한다.

❶ 황동 십자 홈 둥근머리 나무나사 2.1×10mm
❷ 스테인리스 십자 홈 접시머리 나무나사 2.1×10mm
❶ 스푼 나사 3.8×25mm
❷ 슬림 나사 3.3×25mm
❸ 목재용 나사 3.8×25mm
❹ 중인방 나사 3.8×32mm
❺ 목재용 나사(청동) 3.8×25mm

목재용 또는 금속·수지용 등 재료에 따라 구분해서 사용한다

일반적으로 나사는 끝이 뾰족하고 나사산이 있는 것을 말하며 크게 목재용과 금속·수지용으로 나뉜다. 목재용 나사는 '나무나사'라고 불리는 나사로, 몸통의 윗부분까지 나사산이 있다. 못보다 보지력이 뛰어나며 전동공구의 보급 등으로 접합 금구로 널리 사용되고 있다. 또한 전동 드라이버용 나무나사는 일반적인 나무나사보다도 나사산이 높고 간격도 넓어 보지력이 더욱 뛰어나다.

일반적인 나무나사는 나사 구멍을 뚫어야 하지만 전동 드라이버용 나무나사는 나사 구멍을 뚫을 필요가 없는 만큼 작업 효율이 뛰어나서 자주 사용된다. 흔히 듣는 '코스 스레드(coarse thread)'는 상품명이지만, 이러한 나사를 모두 총칭하는 경우가 많다.

금속·수지용 나사로는 '태핑 나사(tapping screw)' 혹은 '드릴 나사(drill screw)'가 있다. 나사머리의 바로 아랫부분까지 나사가 깎여 있는 것이 특징으로 박판끼리 고정시킬 수 있다.

DIY TECHNIC

나사를 조이는 요령

특히 나무나사는 조일수록 재료 속에 파묻혀 버리므로 조절을 잘하는 것이 중요하다. 사진 속 왼쪽 끝에 있는 나사는 너무 심하게 조인 상태이고 오른쪽 끝은 조임이 부족한 상태로, 두 경우 모두 보지력이 약해진다. 가운데에 있는 나사처럼 재료 속에 살짝 파묻히는 정도가 가장 좋다.

태핑 나사

금속이나 수지끼리의 접합에 사용한다. 머리 아랫부분까지 나사가 깎여 있는 것이 특징이다. 나사 자체로 나사 깎기를 할 수 있는 것으로 재료를 서로 고정시키는 데 사용한다. 기초 구멍은 필요하지만 나사내기는 필요 없다. 나사머리는 냄비머리, 접시머리, 트러스머리 등이 일반적이며 그 밖에도 육각머리 등이 있다.

드릴 나사

나사 끝이 뾰족해서 나사내기를 위한 구멍을 따로 뚫지 않고 그대로 조일 수 있다. 금속 소재의 접합에 사용한다.

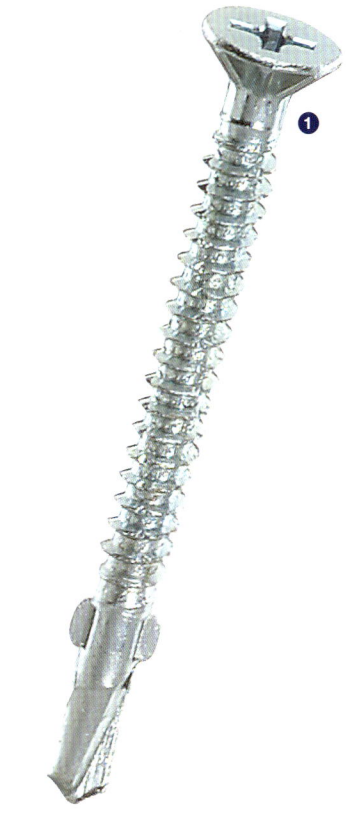

❶ 스테인리스 십자 홈 접시머리 태핑 나사 1종 3×6㎜
❷ 십자 홈 냄비머리 태핑 나사 검은색 아연 3×16㎜
❸ 십자 홈 트러스머리 태핑 나사 1종 크로메이트 3×6㎜
❹ 십자 홈 육각머리 태핑 나사 유니크롬(광택 크로메이트) 6×16㎜
❺ 스테인리스 십자 홈 바인드머리 태핑 나사 1종 4×10㎜
❻ (+ −) 플랜지 육각 태핑 나사 1종 크로메이트 4×10㎜
❼ 십자 홈 둥근접시머리 태핑 나사 유니크롬(광택 크로메이트) 3×6㎜

❶ 접시머리 드릴 나사 리머(고쿠부) 4×28㎜

기초지식 — 나사의 명칭

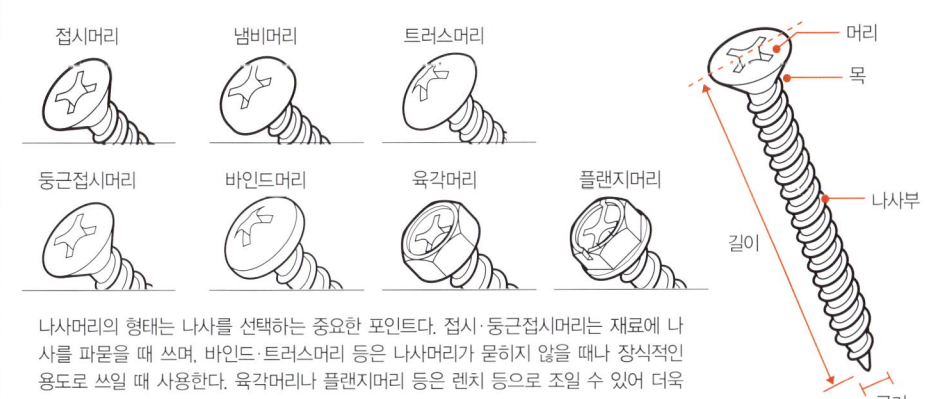

나사머리의 형태는 나사를 선택하는 중요한 포인트다. 접시·둥근접시머리는 재료에 나사를 파묻을 때 쓰며, 바인드·트러스머리 등은 나사머리가 묻히지 않을 때나 장식적인 용도로 쓰일 때 사용한다. 육각머리나 플랜지머리 등은 렌치 등으로 조일 수 있어 더욱 강력하게 접합시킬 수 있다.

나사의 사이즈는 '나사 지름×길이'로 표시한다

나사의 사이즈는 '나사의 지름(바깥 지름)×길이(㎜)'로 표시한다. 나사의 길이는 나사머리의 형태에 따라 측정 방법이 다르다. 자구리 가공을 해서 나사머리를 재료에 박아 넣는 접시머리·둥근접시머리 나사는 머리끝부터 나사 끝까지, 그 밖의 다른 나사는 머리 아랫부분인 목부터 나사 끝까지를 나사의 길이로 본다. 나사를 선택하는 방법은 못과 동일하다. 고정시킬 재료의 두께보다 2.5배 이상 긴 나사를 기준으로 삼는다. 기초 구멍이 필요한 경우에는 나사의 지름보다 가는 드릴을 사용해서 뚫는다.

【 자구리(座繰り) 】 접시머리 나사나 둥근접시머리 나사를 재료에 박기 위한 방법. 자구리 전용 커터 칼이나 드릴을 사용해서 절구 모양으로 넓혀 둔다. 나사를 박으면 각도가 정확히 들어맞아 표면이 평평하게 마무리된다.

Bolt·Nut·Washer·Machine Screw

수나사와 암나사를 접합시켜 물체를 강력하게 고정시킨다

볼트·너트·와셔·작은나사

볼트

볼트는 대부분 육각 볼트이지만 배관용 U 볼트나 매달기용 아이 볼트(eye bolt), 골함석용 채널 볼트 등 용도에 따라 다양한 형태가 있다. 볼트와 너트를 한 쌍으로 사용하며 보통 렌치나 스패너로 조인다.

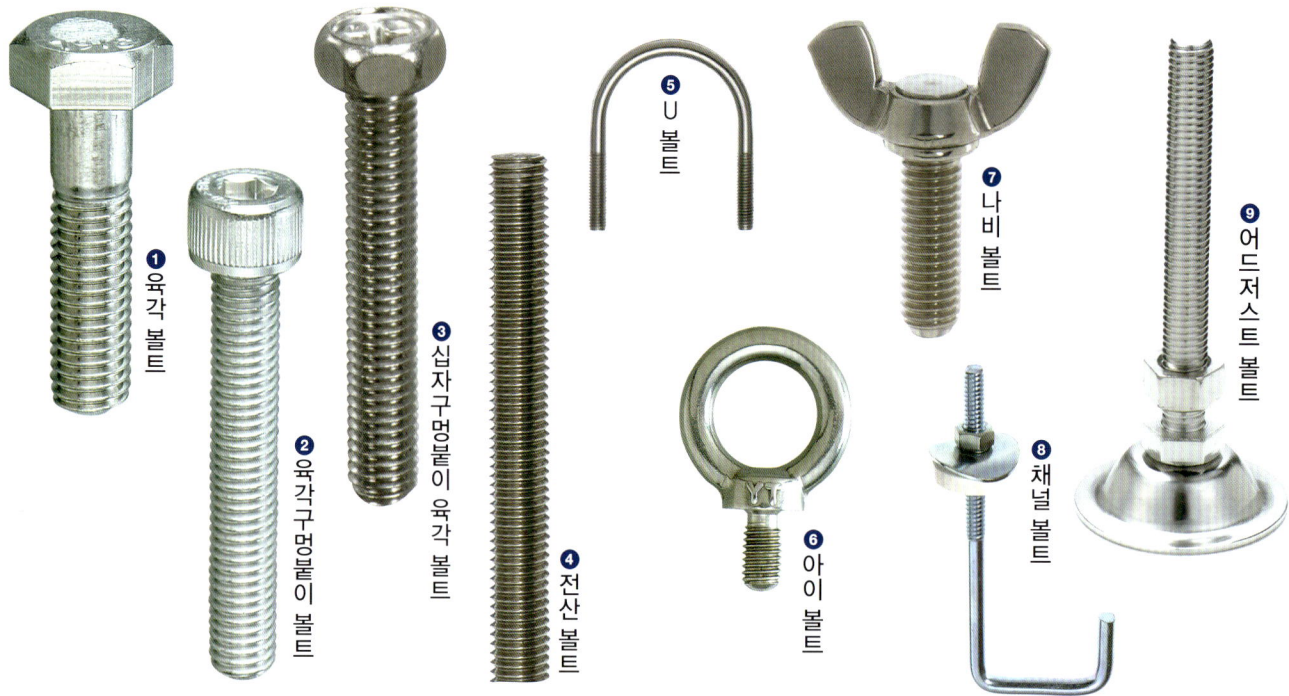

① 육각 볼트
② 육각구멍붙이 볼트
③ 십자구멍붙이 육각 볼트
④ 전산 볼트
⑤ U 볼트
⑥ 아이 볼트
⑦ 나비 볼트
⑧ 채널 볼트
⑨ 어드저스트 볼트

❶ 내부식성이 뛰어나 야외에서도 사용 가능한 '스테인리스 육각 볼트' 4×6mm
❷ 육각봉 스패너로 조이는 '스테인리스 육각구멍붙이 볼트 전나사' 3×25mm
❸ 기계나 건축, 차량 등에 사용하는 '스테인리스 십자구멍붙이 육각 업셋 볼트' 4×6mm
❹ 필요한 길이만큼 잘라서 사용하는 '스테인리스 전산 볼트' 6×285mm
❺ 배관을 구조물에 조여서 고정시키는 '스테인리스 U 볼트' 적용 가능한 파이프 바깥지름 17.3mm, 25×36mm
❻ 끌어올리기 위한 고리가 있는 볼트 '스테인리스 YT 아이 볼트' 32.6×16mm
❼ 나비의 날개 모양을 한 손잡이 부분을 손으로 조작할 수 있는 '스테인리스 나비 볼트' 4×8mm
❽ 골함석을 C형강 등에 설치할 수 있는 '채널 볼트' 1/4×30×90mm
❾ 기계 설비 등의 높이를 미세하게 조정하는 '스테인리스 어드저스트 볼트 B-1' 12×100mm

강도가 필요한 곳을 고정시킬 때는 볼트와 너트를 조합해서 사용한다

못이나 나무나사로도 부재를 연결할 수는 있지만 강력하게 접합시켜야 할 때는 볼트와 너트 또는 작은나사와 너트를 조합하는 것이 가장 좋다. 형태는 다양하지만 기본적으로 볼트나 작은나사를 부재에 통과시키고, 반대편에서 너트로 조여 고정시킨다. 헐거워질 것 같거나 부재가 부드러워 흠집이 생길 것 같은 경우에는 그 사이에 와셔(washer, 자릿쇠)를 끼워 고정시킨다.

볼트와 작은나사는 사이즈와 사용 방법에서 차이가 난다. 볼트는 렌치나 스패너로 조이기 때문에 비교적 사이즈가 큰 편이지만, 작은나사는 나무나사 등과 사이즈가 비슷하며 일자 드라이버나 십자 드라이버로 조인다.

볼트와 작은나사 모두 강도가 높은 강철이나 철, 스테인리스 등에 사용된다. 야외나 습기가 많은 곳에 사용할 경우에는 녹이 잘 슬지 않는 스테인리스 재질이 적합하다.

현재 사용되고 있는 나사는 대부분 지름과 피치(pitch, 이웃해 있는 나사산의 간격)를 밀리미터 단위로 정한 ISO 규격인 '미터 나사(metric thread)'를 따르고 있다. 볼트와 너트의 규격이 차이 나지 않도록 구입할 때 꼼꼼하게 따져보자.

【 피치 】 피치는 ISO 규격에서 'M3×0.5' 등으로 표기된다. 이것은 '나사 지름이 3mm이며, 피치는 0.5mm'라는 뜻이다. 이러한 규격을 일반적으로 '미터 나사'라고 부른다. 이 밖에도 'W3/8×16' 등으로 표기되는 '인치 나사(inch thread)' 표기법도 있으므로 혼동하지 않도록 주의하자.

【 전산볼트 】 머리가 없고 길이가 300~2000mm인 나사봉. 건축 현장에서 사용 직전까지 길이가 정해지지 않은 부분에 필요한 만큼 잘라서 사용하거나, 머리가 있으면 곤란한 부분 혹은 양쪽 끝에 너트를 사용해도 되는 부분 등에 사용한다.

너트

볼트나 작은나사에 끼우는 부품이다. 손으로 조일 수 있는 나비 너트 등 다양한 종류가 있지만 반드시 볼트의 나사 지름과 피치가 맞는 제품을 준비해야 한다. 판 너트는 인치 계열인 경우가 많으므로 주의하자.

와셔

자릿쇠 또는 좌금이라고도 한다. 볼트와 너트 사이에 끼우는 부품으로 재질도 다양하다. 플랫 와셔(flat washer)나 스퀘어 와셔(square washer)는 부드러운 소재의 면을 보호하고, 스프링 와셔(spring washer)나 이붙이 와셔(toothed lock washer)는 풀림을 방지하는 데 쓰인다.

❶ 육각 너트
❷ 캡 너트
❸ 판 너트
❹ 아이 너트
❺ 나비 너트
❻ 플랜지 너트
❼ U 너트
❽ 용접 너트
❾ 육각 너트

❶ 플랫 와셔
❷ 스퀘어 와셔
❸ 스프링 와셔
❹ 로제트 와셔(rosette washer)
❺ 내치형 와셔
❻ 외치형 와셔

❶ 스테인리스 육각 너트 10×5mm
❷ 캡(cap) 형태여서 안전한 '스테인리스 캡 너트' 5×5.5mm
❸ 판 너트 유니크롬 6×1.6mm
❹ 매달 수 있는 고리가 달린 너트 'YT 스테인리스 아이 너트' 32.6×39.3×16mm
❺ 스테인리스 나비 너트 11×21×4mm
❻ 풀림 방지용 '플랜지 육각 너트' 10×4.2mm
❼ 풀림 방지용 'U너트 유니크롬(광택 크로메이트)' 4.6×3.9mm
❽ 용접 고정용 '스테인리스 육각 용접 너트' 6×13B×1.0mm
❾ 육각 너트 10×17×25mm

❶ 스테인리스 소형 와셔 3×6×0.5mm
❷ 목재처럼 부드러운 재질에 사용하는 스테인리스 스퀘어 와셔' 17×1.2mm
❸ 이완 방지용 '스테인리스 스프링 와셔 2호' 5.9×0.7mm
❹ 둥근접시머리 나무나사 전용 와셔 '스테인리스 로제트 와셔' 10×2mm
❺ 안쪽 지름에 붙어 있는 이가 부재에 파고들어 이완을 방지하는 '스테인리스 내치형 와셔' 6.5×0.45mm
❻ 이완 방지용 '외치형 와셔' 4.8×0.3mm

작은나사

소재에 파고들어 고정시키는 나무나사 등과 달리 작은나사는 나사의 끝부분이 평평하다. 작은나사는 너트를 끼워 고정시키므로 형태는 볼트와 동일하다. 드라이버로 조인다.

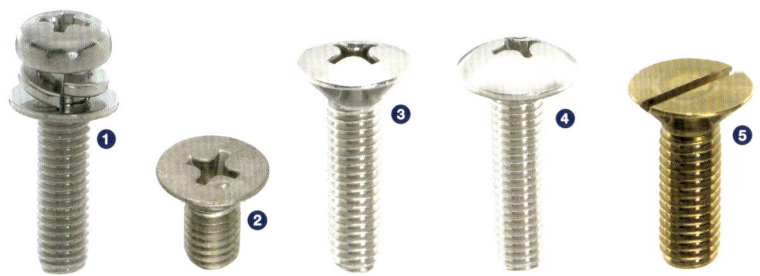

❶ 십자구멍붙이 냄비머리 작은나사에 스프링 와셔와 소형 플랫 와셔를 조합해서 풀리지 않는 '스테인리스 스프링와셔 소형 플랫 와셔 조합 십자구멍붙이 냄비머리 작은나사' 3×6mm ❷ 십자구멍붙이 작은나사 '스테인리스 십자구멍붙이 접시머리 작은나사' 3×5mm ❸ 머리 부분이 조금 튀어나와도 안전한 '스테인리스 십자구멍붙이 둥근접시머리 작은나사' 3×6mm ❹ 큰 나사머리가 나사 구멍을 가려주는 '스테인리스 십자구멍붙이 트러스머리 나사' 3×5mm ❺ 부재에 머리 부분이 튀어나오지 않는 볼트 '놋쇠 일자홈 접시머리 작은나사' 10×20mm

제품을 알맞게 조합하기 어렵다면

와셔 조립 볼트

DIY 전문점에서 판매하는 방대한 종류의 제품 중에서 최적의 조합을 찾아내기란 쉬운 일이 아니다. 그럴 때는 와셔 조립 볼트를 사용해보자. 와셔나 스프링 와셔 등이 세트로 되어 있어 곧바로 작업을 시작할 수 있다.

【 일자형 나사 】 나사머리에 일자형 홈이 나 있는 나사다. 작업성이 뛰어난 십자형 나사가 발명된 후 이용량이 크게 줄었지만 단순한 형태 덕분에 오히려 디자인적인 측면에서 유용하게 쓰일 수 있다. 한 번쯤 사용해볼 만하다.

Ancor·Plug·Hook

벽에 물건을 걸 때 반드시 필요한 부품. 어느 벽에나 사용할 수 있다
앵커·플러그·걸이용 철물

콘크리트용

콘크리트용은 반드시 진동 드릴로 기초 구멍을 뚫은 후 삽입한다.

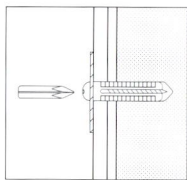 

콘크리트 플러그
콘크리트, 벽돌, 대리석, 타일 등 온갖 경질 벽에 사용할 수 있다.
콘크리트 플러그●납●드릴 지름 4.5mm

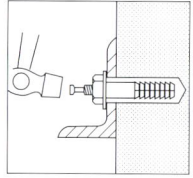 

심봉 삽입식
부속 심봉을 박는 타입이다. 수나사를 묻었을 경우에 사용한다. 석재에도 사용 가능하다.
YT 앵커●철(크로메이트 도금)●드릴 지름 4.3mm

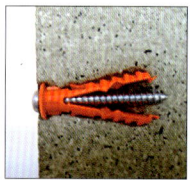 

스핏 앵커
내열·내후성이 있는 공회전 방지용 벽이 콘크리트 내부에서 열려 나사못을 단단히 고정시킨다.
'스핏 앵커' 후지홈●나일론 수지●드릴 지름 5mm

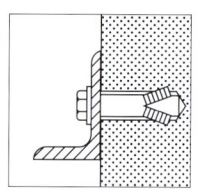 

본체 삽입식
본체를 박는 타입이다. 암나사를 묻었을 경우에 사용한다. 석재에도 사용 가능하다.
YT 플러그●철(크로메이트 도금)●드릴 지름 11mm

접착계 앵커

기초 구멍에 앵커를 넣고 긴 나사 등을 드릴로 회전시키면서 박으면 화학반응이 일어나면서 경화된다.

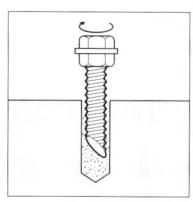 

에폭시 앵커
내한성, 내약성, 내식성이 뛰어난 접착계 앵커다. 변질이나 노화에도 강하다.
케미컬 센터 AP●8×70×2.7mm

ALC용 앵커

ALC는 경량기포 콘크리트(Autoclaved Light Weight Concrete)의 약자로 패널 타입의 외벽재다. ALC용 앵커에는 암나사와 수나사 타입이 있다.

다보 앵커
ALC 내부를 파괴하기 어려운 스크류식이다. 충격이나 진동에도 위력을 발휘한다.
'다보 앵커' 후지홈●나일론수지●드릴 지름 12mm

벽의 재질·구조별로 최적의 제품을 선택한다

벽이나 기둥에 무엇인가를 설치할 때는 히톤(히톤 나사)이나 후크 같은 걸이용 철물을 많이 사용한다. 하지만 석고보드나 콘크리트로 된 벽은 못이나 나사가 잘 들어가지 않는 데다 힘겹게 박더라도 서서히 떨어질 위험이 있다. 이들 벽에 안전하면서도 확실하게 무엇인가를 설치하고 싶다면 앵커나 플러그를 이용하는 것이 효과적이다.

앵커나 플러그는 콘크리트나 ALC 보드, 석고보드 등과 같은 건축재에 물건을 걸거나 설치할 때 쓰는 접합재다. 사용 가능한 재질별로 종류도 다양하며 복잡한 형태를 띤 것도 많다.

그러나 사용 방법은 그리 어렵지 않다. 대다수의 제품은 드릴로 기초 구멍을 뚫은 후 철물을 끼우고 함께 들어 있는 핀을 박거나 설치용 나사를 조이기만 하면 된다. 오히려 중요한 것은 제품을 선택하는 방법이다. 벽의 재질이나 구조, 두께, 설치용 나사의 지름, 설치할 물건의 중량 등을 총체적으로 파악해야만 적절한 제품을 고를 수 있다.

【 **인발강도**(pull-out strength) 】 잡아서 끌어당겼을 때 얼마만큼의 힘으로 뽑을 수 있는지를 계측한 수치를 말한다. 벽의 재질이나 상태에 따라 차이가 나므로 안전을 위해 기준을 3분의 1 이하로 잡는다.

석고보드용

최근 주택에서 가장 많이 사용하고 있는 것이 석고보드로 된 중공벽이다. 바탕이 없는 장소에 못을 박을 수는 없지만 석고보드용 제품을 사용하면 기초 구멍 없이 손쉽게 설치할 수 있다.

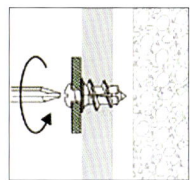

FH 앵커 Y형
본체가 짧아서 벽 안쪽에 있는 좁은 보드에 설치하기에 좋다. 폭넓은 지름의 나사를 사용할 수 있어 연결감이 좋다.
'FH 앵커 Y형' 후지홈●ABS수지●드릴 지름 5.8mm~

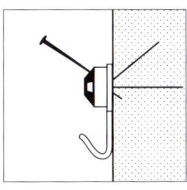

석고못
드릴이 필요하지 않아 손쉽게 설치할 수 있다. 함께 들어 있는 가는 못을 박아 캡을 씌운다. 못 구멍도 눈에 띄지 않는다.
●스테인리스/ABS수지●34×14mm

중공벽용

중공벽은 벽 뒤쪽이 비어 있는 벽을 말한다. 중공벽은 대부분 두께가 얇기 때문에 중공벽용 제품은 벽을 관통해서 날개를 펼치는 방식으로 되어 있다. 중량을 초과하면 벽이 무너질 수 있으므로 주의해야 한다.

중공용 앵커
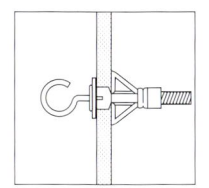
가장 일반적인 중공 플러그. 기초 구멍에 꽂아 부속 나사못과 공구로 연결한다.
●철(유니크롬 도금)●드릴 지름 8mm

신축식 플러그
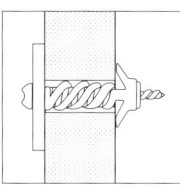
5~25mm 두께의 벽에 사용할 수 있는 신축식 플러그다. 벽 뒤의 공간이 좁더라도 사용할 수 있다.
모노막스●폴리에틸렌●기초 구멍 지름 8mm

만능형

석고보드나 콘크리트 등 다양한 재질에 사용할 수 있는 만능 타입. 강도는 다소 떨어지지만 벽의 재질을 제대로 알지 못하더라도 간단히 설치할 수 있다.

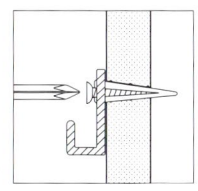

급결제 병용 플러그
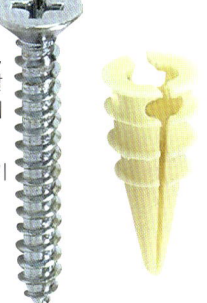
기초 구멍만 있으면 콘크리트, 중공벽 등에 다용도로 사용할 수 있다. 함께 들어 있는 급결제로 단단히 고정시킨다.
YA 솔리드 앵커●폴리에틸렌●기초 구멍 지름 3~3.5mm

날개형 플러그
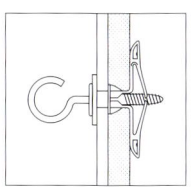

펼쳐져 있는 날개를 접어 기초 구멍에 넣고 부속 핀을 찌른다. 중공벽부터 진벽(기둥을 노출한 벽)까지 사용할 수 있다.
극세 슬림군●고밀도 폴리프로필렌●나사 길이 20mm + 설치 두께

걸이용 철물

기둥이나 문살 등의 목재부에 물건을 걸고 싶을 때 걸이용 철물을 이용하면 편리하다. 후크형 키고리, L자형 키고리, 히톤 이외에도 다양한 종류의 고리가 있다. 전통 건축에서 볼 수 있는 상인방용 고리와 중인방용 고리도 이와 유사하다.

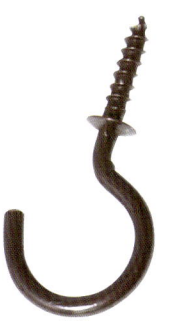
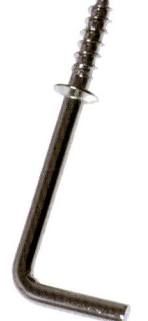

❶요토●철, 놋쇠 외●총 길이 20mm
❷요오레●철, 놋쇠 외●총 길이 22mm
❸히톤●철, 놋쇠, 스테인리스 외●총 길이 16mm

❶후크형 키고리　❷L자형 키고리　❸히톤

기초지식 — 중공 구조의 벽 구조

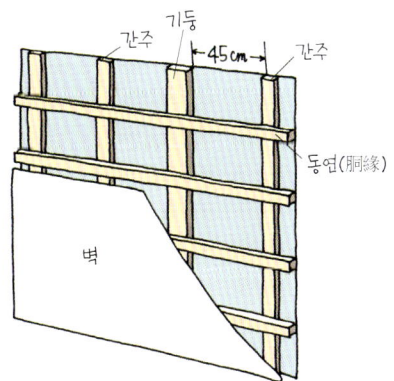

중공 구조의 벽 뒤에는 기둥과 기둥 사이에 45cm 간격으로 간주가 들어 있으며 여기에는 못을 박을 수 있다. 벽을 가볍게 두드리면 소리로 알 수 있지만 더욱 확실한 방법은 시판용 간주 센서를 사용하는 것이다.

Reinforcement Plate

목공작품의 조인트 부품으로 사용. 가구의 쓰러짐 방지 등에 쓰인다

보강 철물

아이디어에 따라 다양한 용도로 쓰인다

보강 철물은 소형 목제 상자에 쓰이는 철물부터 목조건축용 철물까지 다양하지만 이 책에서는 DIY 목공작품이나 일상생활에 활용하기 쉬운 제품들을 소개하고자 한다.

목공작품용 제품은 목재의 조인트 부분에 사용되는 철물이다. 접합 부분에 부품을 갖다 댄 후 나무나사로 고정시킨다. 이러한 작업만으로 손쉽게 상자 형태를 완성시킬 수 있다. 못이나 나무나사만으로 조립할 때보다 강도가 높아지는 이점이 있다. 단, 부품 한 개의 가격은 저렴한 편이지만 모든 접합 부분에 사용할 경우 비용이 상당히 증가한다는 단점이 있다. 최대한 적은 예산으로 작업을 끝마쳐야 할 때는 부분적으로 사용하는 방법도 있다.

일반용 철물은 형태가 매우 다양하여 가구의 쓰러짐 방지나 알루미늄 채널·파이프의 설치 등에 이용할 수 있다. 다양한 나사 지름에 적용 가능하도록 크고 작은 구멍이 뚫려 있는 경우가 많다.

목공작품용

일자, 평L자, T자는 평면에 사용하고 이방면과 삼방면은 코너에 사용한다. 재질로는 유니크롬 도금, 스테인리스제, 도장 마감 등이 있다.

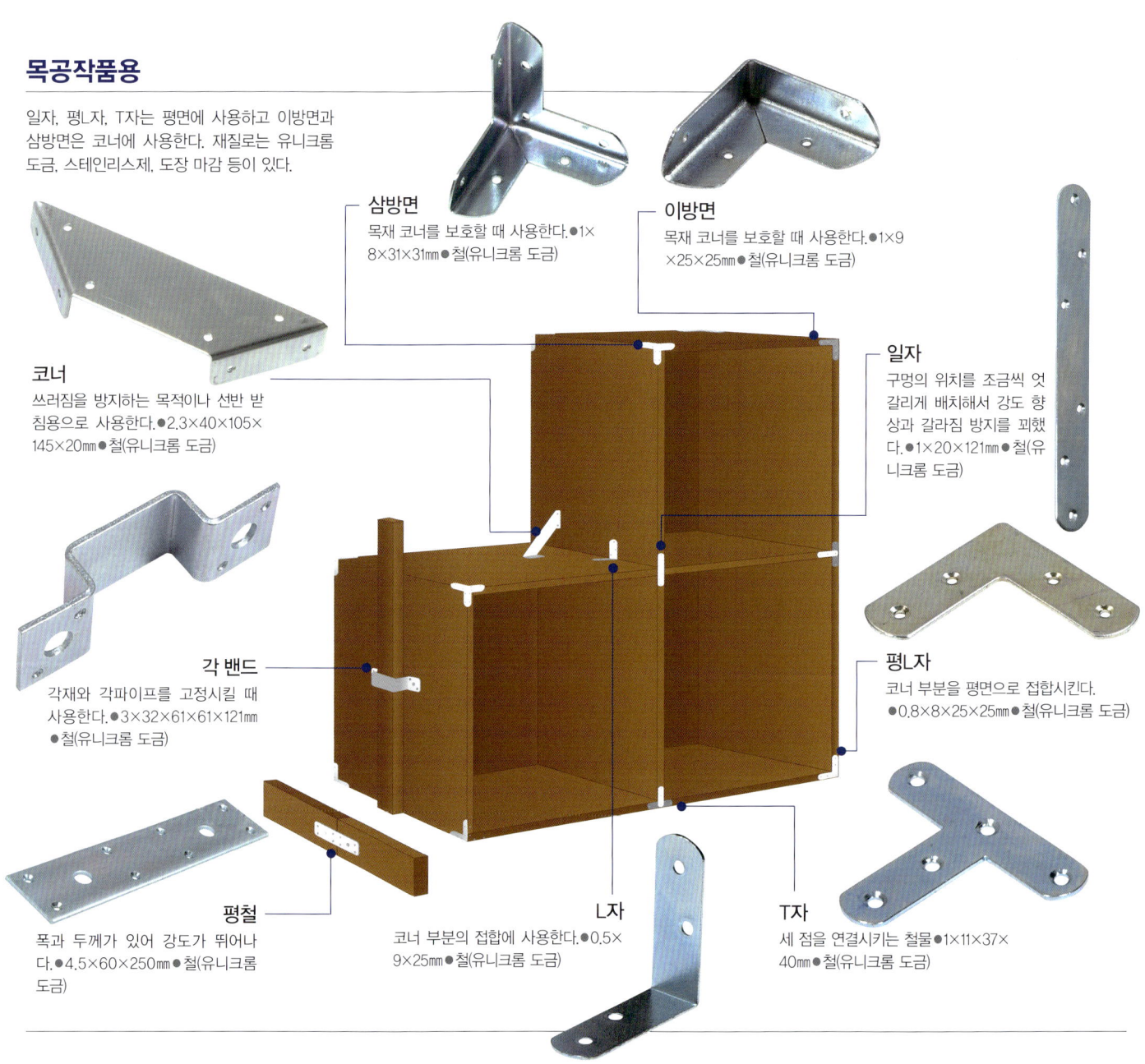

삼방면
목재 코너를 보호할 때 사용한다. ●1×8×31×31mm ●철(유니크롬 도금)

이방면
목재 코너를 보호할 때 사용한다. ●1×9×25×25mm ●철(유니크롬 도금)

코너
쓰러짐을 방지하는 목적이나 선반 받침용으로 사용한다. ●2.3×40×105×145×20mm ●철(유니크롬 도금)

일자
구멍의 위치를 조금씩 엇갈리게 배치해서 강도 향상과 갈라짐 방지를 꾀했다. ●1×20×121mm ●철(유니크롬 도금)

각 밴드
각재와 각파이프를 고정시킬 때 사용한다. ●3×32×61×61×121mm ●철(유니크롬 도금)

평L자
코너 부분을 평면으로 접합시킨다. ●0.8×8×25×25mm ●철(유니크롬 도금)

평철
폭과 두께가 있어 강도가 뛰어나다. ●4.5×60×250mm ●철(유니크롬 도금)

L자
코너 부분의 접합에 사용한다. ●0.5×9×25mm ●철(유니크롬 도금)

T자
세 점을 연결시키는 철물 ●1×11×37×40mm ●철(유니크롬 도금)

06 | 철물 / 보강 철물

일반용

목공작품용 철물에 비해 구멍의 지름이 크고 볼트와 너트로 고정시킬 수 있다. 타원형 구멍이 있어서 설치 위치를 미세하게 조정하기 쉽다. 스테인리스 재질로 된 제품도 있다.

❶ I형
직선형 철물. 다양한 용도로 사용할 수 있다. ●16×60mm ●철(양이온 전착도장)

❷ A형
사다리꼴 형태의 보조 철물 ●폭 25. 전체 길이와 높이 등은 다양하다. ●철(양이온 전착도장)

❸ L형
코너 등에 사용할 수 있는 직각 형태의 보조 철물 ●폭 25×59×39mm ●철(양이온 전착도장)

❹ V형
둔각을 이루는 고정용 보조 철물 ●폭 25×39×39mm ●철(양이온 전착도장)

❺ Y형
각도 부분 접합에 사용한다. ●폭 25×45×51×45mm ●철(양이온 전착도장)

❻ Z형
직각을 서로 연결하는 보조 철물 ●폭 25×37×53×37mm ●철(양이온 전착도장)

❼ J형
갈고리형 보조 철물 ●폭 25×20×26×74mm ●철(양이온 전착도장)

❽ 실크해트 형
손잡이 형태의 보조 철물 ●폭 16×10×10×20mm ●철(양이온 전착도장)

❾ ㄷ형
3면이 접합 가능한 타입이다. ●폭 16×25×19×25mm ●철(양이온 전착도장)

❿ 꼬임형
90도로 꼬임을 가한 철물 ●폭 25×100mm ●철(양이온 전착도장)

⓫ 곡판(曲板)
임의로 구부려 사용한다. ●폭 15×100mm ●철(흑아연 도금)

⓬ 앵글
직각인 면으로 접합하는 보조 철물 ●폭 25×25×200mm ●철(양이온 전착도장)

⓭ 파이프용 스테이
지름이 25mm인 파이프를 고정시킬 때 사용한다. ●폭 25×105×20mm ●스테인리스

Pipe Adapter·Shelves Catch

물건을 걸거나 얹기 위한 철물. 강도를 최우선으로 삼는다

파이프용 철물·선반 받침

파이프용 철물

주로 스테인리스로 만들어진 금속 파이프는 다양한 용도로 사용된다. 파이프 사이즈는 9.5㎜, 13㎜, 16㎜, 19㎜, 25㎜, 32㎜, 38㎜로 총 7종류가 있다. 특히 지름이 32㎜인 파이프는 그립감이 좋아 난간용으로 많이 쓰인다. 또 장롱의 옷걸이봉으로 쓸 수도 있고 지름이 더 작은 파이프는 수건걸이로 활용하는 등 얼마든지 다양한 용도로 사용할 수 있다.

❶파이프 고정구
난간이나 행거 파이프의 받침용●적용 가능한 파이프 지름: 9.5~32●막힘형 지름 10, 뚫림형 지름 10●아연 다이캐스팅/크롬 도금●나사 포함

❷파이프 브래킷
'막힘형'은 파이프 끝부분에 사용한다.●적용 가능한 파이프 지름: 9.5~38●막힘형 지름 10, 뚫림형 지름 10●아연 다이캐스팅/크롬 도금●나사 포함

❸긴 파이프 브래킷
파이프를 고정시킬 때 어느 정도 높이를 유지한다.●적용 가능한 파이프 지름: 9.5~32●막힘형 지름 10, 뚫림형 지름 10●아연 다이캐스팅/크롬 도금●나사 포함

❹소켓
가구나 벽장 등의 안쪽에 행거 파이프를 고정시킨다.●적용 가능한 파이프 지름: 9.5~32●지름 10●아연 다이캐스팅/크롬 도금●나사 포함

❺U자 소켓
나사머리가 안쪽 면에 위치하므로 외관상 깔끔하다.●적용 가능한 파이프 지름: 25, 32●지름 25●아연 다이캐스팅/크롬 도금●나사 포함

❻연결 부속
파이프 접속 철물●적용 가능한 파이프 지름: 19~32●스트레이트 지름 19, 엘보우 지름 19, 치즈 지름 19, 크로스 지름 19, 삼방 지름 19●아연 다이캐스팅/크롬 도금

❼S자 고리
파이프에 물건을 매달기 위한 용도●사용 가능한 파이프 지름: 19~32●지름 19/스테인리스

❽파이프 마감캡
파이프의 끝부분에 끼워 깔끔하게 마감하는 부속품●사용 가능한 파이프 지름: 19~32●지름 19용●ABS수지/니켈 도금

❾타원 파이프용
●사용 가능한 파이프: 타원 스테인리스 파이프 35×19㎜ ●브래킷(막힘형), 브래킷(뚫림형), 소켓●아연 다이캐스팅/크롬 도금

06 | 철물 / 파이프용 철물·선반 받침

정리 정돈과 수납에 편리한 파이프와 선반

수납의 비결은 실내의 죽은 공간을 잘 활용하는 것이다. 예를 들어 벽면이나 벽장문의 윗부분이나 화장실 문 위의 공간 등에 선반을 설치하면 상당한 수납공간을 확보할 수 있다. 또 벽에 파이프를 설치하면 편의성이 향상된다. 화장실 벽에 칫솔을 걸고 부엌 벽에 평소 사용하는 조리 도구를 걸어 절약한 공간을 다른 용도로 활용할 수도 있다.

선반 받침

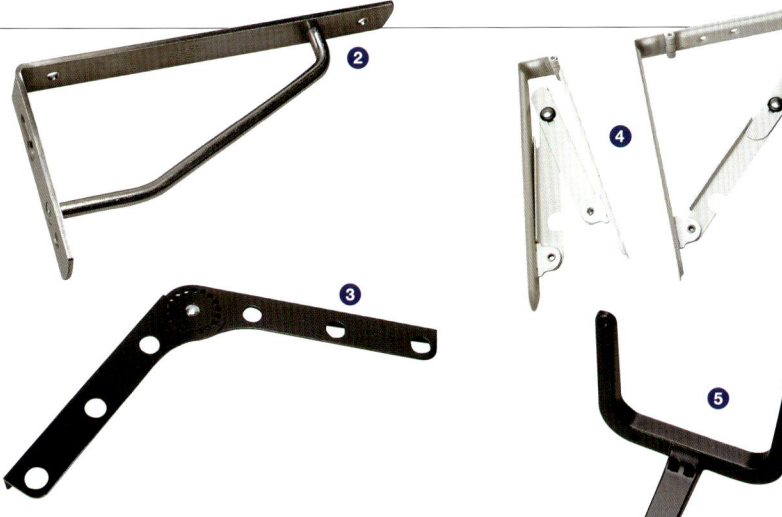

벽에 선반을 걸기 위해서는 다양한 철물을 사용할 수 있다. 기본적으로 L자형이나 삼각형 제품을 사용하지만 선반 기둥을 세워 그 위에 선반 받침을 장착하는 제품이나 보조 선반으로 사용할 때만 펼쳐서 사용하는 접이식 제품, 작은 화분 등을 올리는 선반을 놓기 위한 포크 형태의 제품 등 다양한 제품이 판매되고 있다. 받침을 설치할 때는 벽 내부를 자세히 살펴본 후 기둥에 나사를 박거나 앵커나 플러그를 사용해 단단히 고정시키는 것이 중요하다.

❶ L자형
심플한 형태의 L자형 선반으로 경량용이다. 긴 변을 벽면에, 짧은 변을 선반에 고정시키는 경우가 많다. 목제 타입이기에 목판과 잘 어울린다.
● 150×200㎜, 200×250㎜, 250×300㎜ ● 내하중: 모두 2개에 20㎏ ● 천연목 적층합판

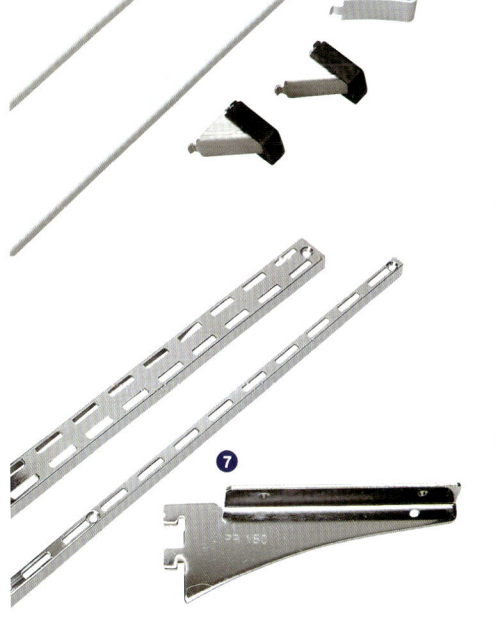

❷ 지지대 포함형
L자형 선반 받침에 지지대가 달린 타입이다. 스테인리스 제품으로 녹이 잘 슬지 않아 부엌이나 욕실에서도 사용할 수 있다. 사이즈도 다양하며 크기가 큰 제품은 무거운 무게도 견딜 수 있다.
● 120×60㎜/내하중: 1개에 15㎏, 300×150㎜/내하중: 1개에 26㎏

❸ 각도 자유형
축에 핀을 꽂아 원하는 각도로 고정할 수 있다. 스피커를 설치할 때도 편리하며 경사가 진 벽에도 설치할 수 있다. 지름이 13㎜인 파이프 3개를 구멍에 통과시키면 근사한 선반으로 변신한다.
● 200×200㎜/내하중: 2개에 40㎏ ● 열간압연강판/멜라민 코팅

❹ 접이식
필요한 만큼 펴서 사용할 수 있는 편리한 접이식 선반 받침이다. 좁은 공간에서도 사용할 수 있으며 보조 선반으로 쓰거나 작은 사이즈의 임시 테이블을 설치할 때도 활용할 수 있다.
● 200×200㎜/내하중: 40㎏, 300×300㎜ ● 내하중: 40㎏

❺ 포그헝
기둥처럼 좁은 부분에 이것만 설치하면 선반을 만들 수 있다. 선화나 꽃병, 탁상 램프 등을 원하는 높이에 설치할 수 있다.
● 200×200×120㎜ ● 블랙, 아이보리

❻ 가로설치식 선반 기둥 타입
서로 마주보듯이 설치하는 선반 기둥이다. 평평하지 않은 공간이나 캐비닛 등에 설치할 수 있다. 선반 받침의 위치를 자유롭게 고를 수 있다. 고무가 부착된 제품은 유리판에 사용하면 좋다.
선반 기둥 ● 2000㎜ ● 내하중: 30㎏
고정 받침 ● 스탈

❼ 선반 기둥 타입
선반의 수와 위치를 자유롭게 결정할 수 있는 선반 기둥 타입이다. 무거운 물체를 올릴 수도 있지만 중공벽에 설치할 때는 반드시 앵커나 플러그를 이용해야 한다.
선반 기둥 ● 싱글 타입/60㎝, 더블 타입/60㎝
고정 받침 ● 150㎜

Hinge

문과 창문을 부드럽게 여닫게 하는 정밀 철물

경첩

**내하중성이 가장 중요하므로
실물을 직접 확인한 후 구입하자**

문을 설치할 때 사용하는 부품으로 힌지(hinge) 또는 경첩이라 불린다. 용도나 특징은 다양하지만 이것만으로 문을 지탱하고 회전축 역할을 하게 되므로 강도에 주의해야 한다.
내하중 정도가 표시되어 있지 않은 경우가 많으므로 일단 설치할 문의 종류와 두께, 폭, 중량을 메모한 후 DIY 전문점 직원에게 상담을 받는 것이 좋다. 설치할 때는 기본적으로 나무나사를 사용한다.

기초지식 | 사각 경첩의 설치 방법

사각 경첩은 기본적으로 경첩의 길이만큼 위아래에 간격을 두고 설치해야 안정적이다. 경첩을 설치할 때는 문 쪽을 먼저 붙인다. 경첩을 설치할 자리를 끌로 경첩의 두께만큼 파낸 후 문 → 측판의 순서대로 설치한다.

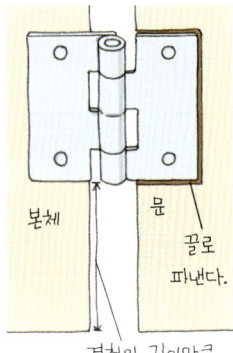

사각 경첩

날개 부분이 평평하고 사각인 경첩을 사각 경첩이라고 한다. 분리 경첩(기보시 경첩, 누카사시 경첩), 프랑스 경첩 등은 분리가 가능해 작업성이 뛰어나다. 경첩을 설치할 때는 기본적으로 문 쪽 경첩 자리를 경첩의 두께만큼 끌로 파내야 한다.

❶ 사각 경첩
소품부터 창호까지 폭넓게 사용되는 경첩이다. 날개 부분은 떼어낼 수 없다. 무거운 문에는 적합하지 않다.
스테인리스 사각 경첩 ●21×25.5mm
●재질: 스테인리스

❷ 피아노 경첩
피아노에 사용되므로 피아노 경첩이라 불린다. 장경첩이라고도 한다. 중량이 어느 정도 나가는 문이나 휘기 쉬운 얇은 문에 사용한다.
●전체 길이: 150mm, 900mm
●재질: 스테인리스

❸ 드롭 경첩
캐비닛의 문 등에 사용한다. 앞으로 끌어당겨 여는 문에 사용한다.

❹ 이지 경첩
닫았을 때 좌우 날개가 겹치지 않으므로 설치할 때 끌로 경첩 자리를 파낼 필요가 없다. 창호에 적합하다.
●89mm ●나무나사 포함

❺ 프랑스 경첩
프랑스에서 들어온 경첩이다. 축이 두껍고 디자인이 고급스럽다. 날개 부분도 떼어낼 수 있다. 창호에 적합하다.
●재질: 놋쇠

❻ 분리 경첩
날개 부분뿐만 아니라 축도 떼어낼 수 있어 작업성이 뛰어나다. 대문이나 무거운 문에 적합하다.

❼ 누키사시 경첩
주로 상자나 캐비닛에 사용된다. 경첩을 좌우로 간단히 떼어낼 수 있다.
●50mm

❽ 경첩 고리
축을 뺄 수 있기 때문에 경첩이 부착된 채로 문을 분리할 수 있어 편리하다. 창호에 적합하다.
●39×50mm ●재질: 철, 청동 도금

【 우경첩·좌경첩 】 문이 열리는 쪽에서 봤을 때 오른쪽에 경첩이 붙은 문은 우경첩, 왼쪽에 경첩이 붙은 문은 좌경첩이라고 부른다.

【 기보시 경첩(擬宝珠丁番) 】 사각 경첩과 유사한 경첩으로 축의 위아래에 버튼이나 칼 모양의 장식이 붙어 있다. 축의 중심축을 벗기면 좌우가 분리되므로 중량문에도 쉽게 매달 수 있다.

06 | 철물 / 경첩

자유 경첩

안쪽과 바깥쪽으로 자유롭게 여는 문에 사용한다. 너클(knuckle)이라고 부르는 축 부분에 코일 스프링이 들어 있어 문을 열면 스프링의 반동으로 자동적으로 문이 닫힌다. 문이 여닫히는 정도는 부속품인 핀을 꽂는 위치에 따라 조정할 수 있다.
- 64㎜, 76㎜, 101㎜ ● 철/검은색 도장

Z 경첩

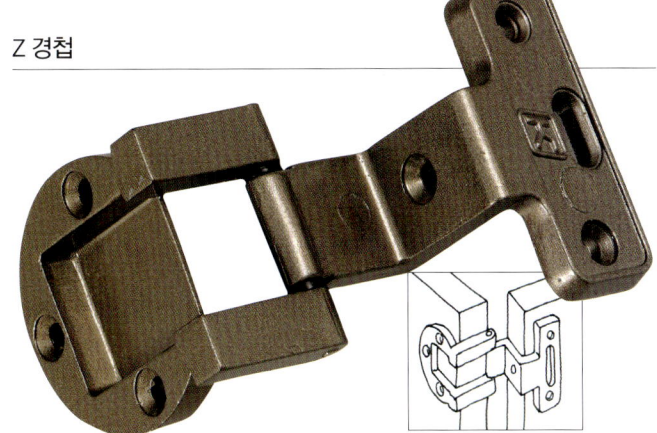

문의 세로 측면에 설치하는 경첩으로 날개 부분이 꺾여 있는 것이 특징이다. 문을 열었을 때 바깥쪽에서 경첩이 전혀 보이지 않는다. 형태에 맞춰 문과 측판을 끌이나 트리머로 파야야 하므로 시공하기가 다소 까다롭다.
- 20×20㎜ ● 아연 다이캐스팅 ● 나무나사 포함

옛날 경첩

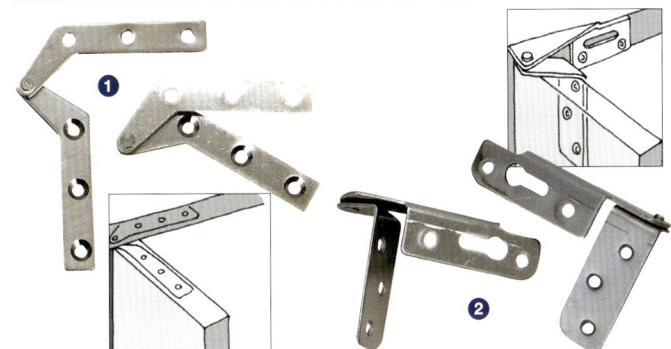

싱크대 밑 등에 자주 쓰이며 테두리 안에 문이 들어가는 '인세트 타입'과 테두리를 따라 문을 덮는 '아웃세트 타입'으로 나뉜다. 위아래에 경첩의 두께만큼 틈이 생긴다.
❶ 폭 19×접었을 때 60㎜/좌우 세트
❷ 좌우 세트

숨은 경첩

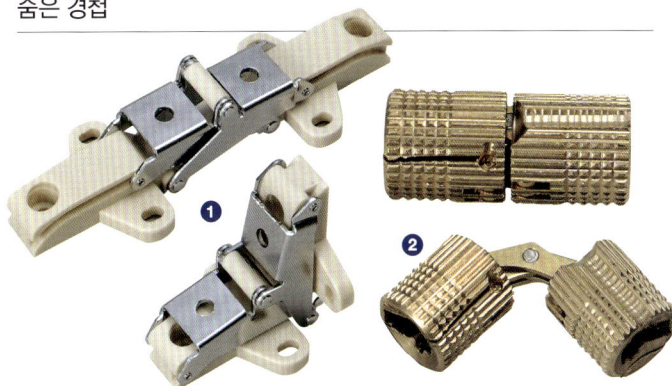

문을 닫으면 경첩이 전혀 보이지 않는다. 문과 측판에 홈을 파서 경첩을 그 안에 넣는 타입(오른쪽 사진: 원통형)과 홈을 파지 않고 표면에 직접 설치하는 타입(왼쪽 사진: 각형) 등이 있다.
❶ 완전히 펼쳤을 때 116×24㎜, 수지·철/태핑 나사 포함
❷ 지름 10, 지름 12

유압식 고급 경첩

가구에 가장 많이 쓰이는 타입이다. 문을 닫으면 경첩이 보이지 않는다. 측판에 자릿쇠 부분을 설치하고, 문에 소켓을 설치한다. 설치 후에도 밀리미터 단위로 미세한 조정이 가능하다. 설치할 때 경첩을 설치할 자리를 파야야 한다.

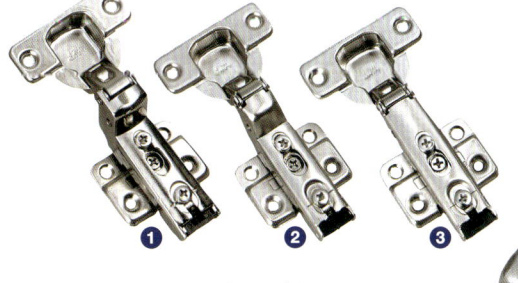

유압식 고급 경첩은 문을 측판 안쪽에 완전히 감추는 인세트 타입(사진 ❶)과 문을 측판에 절반 정도만 겹치게 하는 타입(사진 ❷) 그리고 측판을 완전히 덮는 타입(사진 ❸)으로 나뉜다. 세 타입 모두 소켓의 지름은 35㎜이다.

 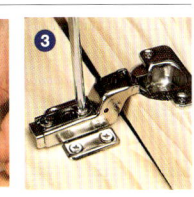

❶ 유압식 고급 경첩을 설치할 때는 우선 드라이버드릴에 힌지 커터를 장착한 다음 문 쪽에 구멍을 뚫고 소켓을 심는다. ❷ 그다음 측판에 자릿쇠를 설치한다. ❸ 마지막으로 소켓과 자릿쇠를 나사로 조인 다음 열리는 각도를 미세하게 조정한다.

Cabinet Hardware

스테이, 선반 다보, 슬라이드 레일. 수납 가구를 만들 때 반드시 필요하다

캐비닛용 철물

저마다 다른 목적의 세 철물을 적절하게 활용하자

캐비닛용 철물로는 스테이, 선반 다보, 슬라이드 레일이 있으며 이들 세 철물은 저마다 사용 목적이 다르다. 스테이는 문이 직각으로 열리도록 고정시키는 철물이다. 뷰로(bureau)에 쓰인다고 하면 어떤 철물인지 쉽게 떠올릴 사람도 있을 것이다. 선반 다보는 가구의 선반을 지탱하는 소형 철물을 말한다. 또 슬라이드 레일은 주로 책상 서랍에 쓰인다. 세 가지 철물 모두 캐비닛 등 가구를 제작할 때 반드시 필요한 철물이므로 종류와 특징을 자세히 알아두는 것이 좋다.

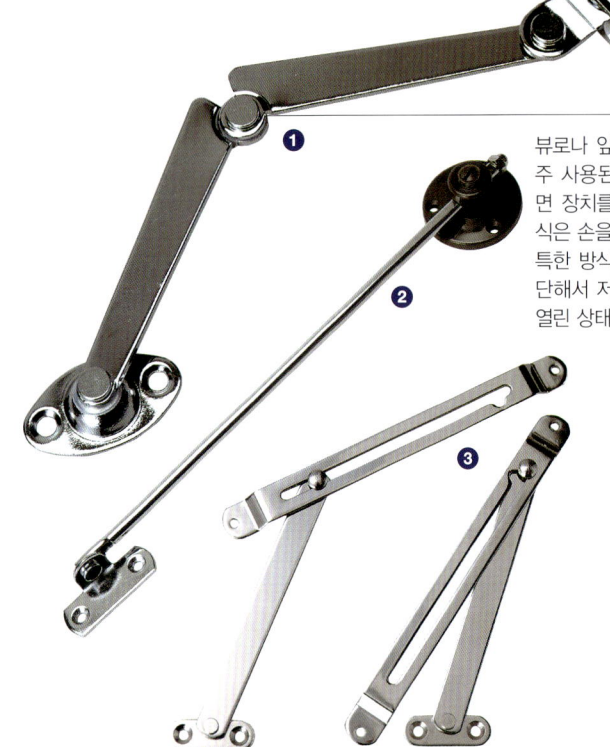

스테이

뷰로나 앞으로 잡아당겨서 여는 캐비닛 문 등에 자주 사용된다. 접이식은 잠금장치가 있어서 한 번 열면 장치를 풀지 않는 이상 닫히지 않는다. 슬라이드식은 손을 놓으면 문이 서서히 내려가면서 닫히는 독특한 방식으로 되어 있다. 회전식은 구조가 매우 간단해서 저렴한 제품이 많다. 세 가지 방식 모두 문이 열린 상태에서 스테이가 45도가 되도록 설치한다.

❶ 접이식
- 폈을 때의 길이 134mm, 106mm ●앞덮개용

❷ 회전식
- 지름 5×205mm

❸ 슬라이드식

선반 다보

다보는 선반의 위치를 바꾸고 싶을 때 사용한다. 여러 종류가 있지만 일반적으로 삽입식, 박음식, 조립식으로 나눌 수 있다. 삽입식은 선반 측판에 드릴 등으로 구멍을 뚫은 후 끼워 넣는다. 박음식은 다보의 끝에 못이 달려 있으므로 망치로 두드려 박으면 된다. 조립식은 드릴로 구멍을 뚫은 다음 암나사를 박는다. 일정한 간격으로 박아두면 자주 위치를 바꿀 수 있다.

❶ 삽입식
- 지름 3.5×6mm ●철·니켈

❷ 박음식
- 지름 8×몸통 길이 8.5×못 길이 9mm
- 브라운. 크림

❸ 조립식
- 다보와 다보 받침 세트(지름 9mm) 4쌍

다보 구멍을 뚫는 요령

스토퍼를 사용해서 깊이를 일정하게 한다

다보 구멍은 깊이가 일정해야 한다. 구멍을 뚫을 때 전동 드릴을 사용한다면 스토퍼를 장착하는 것이 좋다. 스토퍼가 없을 경우에는 드릴에 비닐 테이프를 감아서 표시한다.

시중에 판매되는 스토퍼

비닐 테이프를 감은 드릴

슬라이드 레일

슬라이드 레일에는 바닥 장착식, 옆면 장착식, 걸이식, 센터 장착식이 있다. 옆면 장착식은 서랍 측면에 설치한다. 일반적인 타입은 절반 정도밖에 열리지 않으므로 안쪽에 있는 물건을 꺼내기 어렵지만 2단 서랍용은 4분의 3, 3단 서랍용은 완전히 열 수 있다. 열리는 폭이 좁은 슬라이드 레일을 사용할 때는 상판과 서랍 사이가 넉넉한 것이 좋다. 걸이식 레일은 컴퓨터 책상 등의 테이블 상판을 앞으로 잡아당길 때 사용한다. 바닥 장착식 레일은 서랍의 바닥 부분에 설치하는 타입이다.
어느 타입의 레일이든 레일의 두께만큼 빈틈이 필요하므로 설계할 때 주의하자. 참고로 슬라이드 레일의 가격은 내하중에 따라 차이가 난다.

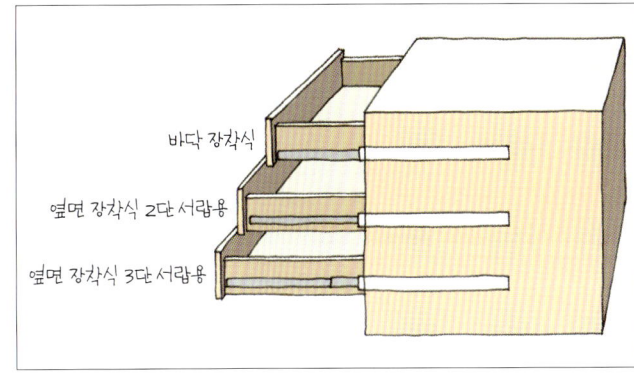

바닥 장착식 2단 서랍용
- 레일 길이 300mm/이동 거리 220mm
- 내하중 15~20kgf ● 강철/흰색 분체 도장

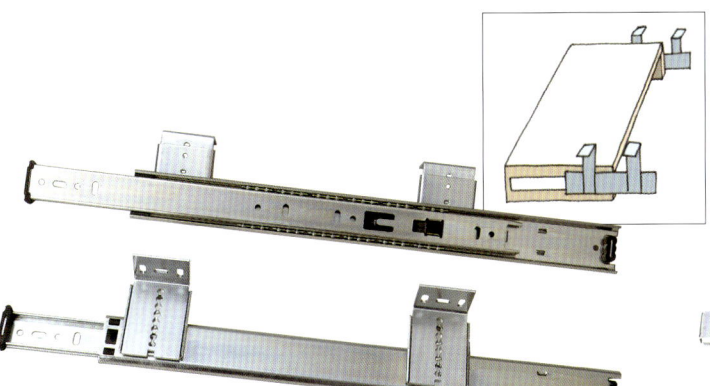

걸이식
- 레일 길이 300mm/이동 거리 199.6mm ● 내하중 30kgf ● 강철/광택 크로메이트 도금

옆면 장착식 2단 서랍용
- 레일 길이 300mm/이동 거리 218mm ● 내하중 20kgf ● 강철/광택 크로메이트 처리

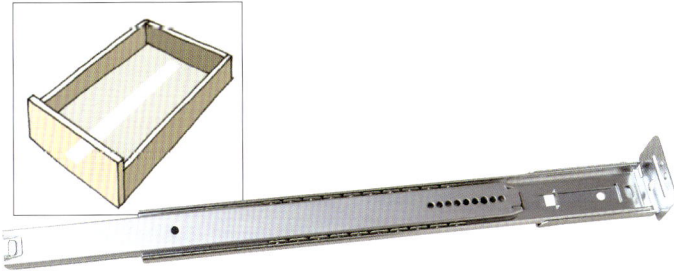

센터 장착식
- 레일 길이 300mm/이동 거리 224mm ● 내하중 7.5~8kgf ● 강철/광택 크로메이트 처리

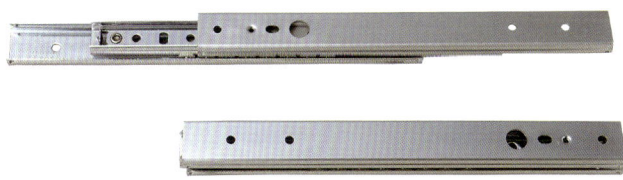

옆면 장착식 3단 서랍용
- 레일 길이 250mm/이동 거리 254mm ● 내하중 33~53kgf ● 강철/광택 크로메이트 처리

Handle & Stopper

문을 여닫을 때나 잠글 때, 사용감과 동작에 맞춰 선택한다

손잡이·잠금 철물

손잡이

문이나 서랍을 여닫을 때 필요한 손잡이는 문의 형태나 사람의 동작에 맞춰 선택하는 것이 중요하다. 사람이 손잡이로 할 수 있는 동작은 '손으로 잡다', '손가락을 걸다', '손끝으로 밀다', '손끝으로 집다' 등 네 가지다. 힘을 주어 '잡는' 동작부터 가볍게 '집는' 동작까지 다양한 동작을 할 수 있다.

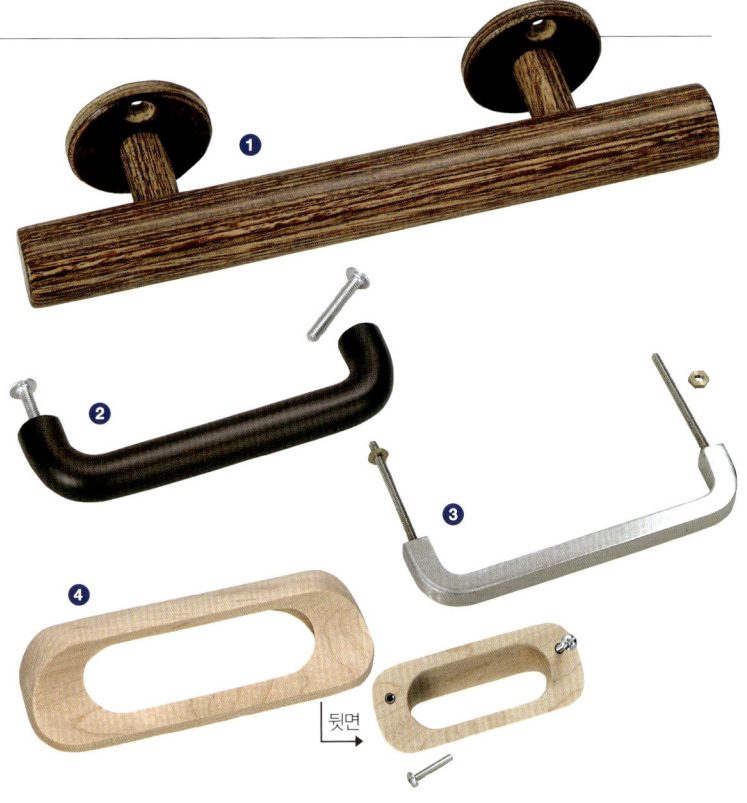

❶ 면 부착식 핸들
손으로 잡아서 여는 타입으로 문손잡이에 자주 쓰인다. 창호의 앞면에서 나사로 고정시킬 수 있어서 설치하기도 간단하다. 힘이 들어가는 구조다.
- 총 길이 100×손잡이 다리 간격(피치) 60×폭 25×높이 32mm ●총 길이가 120mm, 150mm인 제품도 있음 ●재질: 적층재, 나사 포함

❷ 뒷면 나사식 핸들
면 부착식 손잡이와 마찬가지로 손으로 잡아서 여는 타입이지만 표면에 나사머리가 노출되지 않도록 창호의 뒷면에서 나사를 조여 손잡이를 고정시킨다.
- 총 길이 109×손잡이 다리 간격(피치) 96×폭 13×높이 28mm ●재질: 단풍나무

❸ 볼트식 핸들
뒷면 나사식 핸들과 마찬가지로 창호의 뒷면에서 손잡이를 고정시키지만 손잡이에 볼트가 장착되어 있어 뒷면에서 너트를 조인다.
- 총 길이 65×손잡이 다리 간격(피치) 60×폭 6×높이 19mm ●재질: 아연 합금

❹ 손잡이
손끝을 걸어 잡아당기는 타입이다. 책상이나 장롱의 손잡이로 많이 쓰인다. 뒷면에서 나사로 고정시키는 방식이다.
- 총 길이 116×손잡이 다리 간격(피치) 96×폭 46×높이 21mm ●재질: 소나무, 단풍나무

❺ 미닫이문용 손잡이
현관이나 방의 미닫이문에 사용되는 손잡이다. 손끝을 걸어 옆으로 밀기 좋은 형태로 되어 있다. 용도에 따라 크기가 차이 난다.
- S, L, LL 사이즈 ●철(청동 도금)

❻ 맹장지용 손잡이
맹장지 전용 손잡이다. 원형으로 디자인 효과도 뛰어나다. 손잡이를 끼운 후 측면에 작은 못을 박아 고정시킨다.
- 90mm, 105mm, 120mm ●나사 포함 ●철(청동 도금)

❼ 홈 손잡이
옷장 접이문 등에 사용되는 타입이다. 적은 힘으로도 열 수 있으므로 오히려 선택을 할 때 디자인 요소를 중시하게 된다.
- 오른쪽: 지름 30×높이 20mm, 35×20mm ●재질: 적층재 ●왼쪽: 지름 18×높이 22mm, 25×28mm ●재질: 아연 합금

❽ 회전 손잡이
레버를 누르면 손잡이가 돌아 나오는 타입이다. 주로 마루 밑 수납고에 사용된다. 사용하지 않을 때는 평평하므로 걸어 다니기 편하다.
- 길이 109×폭 25×두께 3mm ●재질: 아연 다이캐스팅, 청동 마감

회전 시

【 재질에 따라 선택 】 화장실이나 부엌에서는 젖은 손으로 손잡이를 만질 일이 많으므로 녹슬기 쉽다. 이런 곳에는 내부식성이 뛰어난 스테인리스 제품을 사용하는 것이 좋다.

【 손잡이의 설치 】 기울어지거나 휘지 않도록 나사의 위치를 정확히 측정해서 설치한다. 나사의 위치는 보통 연필로 표시하는데 자국이 남지 않게 하려면 종이에 그린 다음 그 부분을 편치로 뚫어서 표시하면 된다.

잠금 철물

분명히 닫았는데도 바람이나 내용물의 무게를 이겨내지 못해 문이 저절로 열릴 때가 있다. 이를 사전에 방지할 수 있는 부속이 바로 '잠금 철물'이다. 잠금 철물에는 '캐치', '빠찌링', '걸고리', '오도시 잠금장치' 등 네 가지 종류가 있으며 저마다 적합한 용도가 있다. '캐치'와 '빠찌링'은 캐비닛이나 장롱문에, '걸고리'는 안전을 생각해 창고문 등에 설치한다. '오도시 잠금장치'는 양문형 도어 등에 많이 사용된다.

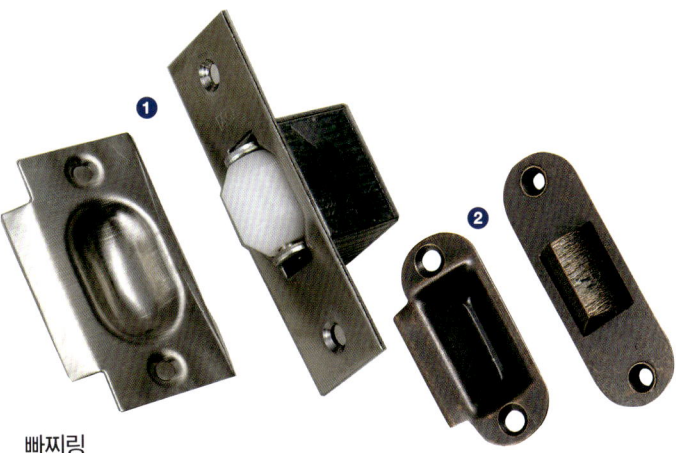

빠찌링
장롱문 등에 사용된다. ❶'롤러 빠찌링'과 ❷'삼각 빠찌링'이 있다. 문의 횡단면을 파서 설치한다. 닫히는 느낌이 좋다.
- ❶ ●46×15mm
- ❷ ●재질: 스테인리스

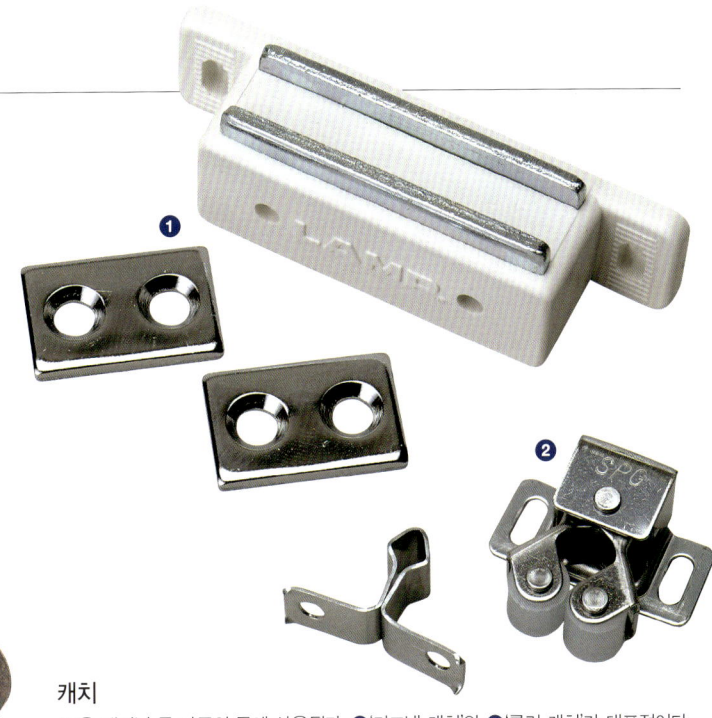

캐치
AV용 캐비닛 등 가구의 문에 사용된다. ❶'마그넷 캐치'와 ❷'롤러 캐치'가 대표적이다.
- ❶ 마그넷 캐치 ●60mm ●폴리아미드 수지+철, 크롬 도금
- ❷ 롤러 캐치 ●오른쪽 27×23mm, 왼쪽 24×12mm/2세트

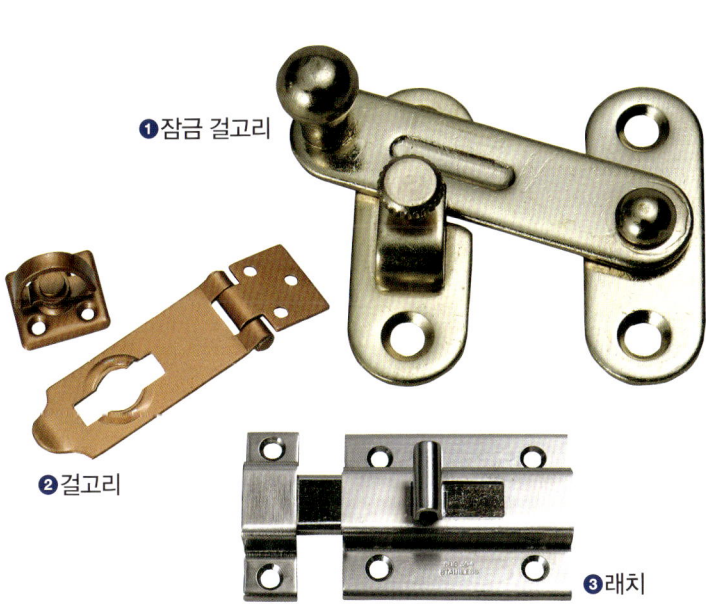

❶잠금 걸고리 ❷걸고리 ❸래치 모두 광이나 창고 등의 여닫이문에 설치되는 경우가 많다. 방범을 위해 이러한 잠금장치에 맹꽁이자물쇠를 달기도 한다.
- ❶ ●대, 소 ●재질: 스테인리스
- ❷ ●설치 시: 길이 25~95mm ●재질: 철/도장
- ❸ ●대(50+12)×39mm, 소(38+10)×31mm ●재질: 스테인리스

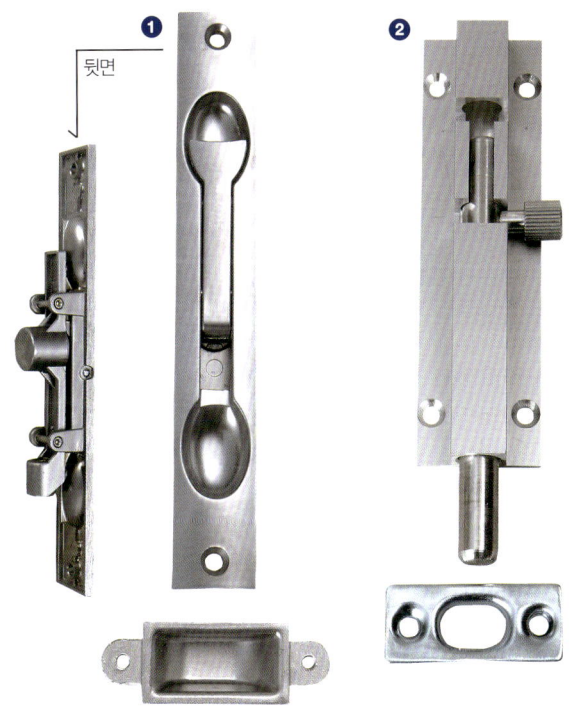

오도시 잠금장치
❶'프랑스 오도시'는 비대칭 출입문용으로 작은 문을 고정시키도록 문의 횡단면에 설치한다. ❷는 양문형 도어를 고정시키는 철물로 쓰인다.
- ❶ ●R면, 받침(하단용)
- ❷ ●길이 90mm, 길이 150mm

【 푸시 래치 】 캐치와 래치의 기능을 합친 잠금 철물로 문의 안쪽에 설치한다. 문을 한 번 누르면 잠기고, 한 번 더 누르면 문이 다시 열리는 구조다.

Caster

자재형과 고정형 중 대상물에 알맞은 종류를 선택하자
캐스터

자재형 캐스터

바퀴 부분이 자유롭게 움직여 전후좌우로 움직일 수 있다. 회전 반경이 좁은 곳에서 잘 움직인다. 나사를 조여서 설치한다.

캐스터 420G-R●바퀴 직경 50×설치 높이 65mm·허용 하중 30.6kgf/개●바퀴 직경 25~75mm●바퀴 폭 12~26mm●허용 하중 8.2~51.0kgf/개●설치 높이 35~90mm●설치좌 35×30~70×58mm

스토퍼붙이 자재형 캐스터

자재형 캐스터에 브레이크가 달린 모델이다. 스토퍼를 내리면 차바퀴가 고정되는 안전설계 모델이다.

캐스터 415E-R●바퀴 직경 40×설치 높이 58mm·허용 하중 25.5kgf/개●바퀴 직경 40~125mm●허용 하중 25.5~61.2kgf/개●설치 높이 58~176mm●설치좌 51×31~100×58mm

고정형 캐스터

고정된 바퀴가 안정된 움직임을 나타내며 직진성이 뛰어나다. 일반적인 캐스터 가운데 하나다.

캐스터 420R-R●바퀴 직경 25×설치 높이 35mm·허용 하중 8.2kgf/개●바퀴 직경 25~75mm●허용 하중 8.2~51.0kgf/개●설치 높이 35~90mm●설치좌 36×18~70×47mm

코너용 캐스터

코너에 딱 맞춰 설치할 수 있도록 설치 플레이트가 사다리꼴로 되어 있는 캐스터다.

캐스터 220G-R●바퀴 직경 50×설치 높이 66mm·허용 하중 30.6kgf/개●바퀴 직경 50~75mm●허용 하중 30.6~51.0kgf/개●설치 높이 66~99mm●설치좌 135×52×50mm

나사식 캐스터

오른쪽에 있는 캐스터와 마찬가지로 나사산이 깎여 있는 축이 설치되어 있는 자재 캐스터다. 스토퍼가 달려 있지 않아서 이리저리 돌아다니는 의자 바퀴에 잘 어울린다.

캐스터 420EA-R●바퀴 직경 50×설치 높이 68mm×축 길이 35mm·허용 하중 30.6kgf/개●바퀴 직경 40~150mm●허용 하중 25.5~61.2kgf/개●설치 높이 60~180mm●축 길이 35~40mm

스토퍼붙이 나사식 캐스터

캐스터 축에 나사산이 깎여 있는 캐스터다. 캐스터를 돌려서 설치할 수 있는 만큼 탈부착이 간단하다. 스토퍼가 달린 안전설계 모델이다. 바퀴의 움직임은 자재 캐스터와 동일하다.

캐스터 415EA-R●바퀴 직경 50×설치 높이 68mm·축 길이 35mm·허용 하중 30.6kgf/개●바퀴 직경 40~150mm●허용 하중 25.5~61.2kgf/개●설치 높이 60~180mm●축 길이 35~40mm

움직임에 저마다 특색이 있다
선택할 때는 내하중에 주의한다

캐스터는 바퀴가 돌아가며 전후좌우로 자유롭게 움직이는 '자재형'과 바퀴가 고정되어 있어 직선 움직임만 보이는 '고정형'으로 나뉜다. 설치할 대상물의 성질에 따라 알맞은 타입을 선택하면 된다. 게다가 앞뒤 바퀴에 두 가지 타입을 조합해서 사용해도 된다. 이런 경우에 앞바퀴를 고정형, 뒷바퀴를 자재형으로 하면 회전 반경이 좁은 곳에서도 회진성을 어느 정도 유지하면서 직진성을 향상시킬 수 있다.

이 외에 설치 방식에 따라 분류할 수 있다. 크게 나누어보면 나사를 조여서 설치하는 '플레이트형'과 나사산이 깎여 있는 축을 끼워 설치하는 '나사식'이 있다. 시공이 간단한 것은 플레이트형이다. 나사식은 대상물에 너트를 설치해야 해서 다소 번거롭지만 그 대신 탈부착이 간편하다.

캐스터를 선택할 때는 우선 허용 하중에 유의해야 한다. 가구를 예로 들자면 본체의 중량뿐만 아니라 일반적인 수납물까지 고려해서 총 중량을 산출하는 것이 중요하다. 참고로 이 책에서는 캐스터 1개의 허용 하중을 표시하고 있지만 캐스터를 4개 설치할 경우에는 그 4배에서 20% 정도를 뺀 수치가 허용 하중이 된다. 또 바퀴의 크기가 클수록 허용 하중이 늘어나기는 하지만 그만큼 설치 후의 전체 높이 또한 높아진다. 예상했던 것과 차이가 많이 나는 일이 없도록 주의한다.

06 | 철물 / 캐스터

실내용 디자인 캐스터

실내 가구용 캐스터는 사람들의 눈에 띄는 만큼 기능성뿐만 아니라 디자인도 중시되고 있다. 큼직한 바퀴 커버와 검은색으로 통일된 색상, 둥그스름한 형태 등 가구의 분위기를 헤치지 않는 디자인이 많다.

❶ 쌍륜 캐스터 S 구로(검은색)●바퀴가 두 개이며 스토퍼가 붙어 있어 책상용으로 적합●설치 높이 56×두께 43×설치좌(38×38)mm
❷ 쌍륜 캐스터 T 구로(검은색)●❶에서 스토퍼가 빠진 모델●설치 높이 46×두께 35×설치좌(30×30)mm
❸ 쌍륜 캐스터 M8●나사식●설치 높이 52×두께 43×축 길이 15mm
❹ 쌍륜 캐스터 S-(I)●파이프 구멍에 꽂아 고정●바퀴 직경 33.0×두께 35.0×설치 높이 41.0×축 길이 25.0×허용 하중 20.0kgf/개
❺ 캐스터 405P-R●둥근 바퀴가 방향 전환을 원활하게 함●바퀴 직경 40×설치 높이 58×설치좌(51×31)mm×허용 하중 20.4kgf/개
❻ 캐스터 405P-R-S●❺에 스토퍼 장착●바퀴 직경 40×설치 높이 58×설치좌(51×31)mm·허용 하중 20.4kgf/개

산업용 캐스터

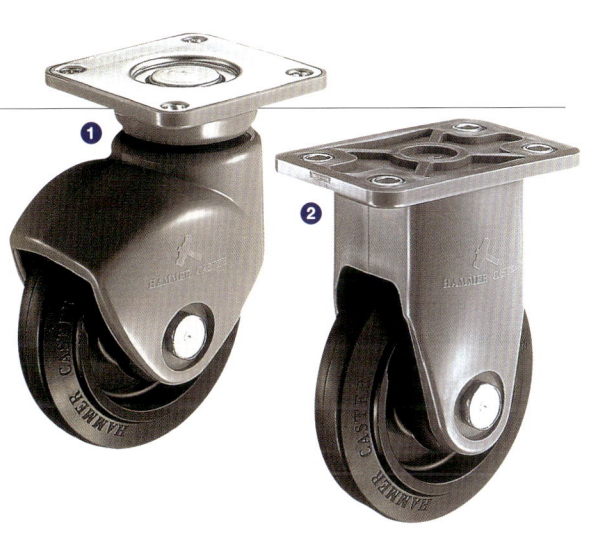

항상 무거운 화물을 운반할 수 있어야 하므로 내하중성·내구성이 뛰어난 사업용 캐스터 ❶❷는 선회부에 레이디얼 볼 베어링(radial ball bearing)을 사용해 장기간 매끄러운 회전이 가능하게 했다.

❶ 캐스터 400POS-FR●자재형●바퀴 직경 130×설치 높이 177×설치좌(108×108)×바퀴 폭 38mm·허용 하중 122.4kgf/개
❷ 캐스터 400PSR-FR●고정형●바퀴 직경 130×설치 높이 177×설치좌(137×93)×바퀴 폭 38mm·허용 하중 122.4kgf/개

볼캐스터

볼(구형) 부분을 위쪽에 오게 한 다음 여러 개를 나란히 놓아 사용한다. 케이스 등을 이 위에 얹으면 어느 방향으로든 움직일 수 있다. 360도를 자유롭게 회전하는 굴림대 같은 제품이다.

멘우치(面打) 캐스터 140P●바퀴 직경 17.5×설치 높이 23.3×설치좌 직경 32.4mm×허용 하중 15kgf/개●구리구, 본체 놋쇠 도금

기초지식 | 캐스터의 설치 방식

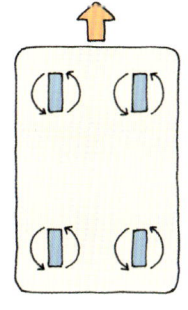
작게 회전◎
직진 ×

작게 회전 ○
직진 △

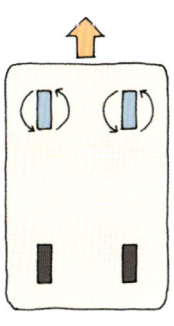
작게 회전 △
직진 ○

설치 방법은 나무나사로 고정시키는 '플레이트형'과 볼트를 돌려 넣는 '나사식' 두 가지가 있다. 플레이트형은 구멍 지름에 맞는 나무나사를 선택하는 것이 중요하다. 나사식은 캐스터의 볼트 지름에 맞는 너트를 대상물에 설치한 후 연결해야 한다. 그 밖에도 부속 소켓을 대상물에 설치한 후 여기에 캐스터의 축을 끼워 넣는 타입도 있다. 세 가지 방법 모두 기본적으로는 바퀴를 대상물에서 크게 벗어나지 않는 위치에 설치한다.

Mounting foot·Door Wheel

테이블이나 책상 다리, 미닫이문을 부드럽게 여닫기 위해 사용한다

다리용 철물·호차

다리용 철물

테이블 다리로 쓰이는 전용 철물이다. 설치할 때 기본적으로 나사를 사용하지만 접합 방법은 매우 간단하다. 다리용 철물로는 플레이트형 다리 이외에도 코너 철물 의자발 등이 있다.

❶ 접이식 다리
테이블을 좁은 공간에 수납할 수 있는 접이식 다리이다. 나사로 설치하며 목제 타입이어서 가구의 분위기를 해치지 않는다.
- 중간 굵기·높이 300mm ●나뭇결무늬 인조가죽 덧댐·PVC코팅 동판

❷ 접이식 다리
금속제로 가볍고 심플하다. 다루기 쉬운 반면 내하중성이 떨어져 간이 테이블 등에 많이 사용한다.
- 높이 210~900mm ●크롬

❸ 다리 캡
테이블 다리에 캡을 씌우기만 해도 바닥이 전혀 긁히지 않는다. 사진과 같은 고무 재질은 방음 효과까지 있다.
- 지름 18, 지름 30 ●고무발(와셔 포함)

❹ 볼트 포함 각재(脚材)
각재에 볼트가 심어져 있다. 우선 의자발을 위판에 나사로 조인 후 의자발의 구멍에 각재의 볼트 부분을 끼워 다리 부분을 접합시킨다. 단, 이 방법만으로는 옆에서 받는 충격에 다소 약할 수 있다는 단점이 있다. 따라서 일반적으로는 탁상용 다리로 사용한다.
- 지름 60×350mm, 지름 60×700mm ●재질 머르쿠시 파인

❺ 코너 철물
막판(幕板, 가로로 긴 판)의 보강과 설치대를 겸한 강력한 철물. 식탁 다리 등 긴 다리에도 사용할 수 있다. 시공을 할 때는 다리에 행거 볼트를 설치해야 하며 다른 철물에 비해 설치 방법이 다소 복잡하다.
- 1세트(코너 철물 1개, 행거 볼트·나비 너트·스프링 와셔 각 2개, 너트·작은나사 각 2개)

❻ 의자발
두 장의 의자발이 잘 맞물리도록 작은 요철이 있다. 볼트 포함 각재보다 접합력이 약하다.
- 지름 63, 지름 50 ●나무나사 포함

❼ 어드저스터
다리를 바닥에 정확하게 밀착시키는 철물이다. 다리 뒤에 접합시킨 의자발에 어드저스터를 나사로 조인다. 가구의 형태에 맞춰 나사를 알맞게 조인다. 일반적으로 한 곳 또는 세 곳에 설치한다.
- M6, M8

DIY TECHNIC

코너 철물의 설치 방법

더블 너트로 조인다

행거 볼트를 다리에 박을 때는 너트 두 개를 사용하는 '더블 너트' 방식을 사용한다(일러스트 참조). 너트 한 개는 고정 역할을 하고 또 다른 너트 한 개는 돌려서 조이는 역할을 하는 방식이다. 그다음 코너 철물의 본체를 막판에 나사로 접합시킨 후 다리를 고정시키면 완성이다.

【행거 볼트】 목재에 박기 위한 볼트. 너트 2개를 나란히 조인 후 이를 나사머리 대신 돌리거나 그 위에 나비 너트를 끼워 조인다.

호차

호차는 미닫이문을 부드럽게 여닫을 수 있게 하는 부품이다. 레일과 함께 사용하는 미닫이문용 호차와 레일이 없는 문에 사용하는 호차가 있으며, 설치할 문의 종류나 무게에 따라 사용할 호차의 종류가 결정된다. 특히 알루미늄 새시용 호차는 제조사별로 종류나 사이즈가 다르므로 교체할 때는 사용하던 호차를 분리해서 매장에 직접 들고 가는 것이 좋다.

다보 구멍을 뚫는 요령

바퀴와 본체의 형태

홈호차
바퀴에 둥근 홈이 있어 레일도 둥근 형태에 맞춰서 사용한다.

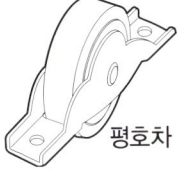
평호차
문틀에 나 있는 홈을 지나는 호차로 레일이 필요 없다. 널문에 많이 쓰인다.

턱호차
바퀴의 양옆에 턱이 있는 호차. 쓰레기나 눈을 헤치고 달릴 수 있다.

알루미늄 새시용 호차

알루미늄 새시의 종류와 사이즈에 따라 호차의 사이즈도 달라진다. 사진에 나온 제품은 교체용 호차로, 안쪽에 높이를 조절할 수 있는 나사가 달려 있다.

● 끼움식 ● 나일론 재질, 스테인리스 재질

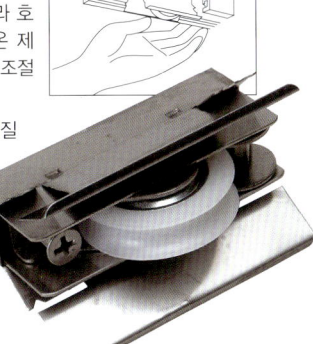

경량창·새시·현관용

본체는 철로 만들어졌으며 바퀴의 재질은 나일론이다. 오일이 자동으로 공급되어 매끄럽게 굴러간다. 내열성, 내약품성, 내식성, 내마모성이 뛰어나다.

신기 호차(평호차) ● 사이즈 30 내하중 20kgf(2개), 사이즈 36 내하중 25kgf(2개)

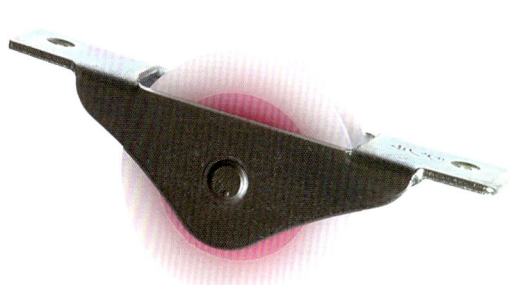

호차 레일

호차가 지나는 레일. 재질은 ❶철+아연 도금, ❷놋쇠, ❸철+PVC피막 등이 있다.

❶실버 레일 6자 ● 사이즈 6자
❷놋쇠 레일 6자 ● 사이즈 6자
❸PVC코팅 스틸 레일 ● 사이즈 6자, 사이즈(사각) 5.6자

주물제 새시·창문용

내하중성·내한성이 뛰어난 새시·창문용 호차로 주물제 바퀴를 사용했다. 바퀴 주위를 턱이 감싸고 있어서 눈 등을 헤치고 갈 수 있다.

턱호차 ● 사이즈 30 내하중 25kgf(2개), 사이즈 36 내하중 40kgf(2개)

마넷 슬라이딩

매다는 방식의 호차로 창고 출입문 등에 사용된다. 본체는 철로 되어 있으며 바퀴는 두라콘(Duracon, 폴리아세탈 수지의 제품명)으로 내마모성이 뛰어나다.

마넷 슬라이딩 ● 사이즈 36 내하중 30kgf(2개), 사이즈 60 내하중 100kgf(2개)

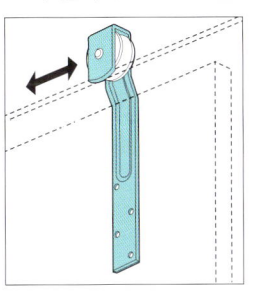

대문·출입구용 호차

공장, 창고의 출입문 등 중량이 나가는 문에 사용하는 호차다. 본체와 바퀴 모두 철로 되어 있다. 고급 기계용 베어링을 사용해서 내구성이 뛰어나다.

중량 호차 ● 사이즈 80 내하중 300kgf(2개)

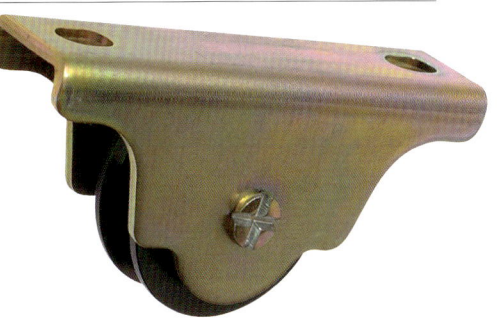

【 V형 호차 】 문틀에 V형 홈이 있을 경우에는 호차의 바퀴도 V형이 된다. 홈호차나 평호차에 비해 매끄럽게 굴러가며 소리도 조용한 편이다. V형 이외에도 Y형이나 T형 호차가 있다.

Door Hardware

설치는 의외로 간단하며 문을 여닫거나 고정시킬 때 사용한다

도어용 철물

도어체크(도어클로저)

도어체크는 문을 조용히 서서히 닫히게 하는 장치로 안으로 열리는 타입과 바깥으로 열리는 타입이 있다. 일반적으로 실내는 안쪽으로 열리는 타입을 사용하고, 현관 등 실외용 문에는 바깥으로 열리는 타입을 사용한다. 대부분 좌우측 구분 없이 어느 방향에나 설치 가능하다.

본체 이외에도 나사 등 다른 부품을 한 세트로 판매하고 있어서 드라이버와 스패너만 준비하면 된다.

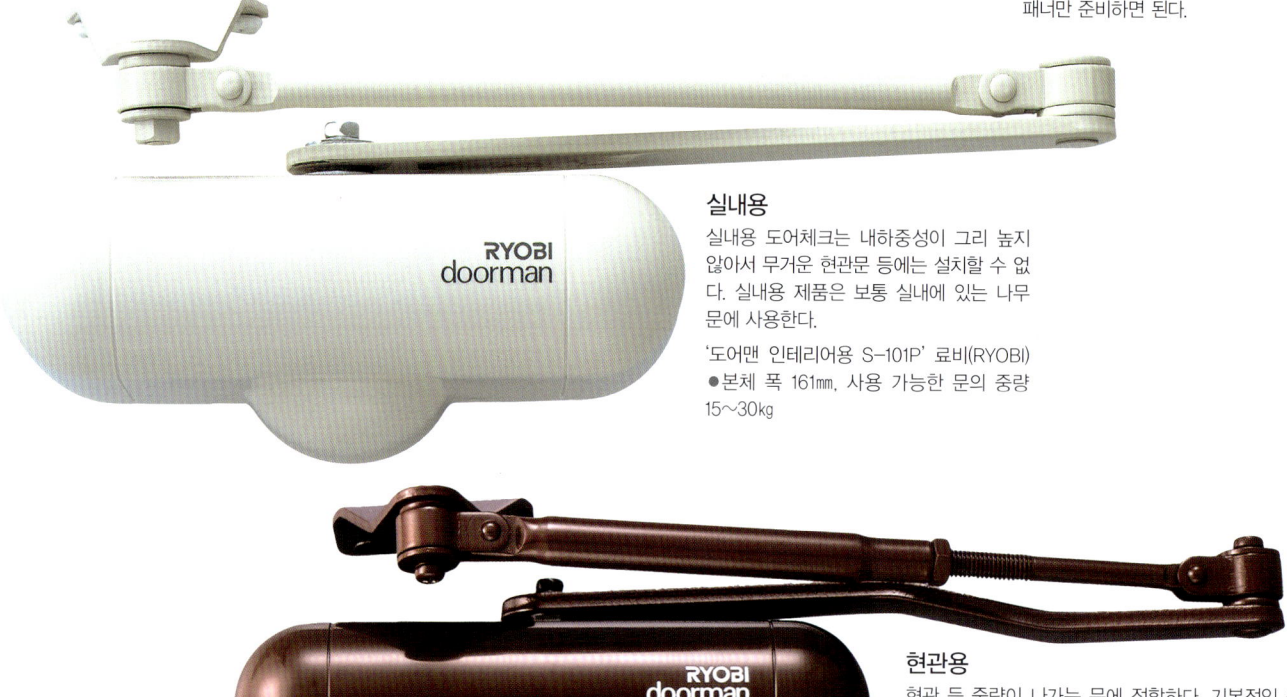

실내용

실내용 도어체크는 내하중성이 그리 높지 않아서 무거운 현관문 등에는 설치할 수 없다. 실내용 제품은 보통 실내에 있는 나무 문에 사용한다.

'도어맨 인테리어용 S-101P' 료비(RYOBI) ●본체 폭 161mm, 사용 가능한 문의 중량 15~30kg

현관용

현관 등 중량이 나가는 문에 적합하다. 기본적인 구조는 실내용과 크게 다르지 않지만 실내용보다 사이즈가 커서 문을 닫는 힘이 강하다. 알루미늄 문 등에도 사용할 수 있다.

'도어맨 현관용 S-102P' 료비(RYOBI)●본체 폭 184mm, 사용 가능한 문의 중량 25~45kg

도어체크는 안전을 위해 반드시 설치하자

돌풍으로 문이 거세게 닫히면 손발이 끼어 큰 부상을 입을 수 있다. 이러한 사고를 미연에 방지하기 위해서라도 반드시 도어체크를 설치하자. 도어체크를 설치하면 문이 닫히는 속도를 조정할 수 있고, 특히 정지 기능이 첨가된 제품을 사용하면 문을 계속 열어둘 수도 있어 편리하다. DIY 전문점 등에서 판매하는 도어체크 중에는 나사나 설치용 형지 등이 함께 들어 있는 세트 상품도 있다. 설명서를 보면 비교적 쉽게 설치할 수 있다. 단, 문이나 케이싱(casing, 문선 몰딩)에 단단한 소재를 사용하는 경우가 많으므로 도어체크를 설치할 때는 전동 드라이버를 사용하는 것이 좋다.

그 밖의 다른 도어용 철물로는 문이 벽에 부딪혀 파손되는 것을 방지하는 '도어스톱', 문을 연 상태로 고정시킬 수 있는 '도어홀더' 등이 있다.

설치할 때는 드라이버를 이용해 나사를 조인다. 전동 드라이버를 사용하면 더욱 편리하다.

[정지 각도] 정지 기능이 있는 도어체크가 어느 각도의 범위 내에서 정지하는지를 표시한 것이다. 보통 사용자가 정지 각도를 90~180도 사이에서 임의로 설정할 수 있게 되어 있다.

도어스톱

문이 열릴 때 벽에 부딪혀 흠집이 날 때가 있다. 이를 사전에 방지할 수 있는 장치가 바로 도어스톱이다. 도어스톱의 끝에 달린 고무 부분이 완충재 역할을 하여 소리와 충격을 완화시킨다. 보통 문이나 벽, 바닥에 설치하는데 최대한 통행에 불편을 주지 않는 제품을 구입하는 것이 좋다.

❶ 문 윗면 설치형 도어스톱
문의 윗면에 설치하는 타입이다. 문과 문틀 사이에 틈이 전혀 없을 경우에는 도어스톱의 두께만큼 홈을 파야 한다.

● 95mm ● 나사 포함

❷ 문 설치형 도어스톱
문의 한쪽 면에 직접 부착하는 타입이다. 머리나 얼굴에 부딪히지 않도록 높은 위치에 설치한다. 사진 속 제품에는 모자나 가방 등을 걸 수 있는 후크가 달려 있다.

● 스테인리스 · 합성고무

❸ 굽도리 설치형 도어스톱
벽의 굽도리 부분에 설치하는 타입이다. 걸어 다닐 때 발에 걸릴 수 있으므로 사람들이 자주 오가는 곳은 피하는 것이 좋다. 사진 속 제품에는 열린 문을 고정시킬 수 있는 고리가 함께 들어 있다.

● 아연 다이캐스팅 · 합성고무 · 청동 도금

❹ 바닥 설치형 도어스톱
바닥에 설치하는 타입이다. 굽도리 설치형 제품과 마찬가지로 발에 잘 걸리는 곳에는 적합하지 않다. 사진 속 제품은 끝부분이 90도로 꺾여 있어 굽도리에도 설치할 수 있는 겸용 제품이다.

● 색상: 청동

❺ 굵은 고리형 도어스톱
미닫이문에 사용하는 도어스톱이다. 완충재 역할을 하는 고무를 문을 열 때 부딪히게 되는 문틀 부분에 나사로 고정시킨다. 오래 사용해서 고무가 마모되더라도 간편하게 교체할 수 있다.

● 지름 22~33 ● 지름 22 ● 합성고무 ● 나사 포함

도어홀더

문을 열린 채로 고정시킬 수 있는 장치로 '수대'와 '암 스토퍼' 등이 있다. 문을 확실하게 고정시키므로 바람이 거세게 불더라도 안심할 수 있다.

❻ 수대
통풍이 잘되도록 문 사이에 틈을 둘 때 많이 사용한다. 구조는 외양과 마찬가지로 매우 단순하다.

● 100mm ● 스테인리스, 유니크롬

❼ 암 스토퍼(arm stopper)
특정한 각도로 문을 고정시켜 둘 수 있는 장치다. 나사를 이용해서 문의 윗부분과 케이싱에 설치한다.

● 小, 大 ● 나사 포함

Doorknobs and Locks

생활 속 안전을 한 단계 상승시킨다
문 자물쇠

'GOAL G록' 마쓰로쿠(マツ六)

'GOAL UC록' 마쓰로쿠(マツ六)

편리함과 방범성을 균형적으로 고려해 교체하자

문 자물쇠를 교체할 때는 인테리어 측면과 방범성을 모두 고려해야 한다. 실내용 자물쇠는 인테리어 측면을 강조해도 되지만 현관처럼 실내와 실외 사이에 놓인 문의 자물쇠는 당연히 방범성을 우선시해야 한다. 보조 열쇠나 방범성이 뛰어난 CP(Crime Prevention) 마크 인증 제품에 대해서도 자세히 알아보자. 이 밖에도 원통형 방문 손잡이나 함자물쇠에 맞는 레버식 손잡이 등 배리어 프리적인 측면을 고려한 다양한 교체 부품도 판매되고 있다.

사각형 현관 손잡이

실린더가 손잡이 안에 들어 있어 섬턴(thumb-turn)으로 잠그는 자물쇠다. 함자물쇠처럼 본체가 튼튼하고 사용 가능한 문 두께의 폭도 넓어서 현관을 비롯한 다양한 용도의 문에 사용되고 있다.

원형 덮개를 왼쪽으로 돌려 손잡이를 분리한다. 잘 돌아가지 않을 때는 리브 조인트 플라이어 등을 이용한다.

원통형 방문 손잡이

잠금 기능을 원통형 본체에 집어넣은 자물쇠다. 구조가 단순해서 설치하기도 쉽다. 안쪽에서 버튼을 누르면 문이 잠귀는 버튼식 자물쇠로 다양한 용도의 문에 사용된다.

'GOAL 실린더 칸막이 자물쇠' 마쓰로쿠(マツ六)

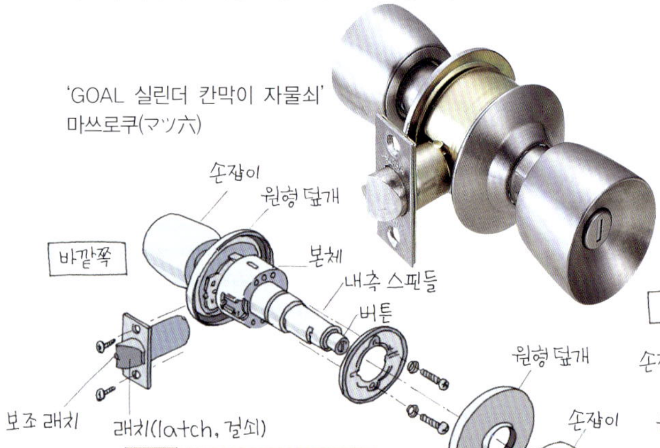

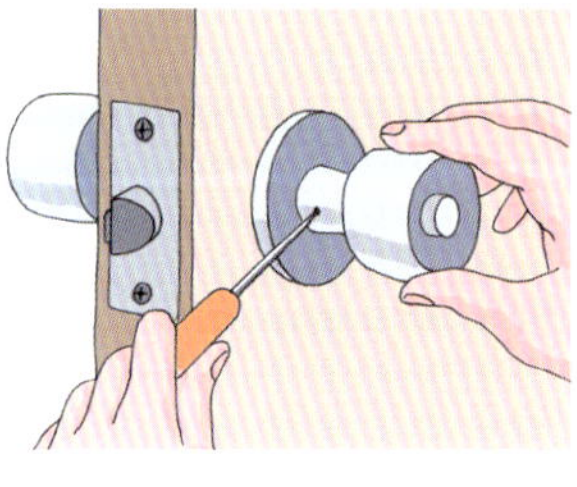

손잡이 아래에 있는 작은 구멍을 송곳 등으로 찌른다. 스프링 같은 것이 느껴지면 그 부분을 누르면서 손잡이를 잡아당긴다.

함자물쇠

상자처럼 생긴 케이스 안에 모든 기능을 집어넣은 자물쇠다.

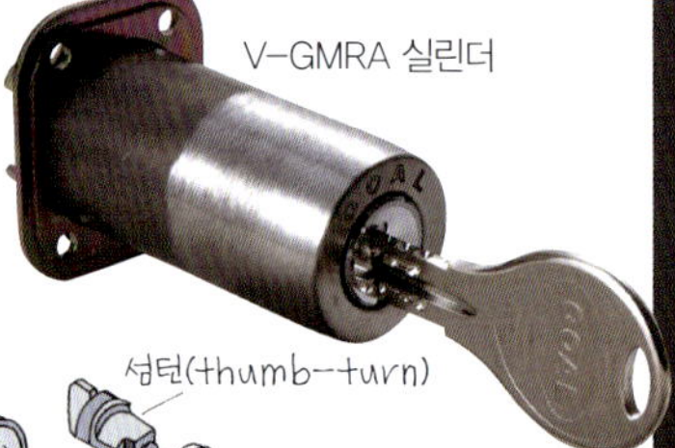

V-GMLA실린더

V-GMRA 실린더

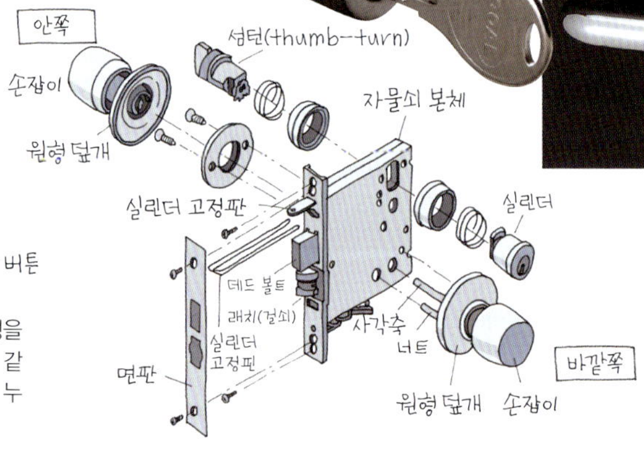

'LA시리즈' 미와(美和) 록

06 | 철물 / 문 자물쇠

도어용 보조 열쇠(철물)

방범 대책에 빠질 수 없는 것이 바로 보조 열쇠다. 자물쇠가 여러 개 달린 문은 범행의 대상이 될 확률이 낮다는 통계 결과도 있다. 그리 어렵지 않게 시공할 수 있으므로 보조 열쇠를 한 개 정도 설치해보자.

방범 자물쇠 I형
도어용 모히토쓰록
도어가드 외개(外開)용(청동)

도어체인 스텐브론즈

관형 자물쇠(tubular lock)

가늘고 긴 튜브 형태의 래치 본체에 집어넣은 자물쇠다. 설치도 간단해서 실내용 자물쇠로 널리 쓰이고 있다. 교체용 레버나 손잡이의 종류도 다양하다. 원통형 방문 손잡이를 레버식으로 교체할 수 있는 제품도 나와 있다.

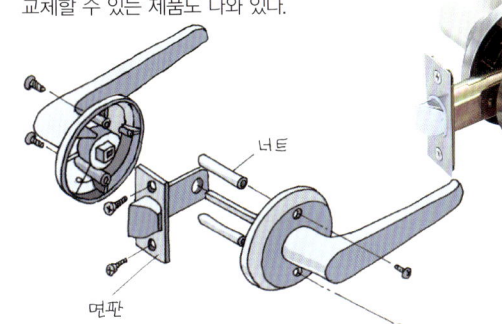

'수지 레버식 자물쇠 기요시(潔)' 마쓰로쿠●원통형 방문 손잡이에서 교체 가능 (왼쪽 그림)

너트
면판

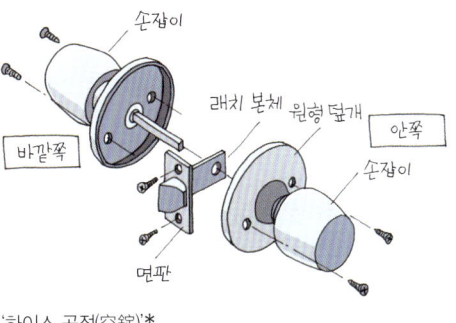

손잡이
래치 본체 원형 덮개
바깥쪽 / 안쪽
손잡이
면판

'하이스 공정(空錠)'*

* 공정(空錠): 데드 볼트가 없고 손잡이를 돌리기만 하면 열리는 자물쇠

추천 아이템

손잡이나 레버만으로 분위기를 바꿔보자

방 분위기를 바꾸고 싶거나 리폼을 하고 싶다면 방문 손잡이나 레버만 우선적으로 교체해 볼 수도 있다. 자물쇠는 그대로 두고 손잡이만 교체해도 방 분위기가 크게 바뀐다. 다양한 소재의 제품을 살펴보고 손잡이를 잡거나 돌렸을 때 느껴지는 미세한 차이를 비교해보자. 관형 자물쇠 등 실내용 자물쇠에 어울리는 다양한 제품이 출시되어 있다.

'UL464X3' 유니온
'UL438' 유니온
'자물쇠 교환식 레버형 손잡이 I형(사각형 현관 손잡이용)'

기초 지식 | 자물쇠를 교체할 때는 각 부분의 사이즈를 확인해야 한다

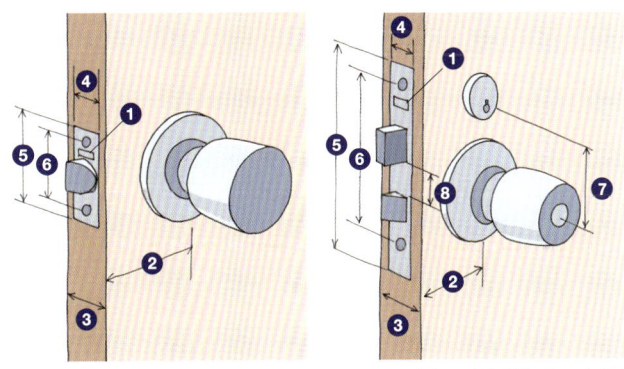

❶제조사명 ❷백셋 ❸분 누께 ❹면판의 폭 ❺면판 길이 ❻나사 간격 ❼스페이싱(모티스락처럼 손잡이와 키 실린더가 분리된 자물쇠에서 각각의 중심축 사이의 거리) ❽데드 볼트와 래치 사이

자물쇠는 일러스트에 표시된 것처럼 사이즈만 맞으면 손쉽게 교체할 수 있다. 실린더 타입과 래치 타입에 따라 필요한 사이즈가 다르므로 주의하자. 사이즈를 잘 모를 경우에는 사용했던 자물쇠를 매장에 직접 들고 가는 것도 좋은 방법이다.

【 CP 마크 】 'Crime Prevention'은 방범의 머리글자를 따서 만든 마크다. 관민합동회의가 '공구류와 같은 침입 기구를 이용한 침입 행위에 대해 건물 부품이 저항력을 지니고 있는 제품'이라고 인정한 제품에 부여한다.

Window Lockset

06 | 철물 / 창문 자물쇠

창문 자물쇠를 점검하고 보조 열쇠를 설치해서 창가의 안전을 확보한다

창문 자물쇠

고장난 곳은 신속히 고쳐 위험 요소를 창가에서 차단하자

창 자물쇠라고 하면 크리센트(crecent) 자물쇠라고 할만큼 많은 주택의 창문에 크리센트 자물쇠가 사용되고 있다. 안전을 고려해 이중 잠금장치를 설치한 창도 있지만 가장 바람직한 방법은 창문 자물쇠에도 보조 자물쇠를 설치하는 것이다. 또 창문은 매일 여닫는 곳이므로 덜거덕거리면 곧바로 수리·교체하도록 한다. DIY 전문점에서는 제조사별 부품이나 구분 없이 사용할 수 있는 만능형 부품을 다양하게 구비하고 있다.

창, 새시용 자물쇠

크리센트 자물쇠 중에는 좌측용 제품과 우측용 제품이 있으므로 구입할 때 주의하자. 실내에서 봤을 때 안쪽에 자리한 위치를 기준으로 구입한다. 그 밖의 제품으로는 나무 창틀에서 흔히 볼 수 있는 나사식 잠금장치가 있다.

프리 크리센트 교체용

다이캐스트 나사 잠금쇠

초 만능 크리센트 CU-500형

창, 새시용 보조 열쇠

문과 마찬가지로 창문에도 보조 자물쇠를 설치하는 것이 좋다. 창밖으로 보조 자물쇠가 보여야 도둑이 침입할 확률이 줄어든다. 가능한 한 눈에 띄는 제품을 구입하고 크리센트 자물쇠에서 떨어진 장소에도 보조 자물쇠를 설치하자.

크리센트 난킨조(南京錠, 맹꽁이자물쇠)

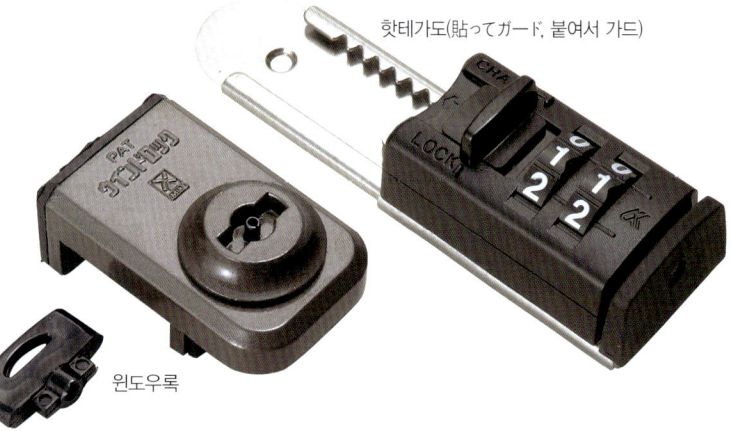

핫테가도(貼ってガード, 붙여서 가드)

윈도우록

기타 자물쇠

일반적으로 가장 많이 쓰는 자물쇠

맹꽁이자물쇠나 번호자물쇠의 장점은 빗장이나 체인 등에 폭넓게 사용할 수 있다는 점이다. 대중적이면서도 진화를 거듭하고 있는 자물쇠이기도 하다.

❶ 가드 스택 23
❷ 실린더 난킨조(딤플키 타입)
❸ 디지털 록
❹ 콤비네이션 록
❺ 번호자물쇠 PL-622

【 불법 침입과 시간 】 연구 자료에 따르면 빈집털이나 도둑이 침입을 포기하게 되는 기준 시간은 10분 이상이라고 한다. 즉 여는 데 시간이 오래 걸릴 것 같은 창문이나 문은 범행 대상에서 제외될 확률이 높다는 뜻이다.

방문 손잡이를 교체한다

적합한 사이즈의 제품을 선택하는 것이 중요하며 레버식 손잡이는 배리어 프리 측면에서도 좋다.

① 자물쇠의 종류를 확인한다

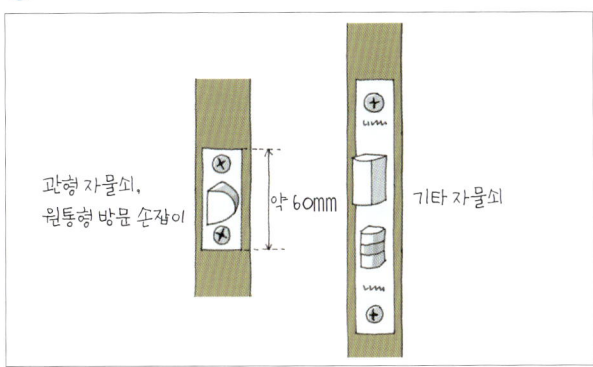

교체 가능한 자물쇠는 관형 자물쇠와 원통형 방문 손잡이다. 두 종류 모두 면판의 길이가 60mm이므로 면판 길이를 확인하면 자물쇠의 교체 여부를 알 수 있다.

② 각 사이즈를 확인한다

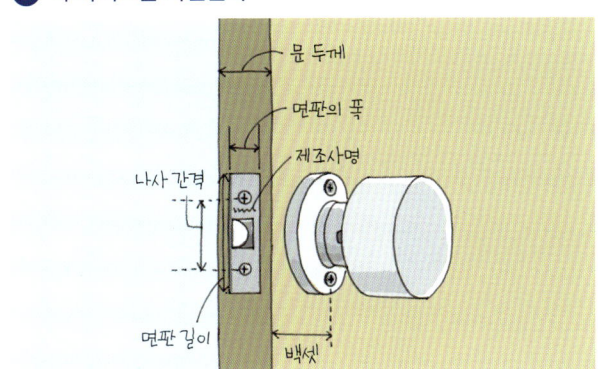

자물쇠를 교체할 때 필요한 사이즈를 조사한다. 특히 백셋은 매우 중요하다. 디자인이 아무리 마음에 들어도 사이즈가 맞지 않는다면 교체하기 어렵다. 제조사명으로 검색하면 적합한 제품을 찾기 쉽다.

③ 손잡이를 분리한다

※손잡이는 제품에 따라 구조가 다를 수 있다. 일반적인 손잡이의 구조는 122페이지의 일러스트를 참조한다.

드라이버를 이용해서 문에 고정되어 있는 나사를 풀어준다. 자물쇠를 교체한 후 같은 구멍에 다시 나사를 끼울 수도 있으므로 구멍이 변형되지 않도록 서서히 푼다. 앞뒤에 박혀 있는 나사를 모두 풀어낸 후 손잡이를 앞으로 당겨 분리한다.

④ 래치 본체를 빼낸다

나사 구멍은 나중에 다시 사용하므로 면판의 나무나사는 조심스럽게 푼다. 래치 본체는 쉽게 빠지기도 하지만 단단히 박혀 잘 빠지지 않을 때는 드라이버 등을 이용해서 빼낸다. 빼낼 때는 래치 볼트의 방향을 확실히 기억해두자.

⑤ 래치 본체를 교체한다

레버식 손잡이에 딸려 있는 래치 본체를 설치한다. 구멍이 손상되지 않도록 주의한다.

⑥ 레버식 손잡이를 갖다 댄 후 기초 구멍을 뚫는다

교체할 레버식 손잡이의 덮개는 원형이 아니라 타원형이다. 예전의 나사 구멍을 사용할 수 없으므로 손잡이를 원하는 위치에 끼운 후 송곳으로 나무나사를 박을 기초 구멍을 뚫는다.

How to DIY | 철물

7 임시 고정시킨 후 제대로 작동하는지 확인한다

덮개를 설치할 때는 한쪽 면씩 진행한다. 우선 기초 구멍에 맞춰 나사를 돌린 후 손잡이가 살짝 고정되면 레버를 내려 별 문제없이 작동하는지 확인한다.

8 반대쪽 레버도 같은 식으로 확인한다

반대편 덮개도 기초 구멍에 맞춰 임시 고정시킨다. 양쪽 레버와 래치의 움직임을 확인한다.

9 나사를 완전히 조이면 모든 작업이 끝난다

손잡이가 제대로 작동하면 그 상태에서 나사를 완전히 조인다. 작동이 제대로 되지 않을 때는 덮개를 벗기고 ❺부터 다시 시도한다.

+α 플러스알파 | 원통형 방문 손잡이를 레버식 자물쇠로 교체하기

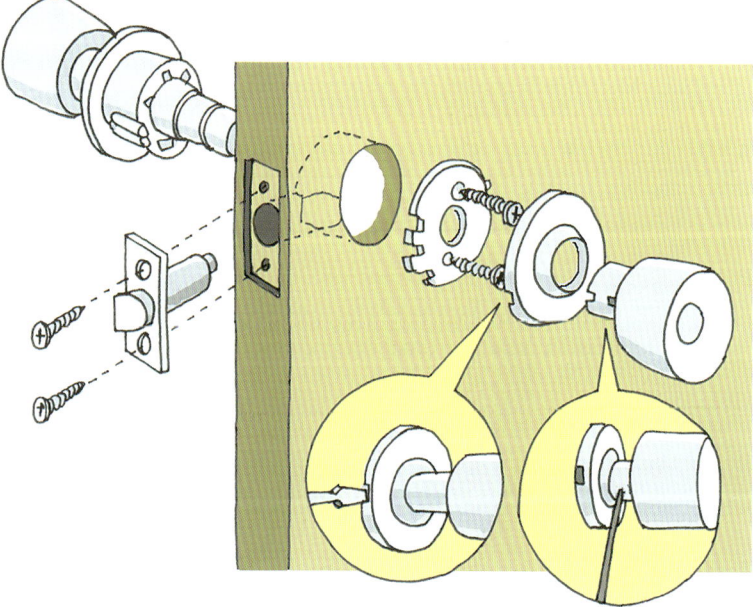

관형 자물쇠를 교환할 때와 같은 방법으로 래치 본체를 교체한다. 부속품인 너트를 앞뒤 손잡이 사이에 사각축과 함께 끼운 다음 나사를 조인다. 너트의 나사를 조이면 양쪽 덮개가 서로 밀착된다. 단숨에 끝까지 조이지 말고 중간에 핸들이 제대로 작동하는지 확인하며 서서히 고정시킨다.

손잡이의 아랫부분에 보이는 작은 구멍에 송곳처럼 뾰족한 물건을 찔러 넣는다. 가볍게 누르며 용수철처럼 탄성이 느껴지는 부분을 찾는다. 그 부분을 발견하면 강하게 누르며 손잡이를 앞으로 잡아당겨 뽑는다. 그다음 덮개를 분리시킨다. 덮개 옆면에 있는 구멍에 일자 드라이버를 넣어 비틀면 쉽게 분리시킬 수 있다. 덮개의 받침쇠에 달린 나사를 풀어서 래치 고정판을 제거한다. 마지막으로 래치 본체를 떼어낸다.

07 도장재

도료는 온갖 장소와 목적에 맞춰 판매되고 있다.
도료의 기본적인 기능은 색을 입히고 도막을 이용해 건축재를 보호하는 것이지만
이 밖에도 부패나 녹 방지 등 다양한 기능을 향상시킨 제품이 많다.

도료 | 바니시 | 오일·왁스 | 특수 도료 | 하도재 | 벽재 | How to DIY: 도장

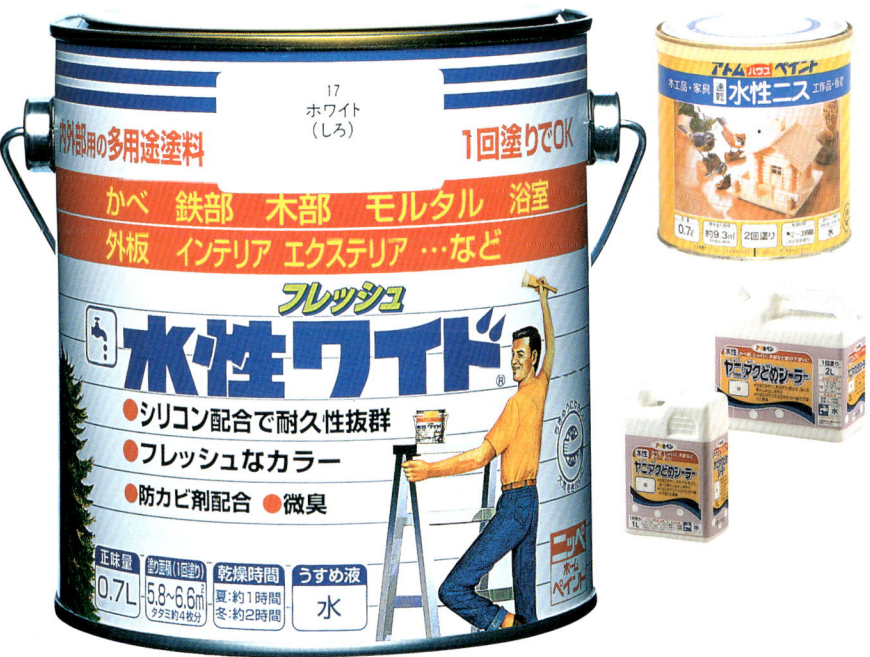

Paints

도장할 대상 소재에 적합한 도료를 선택하는 것이 핵심이다

도료

도막의 보호력을 이용해 대상물의 부패와 녹을 방지한다

도료의 역할은 대상물을 보호하고 아름답게 색을 입히는 것이다. 목재, 콘크리트, 플라스틱 등은 비바람과 햇볕에 노출되면 부식·풍화되어 약해지고, 녹이 슬어 제 기능을 발휘하지 못하게 된다. 도료를 칠하면 강력한 도막이 형성되어 이러한 단점을 방지할 수 있으며, 정기적으로 도료를 다시 칠하면 대상물을 반영구적으로 보호할 수 있다는 장점이 있다. 또 다양한 색상이 마련되어 있어 자신의 취향에 맞는 색을 칠할 수 있으며 주거 환경을 쾌적하게 바꾸는 일이 가능해진다.

이때 중요한 것은 도료의 선택 방법이다. 실내, 야외, 목재, 콘크리트, 금속 등 도장할 대상물의 소재와 대상물이 놓여 있는 환경 등에 어울리는 기능을 갖춘 도료를 선택하자.

수성 다용도 도료

벽, 목재, 철재, 욕실 등에 광범위하게 사용할 수 있는 도료다. 수성 아크릴 페인트로 불소수지를 배합해서 내구성을 향상시킨 제품도 많다. 색의 종류도 다양하고 광택의 정도도 광택·반광택·무광택 중에 선택할 수 있다. 냄새도 많이 나지 않아 다루기 쉬운 수성 도료다. 단, 항상 물이 튀는 부분이나 바닥 면의 도장에는 적합하지 않으므로 주의해야 한다.

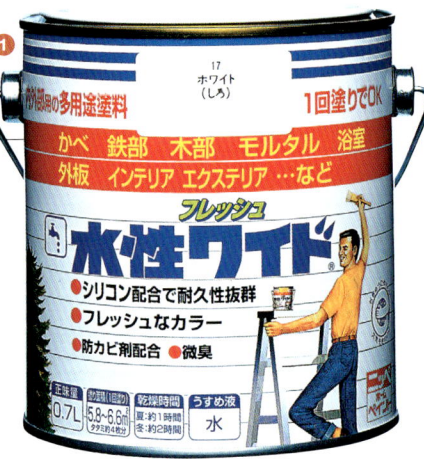

❶ '수성 프레시 와이드' 닛페 홈페인트●1.6ℓ (13.2~16.5㎡)●0.2ℓ, 0.7ℓ, 3.2ℓ, 7ℓ, 14ℓ
❷ '수성 광택 우레탄 건물용' 선데이 페인트 ●1.6ℓ(약 14㎡)●1/5ℓ, 0.7ℓ, 14ℓ
❸ '수성 빅10 소프트 광택 다용도' 아사히펜 ●1.6ℓ(11~15㎡)●1/5ℓ, 0.7ℓ, 3ℓ, 5ℓ, 10ℓ
❹ '하피오 프레시' 칸페 하피오●2ℓ(14~20㎡)●0.5ℓ, 1ℓ, 4ℓ, 8kg, 16kg
❺ '마이룸 컬러' 아톰하우스페인트●1.6ℓ (10~15㎡)●0.7ℓ, 3ℓ
❻ '인테리어 컬러 일본풍' 아사히펜●1.6ℓ (11~14㎡)●0.7ℓ, 3ℓ

수성 실내벽용 도료

실내벽용 도료 중에는 무취에 가깝거나 인체에 미치는 영향이 적은 저(低) VOC 도료가 많다. 비닐벽지에서 방출되는 포름알데히드를 흡착해서 새집증후군을 방지하는 도료도 있다. 또 인테리어에 잘 어울리는 다양한 색상의 제품이 마련되어 있다.

【 VOC 】 휘발성 유기화합물질(Volatile Organic Compounds)을 가리킨다. 새집증후군의 원인으로 알려진 포름알데히드를 비롯해 톨루엔, 크실렌, 에틸벤젠 등이 있다.

07 | 도장재 / 도료

수성 욕실용 도료

잡균의 번식을 억제하는 항균제와 강력한 곰팡이 방지제를 배합한 실내벽용 도료(수성 아크릴 페인트)다. 미취 타입이다. 욕실, 부엌, 세면대, 거실벽과 천장(회반죽, 모르타르, 콘크리트, 비닐 벽)이나 창틀의 목재 부분에 적합하다. 직물로 된 벽이나 항상 젖어 있는 곳, 유닛배스(세면기, 변기, 욕조 등을 일체화한 것), 바닥 면 등에는 부적합하다.

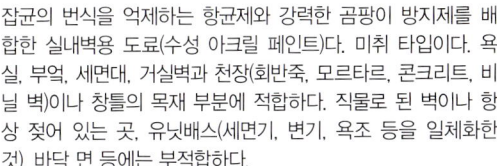

❶ '욕실용 도료 스프레이' 아사히펜 ●300ml(0.7~1㎡)
❷ '항균 벽·욕실용 광택 제거' 칸페 하피오 ●2ℓ(14~16㎡) ●0.5ℓ, 1ℓ, 4ℓ, 7ℓ
❸ '무취 수성 벽·욕실용' 아사히펜 ●1.6ℓ(11~14㎡) ●0.7ℓ, 3ℓ

추천 아이템

욕실 곰팡이 제거
곰팡이 발생 방지에 효과적

욕실 벽에 발생한 곰팡이를 제거하는 데는 곰팡이 제거제가 효과적이다. 곰팡이가 발생한 부분에 곰팡이 제거제를 뿌린 후 그대로 일정시간 방치해두었다가 물로 씻어낸다. 곰팡이 제거제를 뿌린 후 솔로 문지르면 오히려 약효가 떨어지므로 주의하자. 곰팡이를 제거한 후 같은 자리에 곰팡이 제거제를 뿌려 두면 곰팡이가 다시 생기는 것을 방지할 수 있다.

'펠트 브러시 포함 곰팡이 제거제' 아톰하우스페인트 ●200ml(2~3㎡) ●스프레이처럼 뿌리지 않아 손에 묻지 않는 브러시 타입

'펠트 브러시 포함 곰팡이 방지제' 아톰하우스페인트 ●200ml(2~3㎡) ●곰팡이 제거제와 함께 사용

외벽용 도료

외벽용 도료는 햇볕이나 비바람에 강하며 내구성이 뛰어나다. 목재, 콘크리트, 블록 등에 적합하다. 단력성이 있어 콘크리트나 모르타르의 균열에 강한 도료도 있다.

❹ '탄성 블록·외벽용S' 닛페홈페인트 ●8kg(7~9㎡), 16kg(14~18㎡)
❺ '수성 외벽 요철 도료' 아사히펜 ●3ℓ(2.6~3.4㎡) ●7ℓ, 14ℓ ●탄력성이 뛰어남

【요철무늬】 탄력성이 있는 요철무늬 도료는 전용 롤러 브러시로 바르면 입체적인 요철무늬가 완성된다.

Paints

야외 철재용 도료

철제문이나 펜스 등 야외에 설치된 철제품의 가장 큰 적은 녹이다. 시간이 지날수록 표변이 약화되어 녹이 슬기 시작한다. 녹을 제거하고 녹 방지 도료를 바른 다음 그 위에 철재용 도료를 덧바르는 것이 좋다.

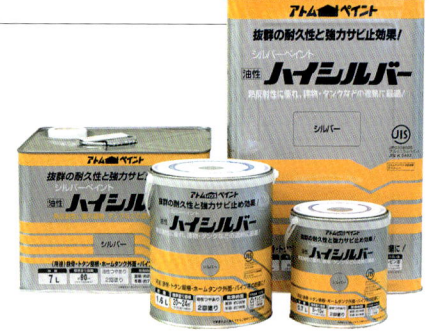

'하이실버' 아톰하우스페인트●1.6ℓ(20~24㎡)●0.7ℓ, 7ℓ, 16ℓ

'유성 실리콘 철재용' 아사히펜●1.6ℓ(13~18㎡)●1/12ℓ, 1/5ℓ, 0.7ℓ, 5ℓ

DIY TECHNIC

철재 도장은 녹 제거가 핵심

철재에 발생한 녹은 와이어 브러시나 사포로 조심스럽게 긁어낸다. 녹 밑에 숨어 있던 철 부분이 드러나도록 꼼꼼하게 제거하는 것이 중요하다. 도막이 들뜬 곳은 끌 등으로 긁어내어 녹을 제거해둔다.

와이어 브러시로 문지르면 녹을 손쉽게 제거할 수 있다. 녹을 제거할 때는 최대한 조심스럽게 움직인다. 도장만 제대로 하면 철제품은 오랫동안 사용할 수 있다.

세세한 부분의 녹을 제거할 때는 사포를 이용하는 것이 편리하다. 사진에 나온 것처럼 철 부분이 드러나면 녹 방지 도료를 바른다.

'유성 녹 철재용' 아사히펜●0.7ℓ(6~7.4㎡)●1/5ℓ, 1.8ℓ●특수한 강력 곰팡이 방지제가 들어 있어 녹이 슨 면에 직접 바를 수 있는 초벌용 도료다. 그 위에 철재용 도료를 덧칠한다.

스프레이 도료

스프레이 도료는 버튼을 누르기만 하면 도료가 분사되어 쉽고 간편하게 도장할 수 있다. 라커 도료, 수성·유성 도료를 비롯한 형광 도료나 금속 도료 등 다양한 용도의 스프레이 도료가 있다. 사용할 때는 도장할 소재에 적합한 제품을 선택하자.

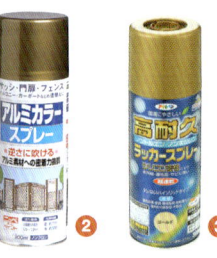

❶ '크리에이티브 컬러 스프레이' 아사히펜●300㎖(0.6~1㎡)●100㎖, 420㎖●유성 광택·무광택●발포스티롤이나 유성 도료 위에도 바를 수 있음
❷ '알루미늄 컬러 스프레이' 닛페홈페인트●300㎖(1~1.2㎡)●새시나 펜스 등 알루미늄 소재의 도장에 사용
❸ '고(高) 내구 라커 스프레이' 아사히펜●300㎖●0.7~1.3㎡(일반색), 1~1.3㎡(금색·은색)●건조가 빠르고 매끄럽게 발리는 아크릴 라커 도료. 햇볕과 빗물에 강하고 광택이 아름답다. 톨루엔·크실렌 미함유

지붕용 도료

지붕 전용 도료로는 함석지붕용 도료(수성, 유성)와 컬러 베스토(colored bestos)·슬레이트 기와·각종 시멘트에 사용 가능한 범용 수성 도료 등이 있다.

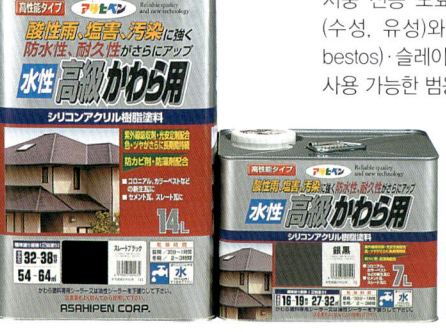

'수성 고급 기와용' 아사히펜●7ℓ(27~32㎡), 14ℓ(54~64㎡)

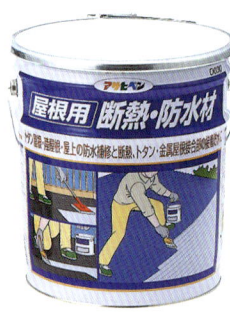

'지붕용 단열·방수재' 아사히펜●3kg(2~3㎡)

【 녹 방지 도료 】 녹 방지 도료는 녹에는 강한 반면, 햇볕이나 비바람에 약하다. 그러므로 그 위에 반드시 철재용 도료를 덧칠해야 한다. 녹 방지제가 들어 있는 철재용 도료를 사용할 때도 칠하기 전에 미리 녹 방지 도료를 발라주는 것이 좋다.

07 | 도장재 / 도료

콘크리트 바닥용 도료

콘크리트 바닥에서 자잘한 모래 먼지가 날리는 것은 표면이 풍화되었기 때문이다. 마모에 강하고, 내수성·내가솔린성·내구성이 뛰어난 콘크리트 바닥용 도료로 표면을 보호하자.

'수성 강력 콘크리트 바닥용' 아사히펜●1.6ℓ (9~14㎡)●0.7ℓ, 5ℓ, 10ℓ

'바닥용 도료(플로어톱) 유성' 아톰하우스페인트 ●1.6ℓ(4~5㎡)

미끄럼 방지재

콘크리트 바닥용 도료에 섞어 사용하면 안심이다

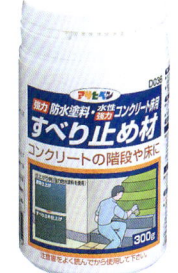

도료가 발라져 있는 콘크리트 바닥은 표면이 물에 젖으면 미끄러지기 쉽다. 콘크리트 바닥용 도료에 미리 미끄럼 방지재를 섞어서 바르면 만일의 사고에 대비할 수 있다.

'미끄럼 방지재'(강력방수도료·강력 콘크리트 바닥용 겸용) 아사히펜●300g●콘크리트 바닥이나 계단의 미끄럼 방지에 효과적이다.

조경용 도료

야외 목재용 도료는 방수성·내구성이 뛰어나서 햇볕과 비바람으로부터 목재를 보호한다. 방충·방부 기능은 물론 곰팡이·이끼 방지 기능이 추가된 제품도 많다.

❶ '수성 조경용 컬러' 아사히펜●1.6ℓ(7~12㎡) ●12색●이 밖에도 1/5ℓ, 0.7ℓ, 3ℓ, 7ℓ, 14ℓ
❷ '로즈 가든 컬러' 닛페홈페인트●스테인 타입 0.2ℓ(1~2㎡), 0.8ℓ(5~7㎡)●에나멜 타입 0.2ℓ(1.5~2㎡)/, 0.8ℓ(6~8㎡)
❸ '리보스(Livos)/타야 익스테리어' 이케다 코퍼레이션●2.5ℓ(1ℓ당 15㎡)●이 밖에도 0.05ℓ, 0.75ℓ, 10ℓ
❹ '우디가드' 닛페홈페인트●1.6ℓ(9~18㎡)●총 16색●이 밖에도 0.2ℓ, 0.7ℓ, 4ℓ, 14ℓ

내후성이 뛰어난 야외용 바니시

목제 문이나 조경용품을 비바람과 햇볕으로부터 강력하게 보호한다

야외용 바니시는 내수성·내후성이 뛰어나므로 빈지문이나 목제 문을 새로 칠하거나 래티스나 정원용 가구를 도장할 때 적합하다. 자외선 흡수제를 첨가한 제품도 있다. 단, 야외 바닥면의 도장에는 적합하지 않으므로 주의하자.

'유성 초(超) 내구 야외용 바니시' 아사히펜●0.7ℓ(4.2~7㎡)●2색●이 밖에도 100㎖, 300㎖, 1.8ℓ

'유성 외부용 바니시' 칸페하피오●1.6ℓ(7~9㎡)●1색●이 밖에도 0.7ℓ, 3.4ℓ

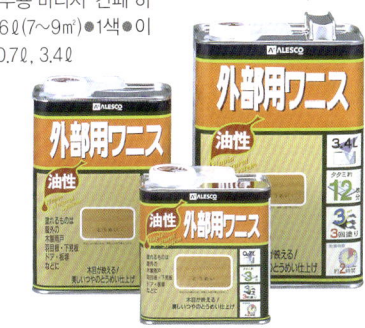

Varnish

07 | 도장재 / 바니시

나무의 느낌을 살리고 광택을 내는 투명한 도장

바니시

흠집이나 오염 물질로부터 나무를 보호하고 나뭇결의 아름다움을 살리는 바니시 도장

바니시란 수지·유지를 용제에 녹인 목재용 도료로 무색투명한 것이 특징이다. 마르면 광택이 나는 튼튼한 도막을 형성해 목재의 표면을 강력하게 보호한다.

가구나 목공품 등을 도장할 때 나뭇결과 바탕색을 자연스럽게 살리고 싶다면 바니시를 바르는 것(투명도장)이 좋다. 나뭇결은 살리는 대신 원하는 색을 입히고 싶다면 스테인이라고 부르는 침투성이 뛰어난 착색 도료를 바르는 것이 좋다. 단, 스테인은 도막을 형성하지 않으므로 표면을 보호하려면 스테인이 마른 뒤 그 위에 바니시를 덧칠해야 한다.

바니시 중에는 안료를 섞은 '착색 바니시'도 있다. 착색 바니시를 사용하면 착색과 바니시 칠을 동시에 할 수 있지만 얼룩이 지기 쉬워 초보자가 다루기는 어려울 수 있다.

'광택 첨가 바니시 스프레이' 아톰하우스페인트 ●120㎖ (0.24~0.5㎡) ●목공품, 지점토 등 각종 취미 활동에 활용할 수 있다. 수채물감 위에 뿌려도 잘 번지지 않는다.

'아톰 수성 바니시' 아톰하우스페인트 ●100㎖(약 1.3㎡), 300㎖(약 4㎡), 0.7ℓ(약 9.3㎡) ●총 6색 ●착색과 바니시 칠을 동시에 할 수 있다.

'유성/알코올계 락니스' 아사히펜 ●300㎖(약 2~3㎡) ●실내 목재의 착색과 광택 첨가에 효과적이다. 수지 유출과 번짐 방지 효과가 있어 목재 도장의 초벌칠 도료로도 적합하다.

'유성/락커계 클리어 락커' 아사히펜 ●100㎖(0.5~0.8㎡), 300㎖(1.5~2.3㎡) ●건조가 빠르고 투명성이 뛰어나 아름다운 광택을 낸다.

'유성 젤 컬러 바니시' ●90㎖(0.5~0.8㎡), 270㎖(1.5~2.4㎡) ●총 13색 ●천으로 문질러 사용하는 젤 타입의 바니시다. 바르기 쉬운 만큼 얼룩이 잘 생기지 않는다.

DIY TECHNIC

목재의 착색에는 스테인

스테인은 나무에 스며들어 색을 내는 도료다. 따라서 스테인을 바를 때는 헝겊으로 문지르듯이 발라야 한다. 스테인을 바르고 난 후에는 그 위에 바니시를 덧바르는 것을 잊지 말자. 수성 바니시에는 수성 스테인, 유성 바니시에는 유성 스테인이 잘 어울린다.

'유성 오일 스테인' 아사히펜 ●300㎖(3~5㎡), 1ℓ(10~16㎡) ●총 6색 ●나뭇결을 아름답게 살려주므로 가구나 목공품에 적합하다.

'수성 스테인' 카페 하피오 ●100㎖(1.6~2.4㎡), 300㎖(5~7㎡) ●총 8색

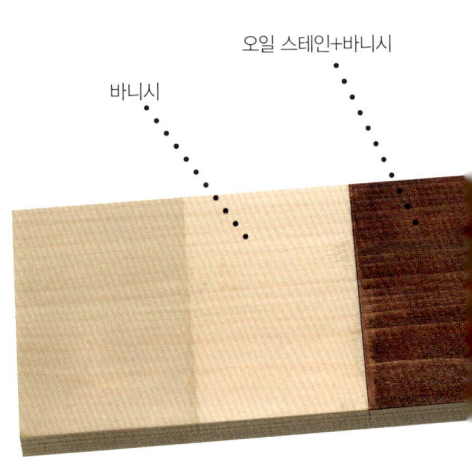

오일 스테인+바니시

바니시

【 바닥용 바니시 】 실내 바닥이나 계단에 사용하는 바니시로 내수·내마모성이 뛰어나며 잘 미끄러지지 않는다. 수성과 유성 타입이 있다.

오일·왁스

나무의 자연스러운 느낌을 살리는 오일 도장

시간이 갈수록 멋을 더하는 오일 도장

오일 도장은 나무에 오일이 스며들게 하는 도장 방법이다. 오일을 발라 건조시킨 후 왁스를 바르고 마른 헝겊으로 윤을 내면 좋다. 나무에 스며든 오일이 수분과 오염 물질로부터 목재를 보호한다. 단, 표면에 도막을 형성하지 않으므로 바니시보다 내구성 면에서 떨어진다. 하지만 헝겊으로 문지르면 아름다운 윤기가 흘러 바니시와는 또 다른 소박한 멋을 느낄 수 있다.

오일 도장은 광택이 사라질 때마다 새로 칠하면 된다. 오랜 시간에 걸쳐 여러 번 칠을 반복하다보면 점차 그윽한 멋을 낸다. 오일 도장은 고급 소재를 사용한 가구 등의 도장에 적합하다.

밀랍이나 카나우바 야자나무 같은 식물을 주원료로 한 왁스로 세계적인 베스트셀러 상품이다. 목제품을 아름답게 착색·보호하며 광택을 낸다. 오일 도장 후 왁스를 바르면 좀 더 그윽한 분위기를 낼 수 있다.

'BRIWAX/오리지널 왁스'●400㎖(약 4㎡)●총 10색●5ℓ, 20ℓ도 있다.●바닥이나 가구의 마감 및 관리에 적합하다.

영국 왓코(WATCO)사에서 나오는 오일이 인기가 많다. 아마인유를 주재료로 한 오일로 침투성이 뛰어나다. 마치 물에 젖은 것처럼 나뭇결이 생생하게 표현된다. 유해물질이 함유되어 있지 않아 안전성 면에서도 높은 평가를 받고 있다.

'왓코 오일' 왓코사●1ℓ(약 10㎡)●총 8색●200㎖, 3.6ℓ, 18ℓ도 있다.

DIY TECHNIC

오일 도장의 핵심

오일을 나무에 충분히 침투시켜 나무 내부에 도막을 형성하는 것이 오일 도장의 핵심이다. 나무에 오일을 듬뿍 바른 후 잘 스며들도록 천으로 문지른다. 컬러 오일은 바르기 전에 다른 곳에 미리 발라 발색 상태를 확인한다. 색이 너무 진하면 내추럴 컬러를 첨가해서 색을 조절하면 된다. 또 오일을 닦아내기(순서❷) 전에 컬러 오일이 말라 버리면 얼룩이 생길 수 있으므로 오일을 바를 때는 되도록 한 번에 바르는 것이 좋다.

❶ 오일을 바른다

고운 사포(240번 이상)로 바탕 면을 정리한 후 나뭇결을 따라 오일을 듬뿍 바르고 15~30분 정도 그대로 둔다.

❷ 오일을 닦아낸다
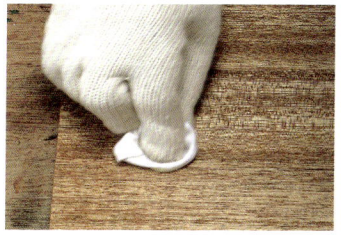
헝겊으로 남아 있는 오일을 닦아낸다. 나뭇결을 따라 헝겊을 문질러 오일이 목재에 잘 스며들도록 하는 것이 중요하다.

❸ 사포로 문지른다

오일을 다시 한 번 바른 후 표면에 남은 오일을 닦아낸다. 오일이 완전히 마르기 전에 사포(240~400번)로 나무 표면을 다듬는다.

❹ 왁스를 발라 마무리한다

그 상태로 약 이틀간 건조시킨다. 마지막으로 왁스를 바른 후 마른 헝겊으로 문질러 닦는다.

Paints for Special Usage

특수 도료

특화된 기능으로 취미나 생활에 도움을 준다

특별한 용도나 독특한 분위기를 표현하는 특수도료

돌이나 금속 재질 등 다양한 질감을 표현할 수 있는 도료가 판매되고 있다. 이러한 도료를 사용하면 평범한 가구나 소품, 목공품 등에 색다른 분위기를 전달할 수 있다.

이 밖에도 내열성이 뛰어난 도료나 야광도료, 칠하기만 하면 순식간에 칠판을 만들 수 있는 도료 등 특수한 기능을 갖춘 도료가 많다. 이러한 특수 도료를 적재적소에 활용하면 더욱 편리하고 즐거운 생활을 만끽할 수 있다.

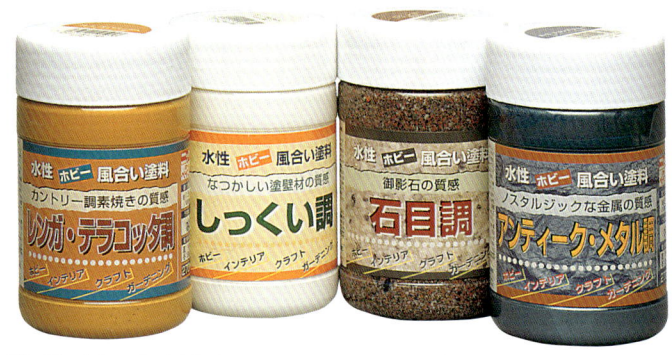

'장시간 야광 스프레이' 닛페홈페인트●80㎖(0.14~0.2㎡)●태양광이나 형광등의 불빛을 모아두었다가 불빛이 사라졌을 때 빛을 발하는 야광도료다. 스위치, 콘센트, 계단, 난간 등을 표시하거나 위치를 확인할 때 사용한다.●총 5색

'취미용 질감 도료' 닛페홈페인트●돌결무늬/100㎖, 270㎖(약 0.3㎡)●이 밖에도 벽돌·테라코타·앤티크메탈·회반죽 등 총 17색●생생한 질감을 표현하며 인형의 집이나 디오라마 등을 제작하기에 적합한 취미용 도료이다.

'도금 효과 스프레이' 아사히펜●300㎖(1~1.5㎡)●총 5색●목재, 철재, 유리, 플라스틱에 도금 효과를 준다.

'석재 스프레이' 아사히펜●300㎖(0.4~0.6㎡)●총 8색●내후성이 뛰어나며 실내 및 실외의 목재·철재를 석재처럼 중후한 분위기로 변신시킨다.

'칠판용 스프레이' 선데이페인트●300㎖(0.7~1.2㎡)●평평한 판자에 스프레이를 뿌리기만 하면 칠판이 완성되는 신기한 도료다. 광고판이나 식당 메뉴판 등을 손쉽게 만들 수 있다.

추천 아이템

아름다운 광택과 뛰어난 내구성을 자랑하는 차량 전용 스프레이 도료

차량이나 오토바이의 연료 탱크를 도장할 때는 광택이 아름답고 내구성이 뛰어난 2액성 우레탄 도료를 사용하는 것이 좋다. 가솔린 등에 강하여 아름다운 색을 오랫동안 유지할 수 있다. 전용 프라이머를 도포한 후 그 위에 뿌려준다.

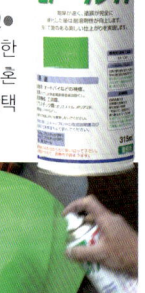

'에어 우레탄' 오카지마●315㎖●총 20색●건조가 빠르고, 강력한 도막을 형성한다. 2액형 내부 혼합형 스프레이 방식의 수성 광택 도료다.

'내열 도료 스프레이' 아사히펜●300㎖(1.1~1.6㎡)●스토브나 굴뚝, 소각로 등을 도장하기에 적합하다. 자동차나 오토바이의 소음기를 새로 칠할 때도 사용한다. 최고 600℃의 고온에도 견딜 수 있다.

'조카키시부(上柿渋)' 시마모토●400㎖(3.2㎡)●풋감을 발효·숙성시켜 만든 전통 도료. 유해물질을 함유하지 않아 다시 인기를 끌고 있다. 목재를 도장할 때뿐만 아니라 천과 종이의 염료로도 쓰인다. 항균·방충 효과가 있다.

【 2액성 도료 】 두 가지 액체인 주제(主劑)와 경화제를 혼합해서 이때 발생하는 화학 반응을 이용해 고체화시키는 2액성 도료로 튼튼한 도막을 형성한다. 스프레이 타입은 충분히 흔들어 사용한다.

Primer

07 | 도장재 / 하도재

도장 전에 바탕을 정리하여 덧칠할 도료의 성능을 향상시킨다

하도재

마무리 도료의 흡입을 방지하고 도료와 하도재의 밀착성·내구성을 향상시킨다

소재에 알맞은 도료를 선택해도 소재의 상태가 좋지 못하면 도료가 제 성능을 못 한다. 따라서 도장 작업에 들어가기에 앞서 용도에 맞는 하도재를 뿌려두어야 한다. 하도재를 도포하면 마무리 도료의 흡입을 방지할 수 있을 뿐만 아니라 소재와의 밀착성과 내구성을 향상시킬 수 있다. 비철금속(놋쇠나 알루미늄 등)이나 플라스틱류에 사용할 수 있는 하도재도 있다.

벽의 초벌

❶ '수성 수지 유출 방지·얼룩 방지 실러' 아사히펜●1ℓ(벽지 6~14㎡, 모래벽·섬유벽 3~7㎡), 2ℓ(벽지 12~28㎡, 모래벽·섬유벽 6~14㎡)●수지, 기름때 등의 유출을 방지한다.
❷ '벽 진정 스프레이' 아사히펜●420㎖(콘크리트벽 2~4㎡, 모래벽·섬유벽 1~2㎡)●노화된 모래벽에 스며들어 표면을 보강한다. 칠을 새로 할 때 하도재로 쓰인다.

철재의 녹 방지

❶ '광택 제거·녹 방지 스프레이' 아톰하우스페인트●400㎖(약 1.7㎡) 총 2색●붉은 녹/그레이/●밀착성이 뛰어난 스프레이 타입
❷ '에폭시 녹 방지' 선데이페인트●1.6ℓ(약 16㎡)●속건 타입의 녹 방지제. 하루 만에 덧칠까지 가능●총 2색●1/12ℓ, 1/5ℓ, 0.7ℓ, 3ℓ, 7ℓ

야외 목재의 초벌

'유성 우드 실러' 칸페 하피오●0.3ℓ(4~5㎡), 0.7ℓ(10~12㎡), 1.6ℓ(22~26㎡), 3.4ℓ(48~60㎡)●마무리 도료의 흡입을 방지하고 밀착성을 향상시킨다.

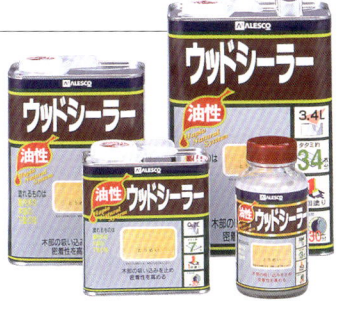

콘크리트 면의 초벌

'수성 실러' 아사히펜●1ℓ(5~10㎡), 4ℓ(20~40㎡), 7ℓ(35~70㎡), 14ℓ(70~140㎡)●실내용 콘크리트, 모르타르, 슬레이트 등에 수성 도료를 바르기 전 초벌용으로 사용하는 실러. 마무리 도료의 흡입을 방지하고 밀착성·내구성을 향상시킨다.

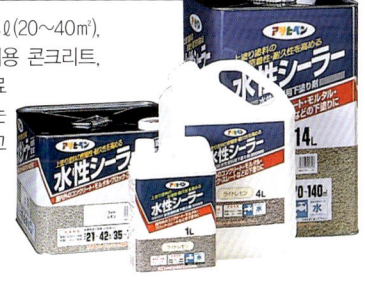

각종 프라이머

❶ '플라스틱용 프라이머' 아사히펜●100㎖(0.4~0.5㎡), 300㎖(1.2~1.5㎡)●각종 플라스틱에 도포 후 락커, 유성도료, 수성 도료를 덧바를 수 있다.
❷ '메탈 프라이머' 아사히펜●100㎖(0.5~0.6㎡), 300㎖(1.5~1.8㎡)●비철금속에 도포 후 락커, 유성도료, 수성 도료를 덧바를 수 있다.
❸ '목재용 프라이머' 아사히펜●100㎖(0.4~0.5㎡), 300㎖(1.2~1.5㎡)●미도장 목재의 표면을 정리하고 마무리 도료의 흡입을 억제한다.

토분(도노코)

❶ '도노코' 아사히펜●600g(6~9㎡)●목재의 눈먹임에 사용한다. 물에 잘 녹는 미세한 분말로 나뭇결 사이에 잘 스며든다.●2색
❷ '컬러 도노고' 아사히펜●150g(0.6~1.2㎡)●눈먹임 작업과 착색을 동시에 할 수 있는 편리한 제품●화이트, 아이보리, 라이트 오크 등 총 5색

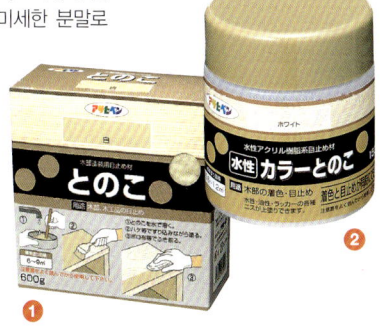

벽재

Plaster | 07 도장재 / 벽재

웰빙 천연 소재·규조토 벽재가 인기

새집증후군을 예방할 수 있는 천연 소재로 벽을 새로 칠해 분위기를 바꾼다

벽에 페인트칠을 하듯이 간편하게 바를 수 있는 벽재가 다양하게 판매되고 있다. 그중에서도 특히 규조토나 회반죽 등의 천연 소재를 사용해 새집증후군을 예방할 수 있는 벽재가 주목을 끌고 있다. 시공 방법도 그리 어렵지 않으므로 집 안의 분위기를 손쉽게 바꿀 수 있다.

규조토 벽재

플랑크톤의 사체가 바다나 호수 바닥에 쌓여 형성된 점토 형태의 흙이다. 표면에 미세한 구멍이 무수히 많은 다공질체로 보온·단열·차음·탈취·결로 방지·습도 조절 등 다양한 기능을 갖추고 있다. 새집증후군의 원인이 되는 유해가스를 방출하지 않는 천연 벽재로 인기를 끌고 있다.

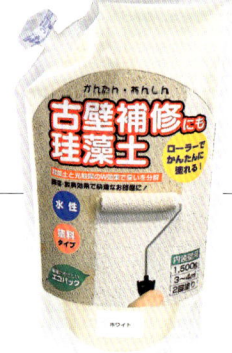

'간단 안심 규조토' 후지와라화학 ●1.5kg(3~4㎡)●혼합된 상태로 나오는 기조합 타입으로 롤러를 이용해 낡은 벽에 바르면 된다.

'고벽(섬유벽 등)용·규조토 벽재' 후지와라화학 ●3kg(2.5~3.3㎡)●오래된 벽 등에 직접 바른다. 얼룩 방지 처리를 하지 않아도 된다.

'리터너블 파우더' 사메지마 코퍼레이션●8kg(6.6㎡)●고기능 규조토를 주원료로 한 웰빙 천장재·벽재. 흡방습 기능이 뛰어나다. 굳어도 재사용이 가능하다. 직접 바를 수 있어 DIY에 적합하다.

섬유 벽재

'쓰쓰지(都々路)' 가테이(家庭)화학공업●0.65kg(약 3.3㎡), 1.95kg(약 9.9㎡)●총 5색●접착제가 배합되어 있어 물에 개기만 하면 곧바로 시공이 가능하다. 방음·보온 작용을 한다.

회반죽 벽재

석회에 풀이나 섬유 등을 섞어 만든 전통 벽재로 조습 기능이 뛰어난 것이 특징이다. 불연성 재료로 곰팡이에도 강하다. 오염 물질을 방출하지 않으므로 새집증후군에 대해 염려하지 않아도 된다. 웰빙 천연 소재로 주목받고 있다. 또 회반죽은 아니지만 그와 비슷한 질감을 내는 도료도 판매되고 있다.

'교테라스(京庭) 벽 회반죽' 가테이 화학공업●1.8kg(약 1.65㎡), 7.2kg(약 6.6㎡)●비닐제 벽지나 프린트 합판에 직접 바를 수 있다. 조습 기능이 뛰어나며 유해물질을 흡착한다.

주라쿠 벽재*

'교카베(京壁)' 가테이 화학공업●0.9kg(약 3.3㎡)●총 4색●우아하고 차분한 느낌을 준다. 발림이 좋아 얼룩이 잘 생기지 않는다. 접착제가 배합되어 있어 물에 개기만 하면 곧바로 시공이 가능하다.

'수성 회반죽풍 벽 도료' 닛페홈페인트●4wkg(2~3㎡), 8kg(4~6㎡)●총 10색●손쉽게 회반죽 같은 질감을 낼 수 있는 도료.

* 주라쿠 벽: 적갈색 흙을 섞은 벽

How to DIY 도장

실내 벽 칠하기

마스킹 작업을 제대로 하면 아름다운 벽면이 탄생한다.

마스킹 작업을 한다

1 마스킹 테이프를 50cm씩 붙인다

벽에 도료를 바를 때는 기둥에 마스킹 테이프를 붙인다. 주로 사용하는 손으로 마스킹 테이프를 잡고 50cm씩 붙인다. 마스킹 테이프의 한쪽 끝이 도장의 경계가 되므로 비뚤어지지 않게 똑바로 붙이는 것이 중요하다. 규조토 등을 바를 때는 두께를 고려해 2mm 정도 간격을 두고 붙인다.

2 손가락으로 꾹꾹 눌러 밀착시킨다

마스킹 테이프만을 붙인 상태에서는 아직 테이프가 밀착되지 않아 도료가 테이프와 접착 면 사이의 틈으로 들어갈 수 있다. 손가락으로 테이프(특히 가장자리 부분)를 눌러서 벽에 단단히 밀착시킨다.

3 커버링 테이프로 넓은 면을 보호한다

A

B

C

커버링 테이프는 테이프 부분의 접착력이 다소 약하므로 마스킹 테이프를 먼저 붙인 다음 그 위에 사용하는 것이 좋다.

A 커버링 테이프를 마스킹 테이프 위에 붙인다.
B 시트 부분을 넓게 펼친다.
C 펼친 시트를 바닥 면에 내려놓는다. 정전기가 작용해서 바닥에 쉽게 달라붙는다.

페인트를 바른다

1 페인트를 잘 섞는다

안료가 침전되어 있을 수도 있으므로 용기를 열기 전에 골고루 흔든다. 용기를 개봉한 후에도 나무젓가락 등을 이용해 젓는다.

2 트레이에 페인트를 절반 정도 붓는다

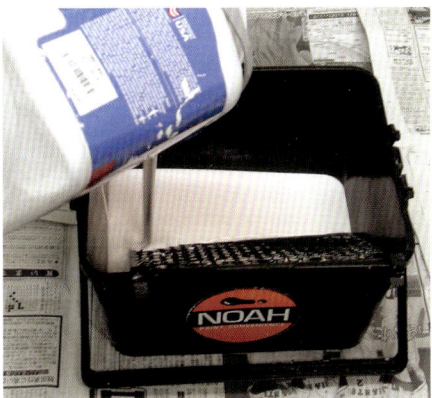

트레이에 페인트를 절반 정도 붓는다. 남은 페인트가 마르지 않도록 곧바로 용기의 뚜껑을 덮는다.

3 칠하기 힘든 부분부터 먼저 칠한다

천장 모서리, 창가 등 롤러로 칠하기 어려운 부분부터 브러시로 먼저 칠한다. 연필을 쥐듯이 브러시를 들고 손목의 스냅을 이용해 부드럽게 움직인다. 브러시를 최대한 세워서 바른다. 브러시를 눕혀서 바르면 손에 힘이 들어가서 페인트를 고르게 바르지 못한다.

How to DIY | 도장

④ 롤러에 페인트를 묻힌다

롤러를 트레이에 담근 후 거름망에 걸러 페인트 양을 조절한다. 페인트를 뚝뚝 떨어지지 않을 정도로 묻혀야 작업하기가 수월하다.

⑤ 위에서부터 순서대로 바른다

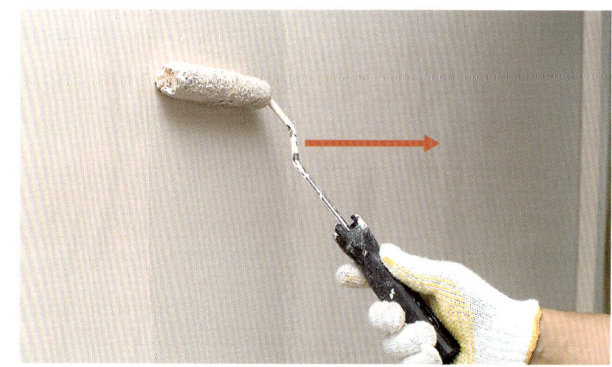

천장 → 벽 위쪽 → 벽 아래쪽의 순서대로 바른다. 롤러를 가로 방향으로 움직일 때는 손잡이가 달린 쪽으로 움직인다(사진 속 화살표 방향). 참고로 페인트는 보통 두 번 바르므로 처음 바를 때는 전체적으로 가볍게 바르면 된다.

⑥ 페인트를 덧칠한다

처음 칠한 페인트가 모두 마르면 동일한 순서로 덧칠을 한다. 작업하는 도중에 간간이 벽에서 물러나 빈틈이나 얼룩이 없는지 확인한다.

⑦ 마스킹 테이프를 뜯어내어 페인트칠을 마무리한다

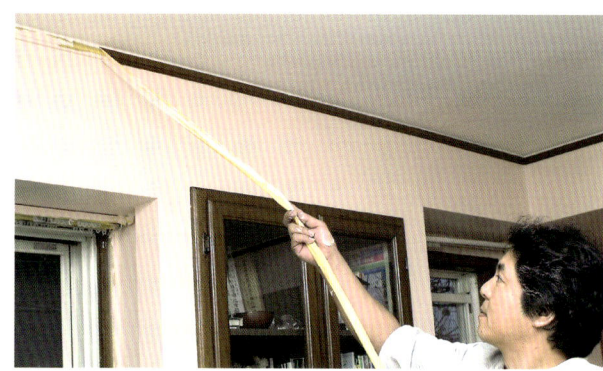

페인트가 절반 정도 마르면 마스킹 테이프를 뜯어낸다. 페인트가 완전히 건조된 상태에서 테이프를 뜯어내면 도막이 벗겨진다. 미처 칠하지 못한 부분은 나중에 부분적으로 덧칠한다.

Point

롤러로 칠할 때는 아래쪽에서 위쪽으로, 리듬감 있게

롤러는 비교적 다루기 쉬운 도구이지만 처음 사용할 때는 페인트가 아래로 뚝뚝 떨어지기 쉽다. 이것을 방지하려고 롤러에 페인트를 소량만 묻히면 페인트칠이 제대로 되지 않는다. 롤러는 원래 두꺼운 도막을 균일하게 바르기 위해 사용하는 도구다. 따라서 페인트는 듬뿍 묻혀야 한다(롤러로 작업할 때는 페인트를 물로 희석시키지도 않는다). 페인트를 흘리지 않으려면 롤러를 움직이는 방향에 주의해야 한다. 반드시 롤러를 아래쪽에서 위쪽으로 움직여야 한다. 또 리듬감 있게 칠하는 것도 중요하다. 몸에 힘을 뺀 상태로 리듬에 맞춰 롤러를 움직이면 쉽게 바를 수 있다.

실내 도장의 조건

1. 건조 시간을 최대한 줄일 수 있도록 실내 환기에 신경 쓴다.
2. 맑은 날에 한다. 비가 오는 날은 습도가 높아서 건조 시간이 길어진다.
3. 기온이 5도 이하인 날은 건조 시간이 길어지므로 피하는 것이 좋다.
4. 되도록 수성 도료를 사용한다. 유성 도료는 냄새가 심하며, 스프레이 타입도 실내 도장에는 적합하지 않다.

롤러를 위아래로 번갈아 움직이면 페인트가 흐르기 쉬우므로 주의하자. 롤러는 반드시 아래쪽에서 위쪽 방향으로 움직인다. 먼저 롤러를 가볍게 굴린 다음, 롤러에 묻어 있는 페인트의 양이 줄어들면 힘을 주어 바른다. 높은 곳을 바를 때는 접사다리나 롤러용 장대를 사용한다.

08 수도배관

수도배관 작업에는 높은 전문성이 필요하다고 생각해서 선뜻 도전하지 못하는 이들이 많다.
하지만 DIY 전문점에 가면 다양한 수도배관용품을 만나볼 수 있다.
수도꼭지나 핸들, 샤워기 헤드 등은 의외로 쉽게 교체할 수 있다.
기능과 디자인도 다양하므로 꼭 한 번 도전해보자

급수전(수도꼭지) | 토수 파이프 | 손잡이(핸들) | 수전보수용품 | 샤워 아이템 | 분기용 철물 | How to DIY: 수도배관

급수전(수도꼭지)

다양한 기능과 디자인으로 부엌과 욕실에 변화를 준다

분위기를 바꾸고 싶다면 수도꼭지부터 교체해보자

급수전은 크게 단수전과 혼합 수전으로 나뉜다. 두 타입 모두 구조가 단순하므로 패킹만 정기적으로 교체해주면 언제든지 쓸 수 있다. 하지만 수전 주변의 분위기를 확 바꾸고 싶을 때는 수전 자체를 과감하게 교체하는 방법을 선택해보자. 생각만큼 어렵지 않으면서도 시공 후에 전혀 다른 인상을 풍기기 때문에 만족감도 크다. 요즘은 다양한 기능과 디자인을 갖춘 급수전이 많이 출시되고 있으므로 취향이나 용도에 맞는 제품을 선택할 수 있다는 장점도 있다.

단수전

냉수와 온수 중 어느 한쪽만 단독으로 토수하는 급수전을 단수전이라고 한다. 설치 장소와 구조의 차이 등에 따라 가로 수전과 입수전으로 나뉘지만 기본적인 내부 구조는 동일하다.

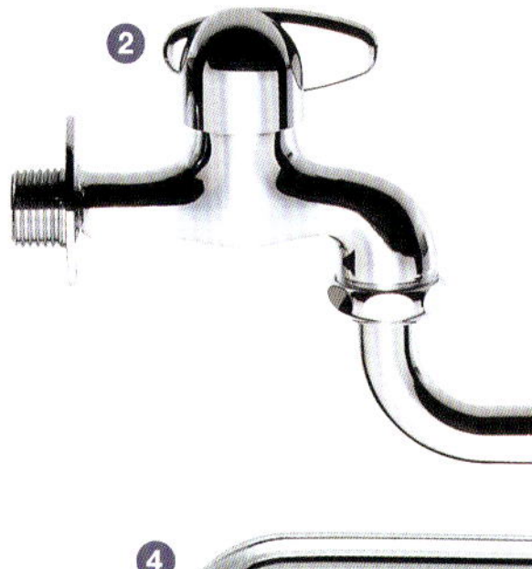

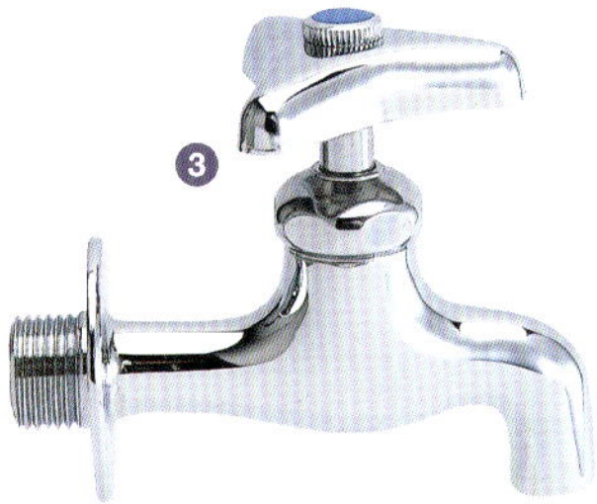

가로 수전

벽면 배관구에 설치된 급수전이다. 부엌을 비롯한 다양한 곳에 사용되고 있다. 급수전의 기본형이라고 할 수 있는 구조로 본체만 교체하는 작업은 다른 부품 보수 작업과 마찬가지로 손쉽게 할 수 있다.

- ❶ '만능 홈 수전' 가쿠다이 ●13호
- ❷ '미니세라 자재수전' 산에이수전제작소(三栄水栓製作所) ●13호 ●절수 사양
- ❸ '가로 수전' 가쿠다이 ●13호, 20호, 25호
- ❹ '가로형 자재수전' 가쿠다이 ●13호
- ❺ '좌측 핸들 가로형 자재수전' 가쿠다이 ●한랭지에서 사용 가능

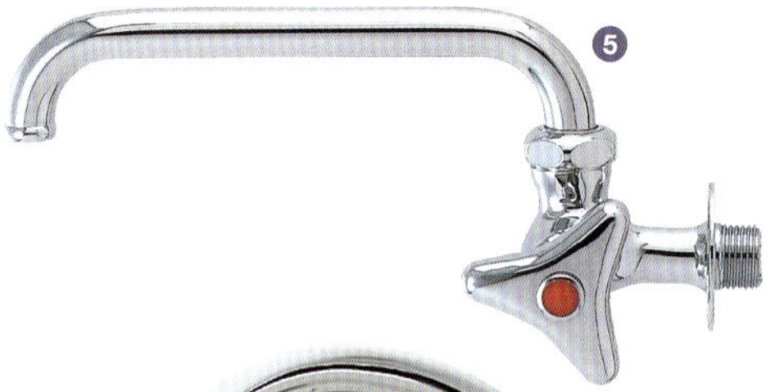

2구 수전

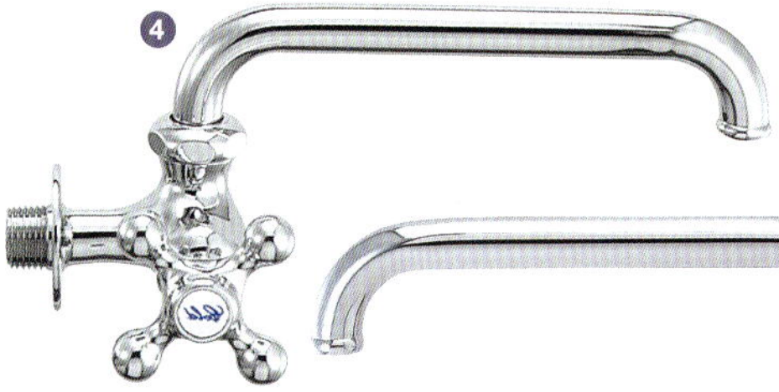

하나의 배관에 두 개의 토수구가 달린 급수전이다. 두 방향으로 동시에 물을 보낼 수 있는 제품과 한쪽 방향씩 물을 보낼 수 있는 제품이 있다. 분기용 철물(142페이지)과 마찬가지 효과가 있어 세탁기용 수전으로 사용하기 좋다.

'만능 2구 가로 수전' 산에이수전제작소 ●13호

자동 수전

핸들에 손을 대지 않아도 물이 나오므로 집에 돌아와 손을 씻을 때도 위생적이다. 전지가 내장되어 있는 타입은 DIY로 교체할 수 있지만, 전원이 연결되는 타입은 교체가 쉽지 않다.

'센서전(洗栓)' 가쿠다이

입수전

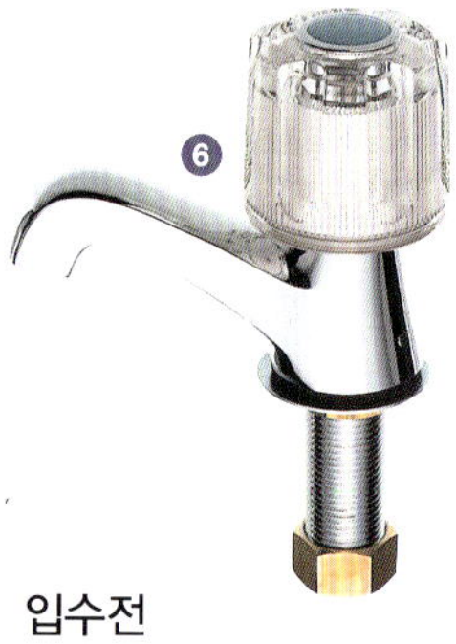

화장실에서 많이 사용하는 수전이다. 입수전은 가로 수전보다 설치 과정이 복잡하며 렌치 같은 전용 공구가 필요하다.

- ❻ '입수전' 산에이수전제작소 ●13호
- ❼ '입수전형 스완 수전' 가쿠다이 ●13호 ●설치 가능한 구멍 지름 22~27mm ●한랭지에서 사용 가능 ●90도 개폐 핸들

【 지수전의 위치 】 보통 단독주택은 옥외에 설치된 계량기함 내부에, 집합주택은 가스 및 수도 계량기함 내부에 있다. 화장실이나 부엌은 세면대나 싱크대 아래 혹은 그 안에 위치한다.

【 지수전(止水栓) 】 수도 관련 작업을 할 때는 특히 지수전을 잠그는 것을 잊지 말아야 한다. 지수전을 열어둔 상태로 작업을 시작하면 급수전을 분리하는 순간 물이 쏟아져 나오므로 주의하자.

08 | 수도배관 / 급수전(수도꼭지)

혼합 수전

토수구는 한 개이지만 냉수와 온수용 배관이 별도로 이어져 있는 수전을 혼합 수전이라고 한다. 최근에는 여러 제조사에서 더욱 손쉽게 교체할 수 있도록 개발된 교체용 혼합 수전을 내놓고 있다.

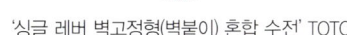
'싱글 레버 바닥고정형 (대붙이) 혼합 수전' TOTO

싱글 레버 타입
핸들 대신 레버 하나로 냉수와 온수의 혼합·토수량을 조절할 수 있는 급수전이다. 레버식이어서 남녀노소 누구나 간편하게 조작할 수 있다. 부엌이나 세면대에 많이 쓰인다.

'싱글 레버 벽고정형(벽붙이) 혼합 수전' TOTO

'믹싱 혼합 수전'(선단개폐식) TOTO

투 핸들 타입
온수와 냉수를 저마다 다른 핸들로 개폐해서 혼합·조정하는 급수전이다. 각 핸들의 상부와 토수 파이프 접합부 등의 구조는 단수전과 거의 동일하다. 부엌이나 욕실에 쓰이는 경우가 많다.

'2핸들 혼합 수전' 가쿠다이

원홀 타입
단수전처럼 설치 구멍이 하나인 수전이다. 냉수용 배관과 온수용 배관이 합쳐져 있어서 간편하게 조작할 수 있다. 주로 부엌 급수전으로 많이 사용된다.

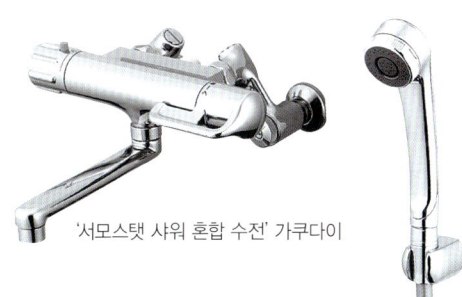
'서모스탯 샤워 혼합 수전' 가쿠다이

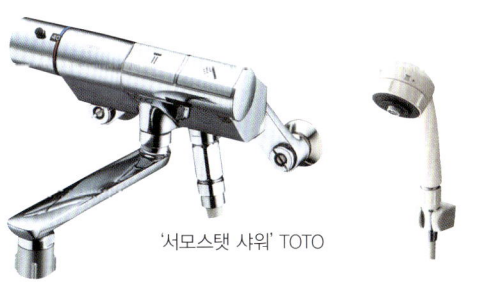
'서모스탯 샤워' TOTO

서모스탯(thermostat) 타입
자동적으로 물 온도를 일정하게 유지하는 기능을 탑재한 급수전이다. 수전 부분이 뜨거워져서 화상을 입지 않도록 본체의 온도 상승을 방지하는 기능을 첨가한 제품도 등장하고 있다.

기초지식 | 급수전의 구조를 알면 수리도 쉽다!

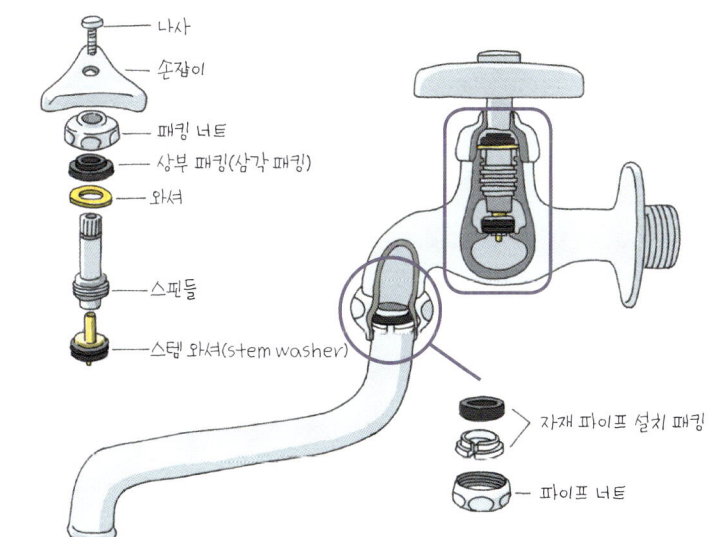

단수전과 혼합 수전 모두 기본적인 구조는 동일하다. 패킹이나 스템 와셔 등 수전 내부 부품은 비교적 호환성이 뛰어나므로 기본적인 구조만 알고 있으면 대부분의 급수전을 수리할 수 있다. 단, 자동 수전과 서모스탯, 싱글 레버 등은 예외에 속하지만 이들 부품도 단품으로 판매하므로 DIY가 가능하다.

【관리】 급수전에 낀 때나 얼룩은 주방용 세제 등으로 닦으면 깨끗해진다. 주방용 세제로도 잘 닦이지 않을 때는 자동차 클리너나 왁스 등으로 닦으면 좋다. 깨끗하게 닦일 뿐만 아니라 보호막까지 형성하여 일석이조의 효과를 거둘 수 있다.

Pipe

08 수도배관 / 토수 파이프

현재 사용 중인 급수전을 한층 편리하게 해준다
토수 파이프

보수하면 예전처럼 사용할 수 있고 교체하면 더욱 편리해진다

토수 파이프는 물이 세차게 흐르기 때문에 오래 사용하면 패킹의 마모를 비롯한 접합부의 변형으로 끊임없이 문제가 발생하는 부분이다. 그렇지만 파이프와 수전의 접합부는 구조가 그리 복잡하지 않아서 쉽게 보수·교체할 수 있다. 싱크대 구석까지 물이 닿지 않는 등 이제껏 불만이 있었다면 보수를 하는 김에 설비를 좀 더 개선하는 것이 좋다. 또 토수 파이프는 종류가 매우 다양하므로 제품을 구입할 때 구입 목적과 필요한 기능을 잘 따져보는 것이 중요하다. 파이프의 방향이나 사이즈, 접합부의 설치 사이즈 등도 미리 확인해둔다. 일반적인 파이프의 설치 사이즈는 'W26山20(구경 26㎜, 나사산수 20)', 바깥지름은 16㎜이며, 그 밖의 사이즈는 어댑터를 사용해서 조정한다.

스탠드 타입

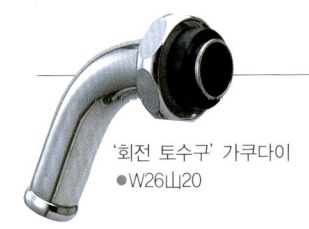

'회전 토수구' 가쿠다이 ●W26山20

단품으로는 별다른 기능이 없는 자재 파이프나 회전 토수구와 같은 일반적인 파이프도 사이즈나 파이프 교체에 따라 편의성이 크게 향상될 수 있다. 파이프의 방향이 틀리지 않도록 주의하자.

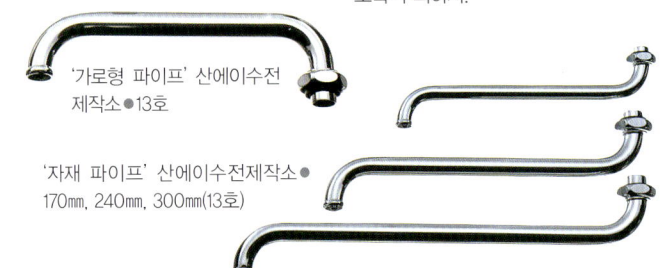

'가로형 파이프' 산에이수전제작소 ●13호

'자재 파이프' 산에이수전제작소 ● 170㎜, 240㎜, 300㎜(13호)

공간 절약 타입

파이프의 토수구를 높여서 넓은 공간을 확보하는 파이프다. 씻을 공간을 확보하거나 정수기를 설치하는 등 다양한 용도에 어울리는 제품이 판매되고 있다. 토수구가 높아진 만큼 물이 많이 튀므로 포말금구를 함께 사용하는 것이 좋다.

'에코 포말(泡沫) SU 파이프' 가쿠다이 ●13호

'정수기 전용 S 파이프' 가쿠다이 ●13호

'접이형 자재 파이프' 산에이수전제작소 ●13호

'가로형 상향 파이프' 산에이수전제작소 ●13호

그 밖의 편리한 파이프

파이프 자체가 기능을 갖춘 토수 파이프. 플렉시블 파이프나 신축 자재 파이프처럼 움직임이 확장된 제품이나 샤워기로 전환되어 물살을 변화시키는 제품 등 욕실과 부엌을 더욱 쾌적하게 만드는 다양한 아이템이 나와 있다.

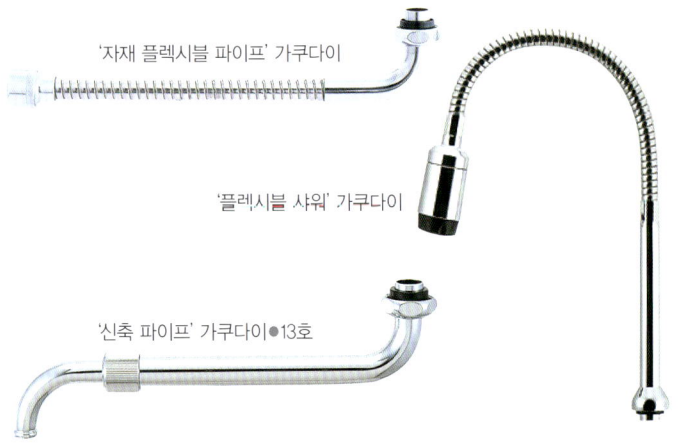

'자재 플렉시블 파이프' 가쿠다이

'플렉시블 샤워' 가쿠다이

'신축 파이프' 가쿠다이 ●13호

추천 아이템

파이프의 길이를 연장할 수 있다

수전이나 파이프를 교체하지 않더라도 지수 위치를 높게 할 수 있는 편리한 아이템이 바로 이 'U파이프 연장 소켓'이다. 수전 본체와 U파이프 사이에 설치하면 지수 위치가 약 90㎜나 높아진다.

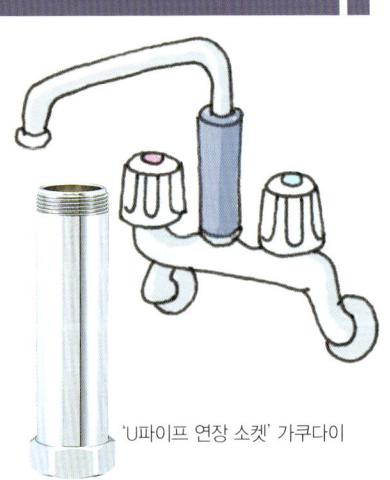

'U파이프 연장 소켓' 가쿠다이

【U파이프와 S파이프】 급수전에 설치할 수 있는 자재 파이프는 수전의 형태에 따라 두 종류로 나뉜다. 물이 지나는 길이 아래로 향하면 U형 파이프, 위로 향하면 S형 파이프다.

Handle

08 수도배관 / 손잡이(핸들)

손잡이를 교체하는 것만으로도 욕실 분위기가 확 달라진다

손잡이(핸들)

매일 사용하는 부품인 만큼
자신에게 잘 맞는 제품을 선택하자

수전금구 중에서도 가장 많은 변화를 꾀할 수 있는 것이 바로 수도꼭지 손잡이다. 화려한 색상과 기발한 디자인은 물론이고 각종 재질이나 형태 등 다양한 측면을 고려한 제품이 가득하다.
또 손잡이는 수도꼭지 중에서도 가장 많이 만지는 부품이므로 직접 만져보고 구입하는 것이 중요하다. 기능과 디자인 면에서 자신의 취향에 딱 들어맞는 제품을 선택해야 욕실을 한층 편안한 공간으로 만들 수 있다.

수도꼭지 상부(수전)

손잡이 부분만 개별적으로 판매하지 않고 축(spindle) 부분까지 세트로 구성된 부품이다. 수도꼭지 내부를 건드리지 않고 핸들 부분을 간편하게 교체할 수 있어 편리하다. 기능성이 강조된 제품으로 수도꼭지를 즉시 교체하려는 사람에게 추천할 만하다.

'싱글 레버 상부' 가쿠다이
'급수전 상부' 산에이 수전제작소

레버식 손잡이

물을 틀거나 잠글 때 큰 힘이 들지 않는 것이 레버식 손잡이의 특징이다. 유량 조절이 쉬워 절수 효과를 기대할 수 있다. 남녀노소 누구나 편하게 이용할 수 있는 보편적인 디자인이다.

손잡이(핸들)

'잡고 돌리는' 간단한 동작을 매끄럽게 연결할 수 있도록 오랫동안 끊임없이 연구한 결과 오늘날과 같은 형태의 수도꼭지 손잡이가 완성되었다. 수전금구 중에서 손으로 잡았을 때의 감촉이 중요시되는 유일한 부품이다.

❶ 워터 피벗 기어 타입(Water Pivot Gear Type) 오리진 COLD
❷ 워터 피벗 기어 타입(Water Pivot Gear Type) 오리진 HOT
❸ 크로스 핸들
❹ 클리어 큐브
❺ D 핸들
❻ M 핸들

❼ 워터 피벗 레버 타입 로즈우드(COLD)
❽ 스윙 레버
❾ 워터 피벗 레버 타입 올드잉글랜드(HOT)
❿ '컬러 핸들(Prim HANDLE)' 가쿠다이

기초 지식 | 수전금구를 다룰 때는 전용 공구를 사용한다

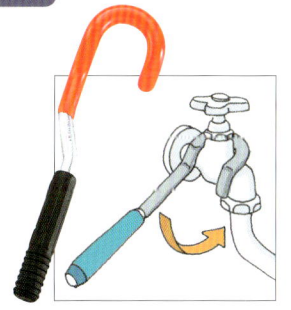
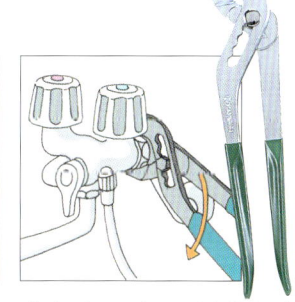

수전 분리 렌치(가쿠다이)는 가로 수전을 분리할 때 반드시 필요하다.

너트는 리브 조인트 플라이어(가쿠다이, '워터 펌프 플라이어' 혹은 '첼라')를 이용하면 간단히 풀 수 있다.

급수전을 보수·교체할 때는 전용 공구가 반드시 필요하다. 일반 공구로 해결할 수 있는 부분도 있지만 전용 공구를 사용하는 편이 아무래도 수월하다. 위에 소개한 공구 이외에도 '수전 수리 렌치 세트'나 입수전(立水栓) 등을 취급할 때 사용하는 '입수전형 금구용 조임 공구' 등을 준비한다면 더욱 좋다.

【 파이프 사이즈 】 일반 가정에서 사용하고 있는 13호 수전금구에 사용되는 파이프는 대부분 바깥지름이 16㎜다.

수전보수용품

누수 및 고장은 원인부터 제대로 해결하자

누수가 발생하면 우선 패킹을 교체한다

수도배관과 관련된 대표적인 문제로 급수전의 '누수'를 꼽을 수 있다. 누수 문제는 내부 패킹을 교체하면 대부분 해결된다. 패킹을 교체하는 기본적인 방법은 다음과 같다(145~146페이지 참조).
①파이프 끝에서 물이 샌다 ⇒ 고무 패킹(스템 와셔) ②손잡이 아랫부분에서 물이 샌다 ⇒ 삼각패킹(손잡이 내부 패킹) ③파이프 아랫부분에서 물이 샌다 ⇒ U 패킹(자재 파이프 탈부착 패킹) ④수도꼭지와 벽 사이에서 물이 샌다 ⇒ 실 테이프(seal tape, 데프론 테이프)
물론 패킹 이외에 다른 고장 요인이 있을 수도 있지만 패킹을 우선적으로 교체해보자. 그 후 문제가 계속 발생한다면 그때 다른 부품의 교체나 보수를 고려해도 늦지 않는다.

패킹(packing)

각 접합부나 개폐부의 누수를 방지하는 부품. 고무 이외에도 석면 등 다른 소재를 사용하기도 하지만 환경문제 등을 고려해 대부분 고무 패킹을 사용한다. 장기간 사용하면 마모되므로 정기적으로 점검하는 것이 좋다.

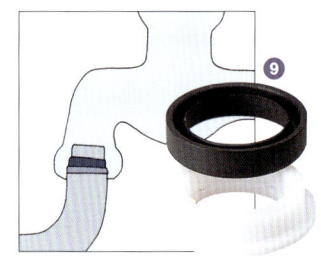
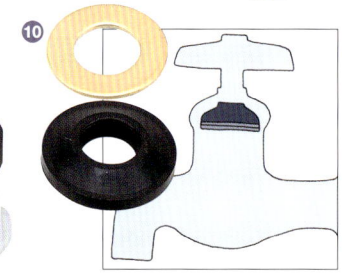

❽ 19밀리미터 패킹
❾ '자재 파이프 설치 패킹 세트' 가쿠다이●바깥지름 16mm용
❿ '수도꼭지 핸들 내 패킹' 가쿠다이●13호용, 20호용
⓫ '고무 패킹' 가쿠다이●바깥지름 14mm, 17mm, 20mm
⓬ '크랭크용 패킹' 가쿠다이
⓭ '포말금구(泡沫金具)용 패킹' 가쿠다이

스템 와셔*

축(spindle)의 밑바닥에 달려 있는 부품으로 수량을 조절하거나 물을 그치게 한다. 일반 가정용 수도꼭지는 '코마 13용(15mm)' 제품을 사용한다. 일반 스템 와셔는 고무 패킹을 교체하면 여러 번 반복해서 사용할 수 있다. 종류가 다양하고 호환성도 뛰어나다.

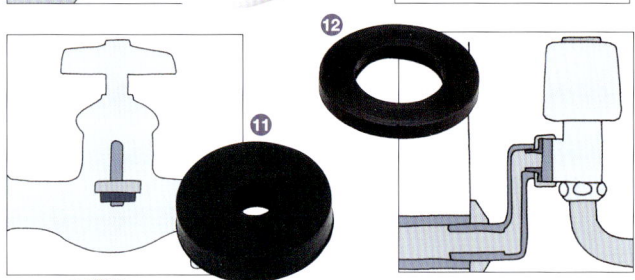

❶ 수도용 고무 부착 스템 와셔
❷ '자동 흡기 스템 와셔' 가쿠다이 13호용●한랭지에서 사용 가능
❸ '스프링 부착 스템 와셔' 가쿠다이●역지 기능 포함
❹ '수전 스템 와셔' 산에이수전제작소(三栄水栓製作所)●바깥지름 15mm
❺ '절수 에스코마' 산에이수전제작소(三栄水栓製作所)●절수 기능
❻ '수전 쓰리코마(吊コマ)' 산에이수전제작소(三栄水栓製作所)●한랭지에서 사용 가능
❼ '에스코마' 산에이수전제작소(三栄水栓製作所)●바깥지름 15mm●1회용 타입

기타 보수 아이템

수전금구 분야는 하루가 다르게 발전하고 있다. 새로운 상품도 많이 출시되고 있지만 탈착 가능한 부품은 모두 보수 대상이 되므로 점검해보자. 아래에 소개하는 카트리지나 포말금구(泡沫金具), 정유량(定流量) 어댑터 등은 개별 판매하므로 고장나더라도 쉽게 교체할 수 있다.

⓮ '포말금구(泡沫金具)' 가쿠다이●13호용
⓯ '깃치리콘(수도꼭지용)' 가쿠다이
⓰ '싱글 레버식 수도꼭지용 카트리지' 가쿠다이

*스템 와셔(stem washer): 일본에서는 코마(コマ, 팽이)라고 부르며 국내에서 상품 검색을 할 때는 고무 패킹 등으로 검색하면 된다.

【 절수 패킹너트 】 손잡이를 들어 올려도 물이 콸콸 흐르지 않게 한 특수 패킹너트. 의식하지 않더라도 저절로 물을 절약하게 하는 아이디어 부품이다.

샤워 아이템

기분 좋은 샤워 아이템으로 하루의 피로를 씻어낸다

샤워기 헤드

최근 출시되고 있는 샤워기 헤드는 종전의 제품과는 달리 기능과 조작성이 크게 향상되어 있다. 헤드 부분에 일시정지 버튼이 달린 제품, 건강을 고려해 염소 제거 기능이나 마사지 기능 등을 첨가한 제품, 수압이 낮은 지역에서도 물줄기를 거세게 내뿜는 '저수압용 헤드' 등 여러 업체에서 개발한 다양한 제품이 판매되고 있다.

마음먹은 순간 바로 교체하자
간단한 작업으로 절대적인 효과를 얻을 수 있다

샤워기와 관련된 문제의 주원인은 샤워기 헤드의 구멍 막힘, 패킹의 노화, 호스의 손상이다. 부품을 부분적으로 수리할 수도 있지만 샤워기 헤드 자체를 교체하면 문제를 가장 빠르게 해결하는 동시에 쾌적함까지 향상시킬 수 있다. 가격도 그리 부담스럽지 않으므로 꼭 한 번 시도해보자. 교체 작업도 매우 간단하다. 샤워기 헤드의 아랫부분을 끼워 넣기만 하면 된다. 샤워기 헤드와 호스의 사이즈가 맞지 않더라도 대부분 어댑터가 함께 들어 있으므로 별 어려움 없이 연결할 수 있다.

❶ '저수압용 마사지 샤워 헤드' 산에이수전제작소
❷ '푸시 오프 샤워' 가쿠다이 ● 지수(止水)・토수(吐水) 전환 가능
❸ '모바리오(MOVARIO) 시리즈' 그로헤(Grohe) 재팬
❹ '비타C샤워2' TOTO ● 염소 제거
❺ '원더 비트' TOTO ● 마사지 샤워 (나선형 회전 분사)
❻ '야사시이 샤워' 가쿠다이 ● 토수의 폭 변환, 유량 조절

샤워호스 & 샤워걸이

쾌적한 욕실을 위해 샤워기 헤드뿐만 아니라 다른 비품에도 신경 쓰자. 때가 잘 타지 않는 호스나 각도 조절이 가능한 샤워걸이 등을 설치하면 욕실을 더욱 편안한 공간으로 꾸밀 수 있다.

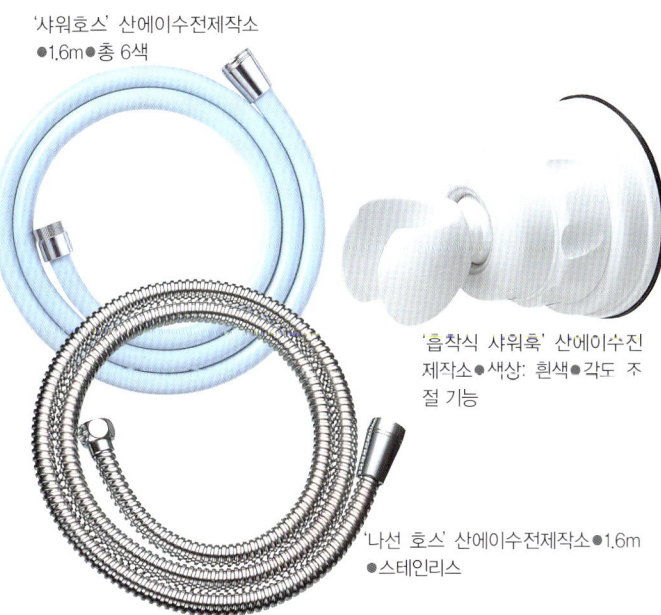

'샤워호스' 산에이수전제작소 ● 1.6m ● 총 6색

'흡착식 샤워훅' 산에이수진제작소 ● 색상: 흰색 ● 각도 조절 기능

'나선 호스' 산에이수전제작소 ● 1.6m ● 스테인리스

교체 전에 확인하자!

일시정지 버튼이 달린 샤워기 헤드는 온수 역류에 주의하자

일시정지 기능이 첨가된 샤워기 헤드 중에는 일시정지 버튼을 눌렀을 때 물이 완전히 멈추는 제품과 뜨거운 물이 졸졸 흘러나오는 제품이 있다. 그중에서도 물이 완전히 멈추는 제품으로 교체할 때는 더욱 주의가 필요하다. 온수의 역류를 방지하는 어댑터를 연결하지 않으면 샤워기 헤드에서 혼합 수전 본체로 온수가 역류해 본체에 손상을 입힐 수 있다. 사진 속 제품은 호스 연결구용 어댑터다.

'역류 방지 어댑터' 가쿠다이

Diverge Metal Fittings

물을 두 방향으로 흘려보내는 편리한 아이템
분기용 철물

분기용 철물은 용도에 따라 구분해서 사용하는 것이 가장 좋다

물을 한 방향이 아니라 여러 방향으로 보내는, 단순하면서도 획기적인 부품이 바로 분기용 철물이다. 최근에는 식기세척기와 전자동세탁기의 등장으로 접할 기회가 늘어나고 있다. 분기용 철물에도 몇 가지 종류가 있는데 식기세척기의 영향으로 '싱글원홀 수전에서의 분기'나 '핸들 상부에서의 분기'에 사용하는 철물을 특히 자주 볼 수 있다. 하지만 급수전에 따라서는 사용 불가능한 분기용 철물도 있으므로 구입 전에 반드시 DIY 전문점 등에 확인해보자. 현재 사용하고 있는 급수전의 종류와 사용 목적 등에 따라 필요한 철물이 달라진다.

원홀용 분기용 철물

온수와 냉수를 동시에 분기할 수 있는 원홀용 분기용 철물이다. 식기세척기와 정수기를 동시에 설치할 수 있다. 레버를 내리면 물이 나오던 기존 방식에서 레버를 올려야 물이 나오는 방식으로 바뀌었다. 그 덕분에 위에서 충격이 가해져도 물이 흐를 염려를 하지 않아도 된다.

핸들 상부에서 분기

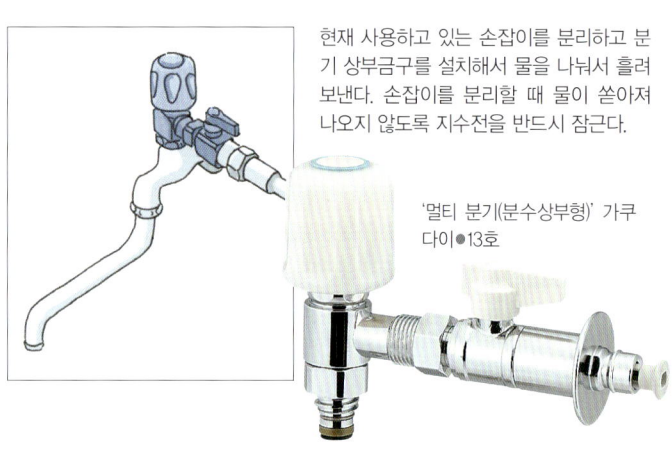

현재 사용하고 있는 손잡이를 분리하고 분기 상부금구를 설치해서 물을 나눠서 흘려보낸다. 손잡이를 분리할 때 물이 쏟아져 나오지 않도록 지수전을 반드시 잠근다.

'멀티 분기(분수상부형)' 가쿠다이●13호

파이프 밑부분에서 분기

토수 파이프와 급수전 사이에 설치해서 물을 나눠서 흘려보낸다. 전환 밸브가 있어서 동시에 두 방향으로 물을 나눠서 보낼 수는 없다. 파이프의 종류에 따라 어댑터를 사용해야 하는 경우도 있다.

'멀티 분기' 가쿠다이

DIY TECHNIC

수전을 분리하면 반드시 관리한다

분기용 철물의 설치나 급수전 교체 등을 위해 수전 본체를 배관에서 분리시킬 때는 반드시 배관 청소와 실 테이프를 교체해야 한다. 그대로 방치했다가는 누수의 원인이 된다. 또 실 테이프를 붙인 수전을 설치할 경우 테이프가 끊어지므로 반드시 오른쪽으로만 돌리도록 한다.

배관 안에는 의외로 실 테이프 찌꺼기가 많이 쌓여있다. 낡은 칫솔로 전부 쓸어내자.

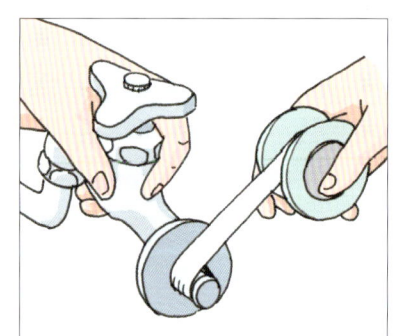

실 테이프는 조금씩 당기면서 감는 것이 좋다. 6번 정도 감은 후 설치하면 알맞다.

【호(呼)】 수전금구의 사이즈를 나타낼 때 '호(呼)'라는 표현을 자주 쓴다. 호란 설치 나사급수전의 배관에 접속되는 관 부분의 안쪽지름을 나타낸다. 13호 이외에는 모두 대량의 물을 필요로 하는 장소에만 사용된다.

08 | 수도배관 / 분기용 철물

파이프 아래에서 분기

싱글원홀 수전 분기용 철물이다. 이 타입은 식기세척기나 전자동세탁기에 원터치 접속이 가능한 접속구가 미리 달려 있는 경우가 많다.

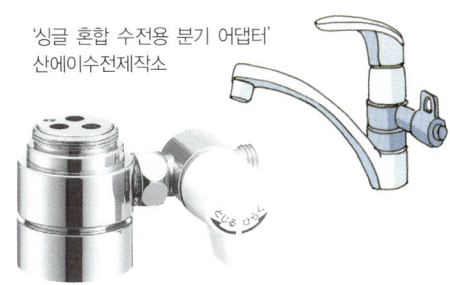

'싱글 혼합 수전용 분기 어댑터' 산에이수전제작소

급수전과 벽 사이에서 분기

'분기 밸브' 산에이수전제작소 ●13호

현재 붙어 있는 급수전과 벽에 붙어 있는 배관구 사이에 설치하는 분기 밸브. 두 방향으로 동시에 물을 보낼 수 있다. 유량 조절도 가능하다.

'편심분기 밸브' 산에이수전제작소

크랭크와 급수전 사이에서 분기

혼합 수전에서 나오는 물이 분수(分水)되게 하는 전용 철물. 혼합 수전을 일단 크랭크에서 분리한 후 크랭크와 수전 본체 사이에 설치한다. 설치 나사 사이즈는 G1/2이다.

'멀티 분기(분수 조인트형)' 가쿠다이

크랭크와 벽 사이에서 분기

혼합 수전의 크랭크와 벽 사이에 분기용 철물을 설치해서 물을 나눠서 흘려보낸다. 크랭크에 붙어 있던 와셔에 분기 소켓을 설치하고 실 테이프를 감는다.

'분기 소켓' 산에이수전제작소

'너트 포함 볼 밸브' 산에이수전제작소

기초지식 | 수전금구의 사이즈 표기에 익숙해지자

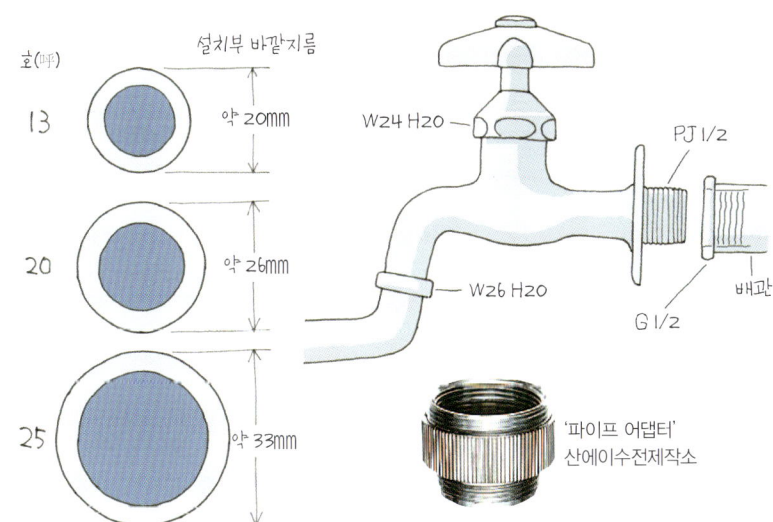

호(呼)	설치부 바깥지름
13	약 20mm
20	약 26mm
25	약 33mm

W24 H20 — PJ 1/2
W26 H20 — G 1/2 — 배관

'파이프 어댑터' 산에이수전제작소

일반적으로 대부분 일러스트에 나온 사이즈의 수전이 사용되며 13호 이상은 일반 가정에서 거의 찾아보기 힘들다. 또 13호, PJ1/2, G1/2 등은 모두 동일한 사이즈를 표기한 것이다. 이러한 사이즈의 제품은 별 문제 없이 설치할 수 있지만 그 밖의 제품은 어댑터가 필요하다.

수도배관 How to DIY

손잡이를 교체한다

편의성뿐만 아니라 디자인까지 생각하자.

준비물

일자 드라이버
십자 드라이버
레버식 손잡이

1 손잡이 캡을 벗겨낸다

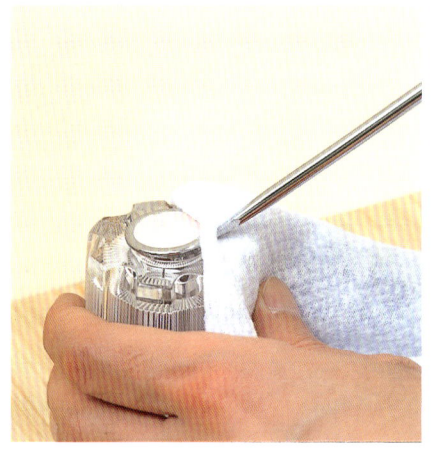

손잡이를 덮고 있는 캡의 가장자리에 일자 드라이버 등을 찔러 넣은 다음 비틀어 연다. 임대주택의 경우 집에서 나갈 때 원래대로 복구시켜야 하므로 천을 아래에 깔고 작업하는 것이 좋다. 부품도 잃어버리지 않도록 한 곳에 잘 보관하자.

2 나사를 푼다

손잡이 중앙에는 스핀들을 고정하고 있는 나사가 있다. 십자 드라이버를 이용해 나사를 풀어준다.

3 손잡이를 분리한다

중앙에 있는 나사를 풀면 손잡이를 뽑아서 분리시킨다. 물때가 껴서 지저분해진 부품은 천이나 칫솔로 깨끗하게 닦는다.

4 레버식 손잡이를 고정시킨다

우선 레버식 손잡이를 끼워본다. 나사 구멍이 맞지 않을 경우에는 함께 들어 있는 어댑터 중에서 사이즈에 맞는 것을 골라 끼운다. 그 위에 손잡이를 올린 후 나사로 고정시킨다.

5 캡을 끼워 완성한다

마지막으로 나사를 보호하는 캡을 끼우면 완성이다. 제품에 따라서는 캡이 없는 경우도 있다.

Point

손잡이 캡이 들쭉날쭉할 경우

손잡이 중에는 간혹 고정 나사가 캡과 하나로 합쳐진 경우가 있다. 캡 둘레가 톱니처럼 들쭉날쭉한 제품이 바로 이런 타입이다. 이런 제품을 설치할 때는 리브 조인트 플라이어를 이용해 가볍게 조인다.

How to DIY | 수도배관

토수 파이프를 교체한다

수도꼭지의 위치나 물이 나오는 방향에 불편함을 느낀다면 도전해보자.

준비물

수전 수리용 스패너   U 패킹   토수 파이프

❶ 오래된 파이프를 벗긴다

손잡이를 꽉 잠근 후 수전 수리용 스패너로 캡 너트를 푼다. 몽키 렌치나 리브 조인트 플라이어를 사용해도 된다. 캡 너트를 풀면 낡은 U 패킹을 꺼낸 후 본체를 칫솔 등으로 청소한다.

❷ U 패킹을 끼운다

새 U 패킹을 끼운다. 홈이 있는 쪽이 본체를 향하게 한다. 낡아서 마모된 패킹은 누수의 원인이 되므로 다시 사용하지 않도록 한다.

❸ 새 파이프를 끼운다

새 파이프에 함께 들어 있던 캡 너트와 파이프 링을 순서대로 끼운다. 파이프를 본체에 설치하고 손으로 캡 너트를 조인다.

Point

파이프의 구경이 다를 경우

새 파이프를 설치하기 전에 본체의 나사산에 파이프 어댑터를 끼우고 손으로 조인 다음 마지막에 너트를 스패너로 조인다.

파이프 어댑터

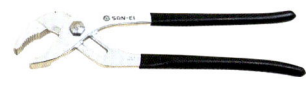
리브 조인트 플라이어

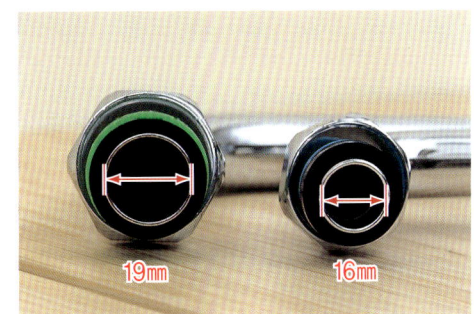

19mm   16mm

가정용 수전 파이프의 구경은 16mm, 19mm가 있다. 그중에서도 16mm가 일반적이다. 파이프 구경이 다르더라도 그 사이에 어댑터를 끼우면 설치할 수 있다.

How to DIY | 수도배관

가로 수전을 교체한다

급수전의 기본형으로 실 테이프를 꼼꼼하게 감는 것이 중요하다.

준비물

실 테이프 설치 위치 조정 패킹 가로 수전 수전 분리 렌치

 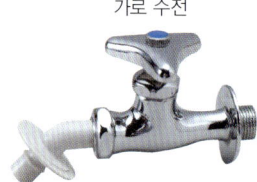

❶ 원래 사용하던 수전을 분리한다

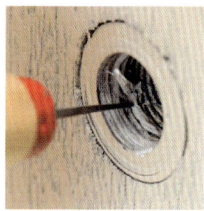

작업을 시작하기 전에 반드시 수도의 지수전을 잠근다. 수전 분리 렌치를 이용해서 수전을 시계 반대 방향으로 돌려 분리한다. 배관 내부에 남아 있는 낡은 실 테이프나 먼지를 제거해둔다.

❷ 새 수전을 임시 고정시킨다

새 수전에 설치 위치 조정 패킹을 끼우고 배관에 꽂은 다음 몇 번을 돌려야 수전이 끝까지 감기는지 미리 확인해둔다. 조정 패킹은 빼둔다.

❸ 실 테이프를 감는다

나사부에 실 테이프를 6~7번 감는다. 실 테이프는 가볍게 당기면서 나사에 잘 밀착되도록 시계 방향으로 감는다.

❹ 패킹을 끼운다

실 테이프를 감으면 설치 위치 조정 패킹을 나사부의 안쪽까지 꽂는다. 이때 실 테이프가 벗겨지지 않도록 주의한다.

❺ 수전을 설치한다

수전을 ❷에서 확인해둔 회전수만큼 배관에 돌려 박는다. 느슨한 부분이 있거나 곧게 들어가지 않을 때에는 수전을 빼낸 후 실 테이프를 다시 감는다. 이때 테이프를 감는 횟수를 그전보다 한 바퀴 늘린다. 그리고 패킹을 끼워 다시 설치한다.

❻ 설치 완료

가로 수전은 제품에 따라 파이프나 손잡이 형태가 제각기 다르지만 설치하는 방법은 모두 동일하다.

09
접착제·점착테이프·충전재

접착제·점착테이프·충전재는 DIY에 빠질 수 없는 중요한 아이템이다.
접합뿐만 아니라 보수·밀봉·보호 등 유지 및 관리 단계에서 위력을 발휘한다.
단, 접착제는 접합 부재에 따라 성분이 달라지므로 반드시 소재에 적합한 제품을 선택하도록 하자.

접착제 | 점착테이프 | 충전재 | How to DIY: 접착제·충전재

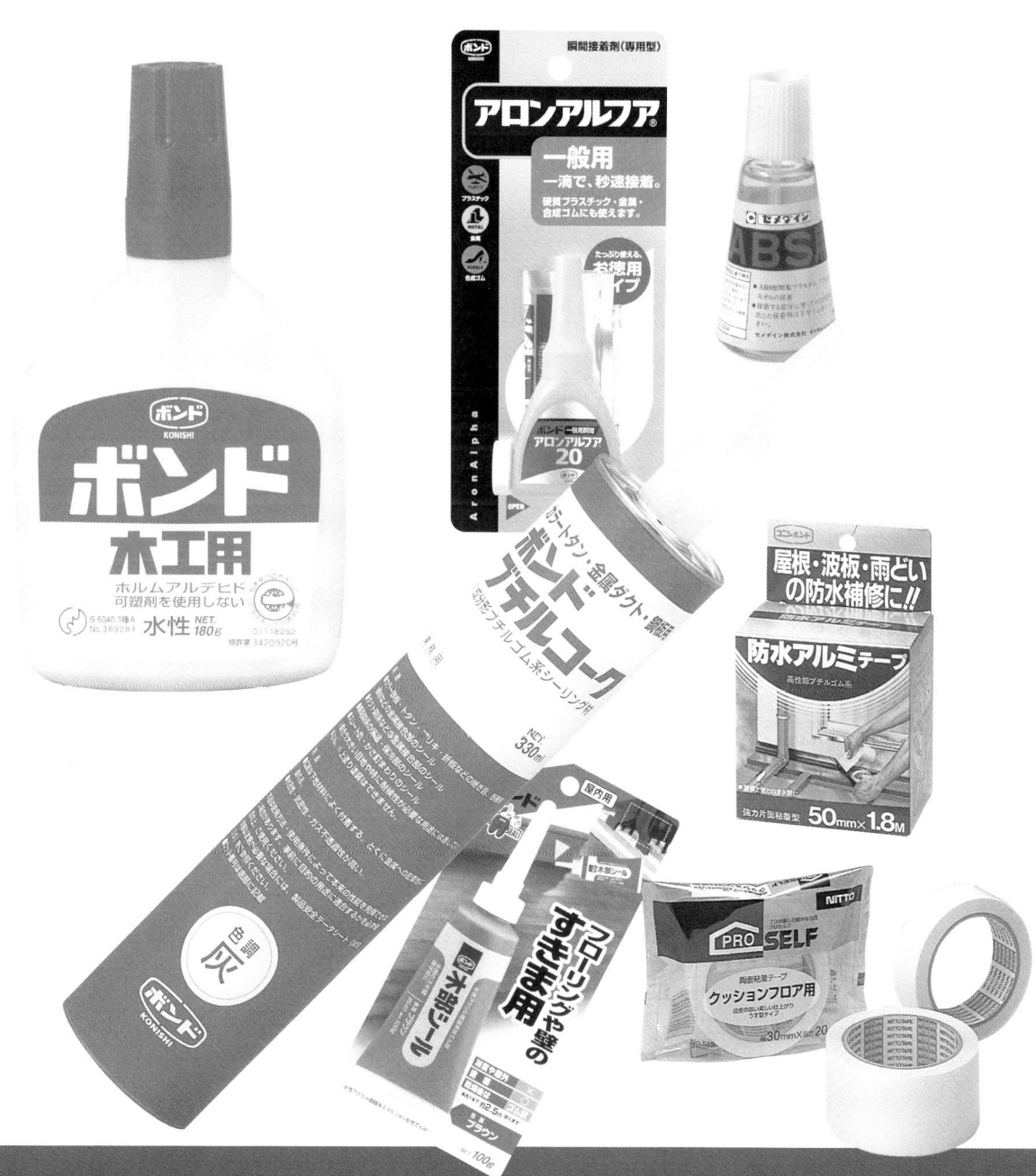

접착제

알맞은 접착제를 선택해서 재료를 확실하게 접합시킨다

접착제에 관한 기초 지식이 DIY를 경제적이고 효율적으로 만든다

DIY 전문점에서는 다양한 종류의 접착제가 판매되고 있다. 용도에 맞는 제품을 선택하기란 그리 어렵지 않다. POP 광고나 포장 용기에 제품에 대한 자세한 설명이 나와 있어 전문적인 지식이 없더라도 얼마든지 제품을 선택할 수 있기 때문이다. 하지만 용도에 따라 저마다 다른 접착제를 구입하다보면 지출이 만만치 않은 것도 사실이다.

평소에 각 재료에 맞는 접착제의 '종류'를 잘 이해해두면 한 가지 상품을 다양한 용도로 활용할 수 있다. 또 서랍 속에 굴러다니던 접착제의 종류를 제대로 확인하지 않고 잘못 사용하는 바람에 접착한 재료가 쉽게 떨어져버리는 일을 미연에 방지할 수 있다.

기초지식: 접착시킬 재료의 재질 이외에 유의해야 할 사항

부드러운 쪽의 재질을 기준으로 한다

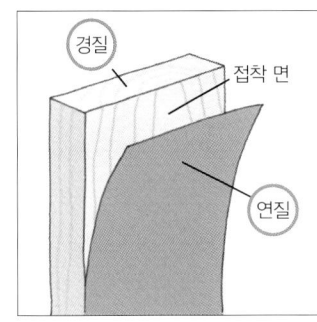

서로 다른 재료를 접착시킬 때는 상대적으로 부드러운 쪽을 기준으로 접착제를 선택한다. 예를 들어 목재에 합성수지를 붙일 때는 목공용이 아닌, 합성고무계 접착제나 염화비닐계 접착제를 사용한다.

면적이 작을 때는 고성능 제품을 선택한다

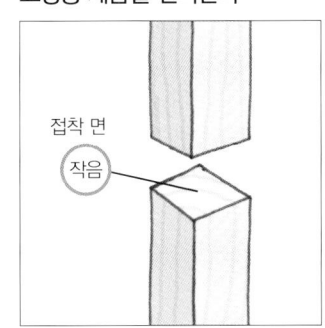

같은 경질 플라스틱을 접착할 때라도 넓은 면적은 합성고무계 접착제로 충분하지만 좁은 면적은 에폭시계 접착제나 시아노아크릴레이트(cyanoacrylate)계 접착제를 사용해야 한다.

초산 비닐수지계

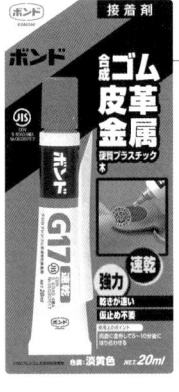

목공용으로 잘 알려진 수성 접착제다. 목재에 접착제의 수분이 흡수·증발되어 고체화된다. 6시간 정도면 고체화되지만 최대 강도가 발휘되는 것은 12시간 후다.

'목공용 본드' 고니시●50g, 180g

합성고무계

유기용제를 사용해 휘발성이 높으며 초기 접착력도 강력하다. 경화 후에도 유연성이 있으며 재료의 변형에도 추종한다. 내구성도 뛰어나다.

'본드 G17' 고니시●20ml, 50ml

에폭시계

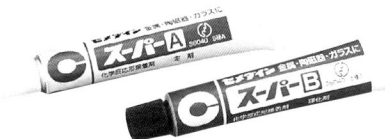

주제(主劑)인 에폭시 수지에 고화제를 첨가한 2액성의 화학반응형 접착제다. 고체화될 때까지 걸리는 시간은 5, 30, 60분 등이며 고체화 시간이 짧은 제품은 신속한 작업이 요구된다.

'슈퍼' 세메다인●15g 세트, 40g 세트, 110g 세트

염화비닐수지

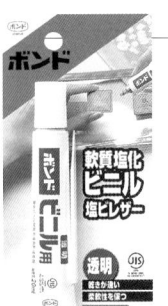

염화비닐수지를 용제에 녹인 용제계 접착제다. 벽지나 쿠션 플로어(cushion floor, 염화비닐로 만들어 탄력성이 있는 바닥재) 같은 연질 재료용 제품과 물받이 같은 경질 재료용 제품이 따로 있다. 건조 후에는 무색투명하다.

'본드 비닐용' 고니시●20ml, 50ml

셀룰로오스계

합성수지를 용제에 녹인 것으로 용제가 휘발하면 고체화되어 접착하게 된다. 건조 후에는 투명하며 종이, 나무, 가죽 등의 공작이나 수리에 적합하다.

'세메다인C' 세메다인●20ml, 50ml

시릴화 우레탄 수지계

용제형 접착제를 점차 기피하게 되자 새롭게 개발된 무용제 접착제다. 내충격성이 우수하며 탄력성이 뛰어나다. 광범위한 재료에 사용되며 경화 속도가 매우 빠른 속경화 타입이다.

'본드 울트라 다용도 SU' 고니시●10ml

【 접착제의 단점 】 조건에 따라 접착력이 저마다 차이 나며 하중이 걸리는 부분에는 나사 등을 병용해야 한다. 또한 떼어낼 때 재료가 파손될 수 있다.

【 접착제의 장점 】 못이나 나사 등을 사용할 때와는 달리 재료를 따로 가공하지 않아도 마무리가 깔끔할 뿐만 아니라 별다른 수고나 도구가 필요하지 않다. 또한 기밀성이 높다.

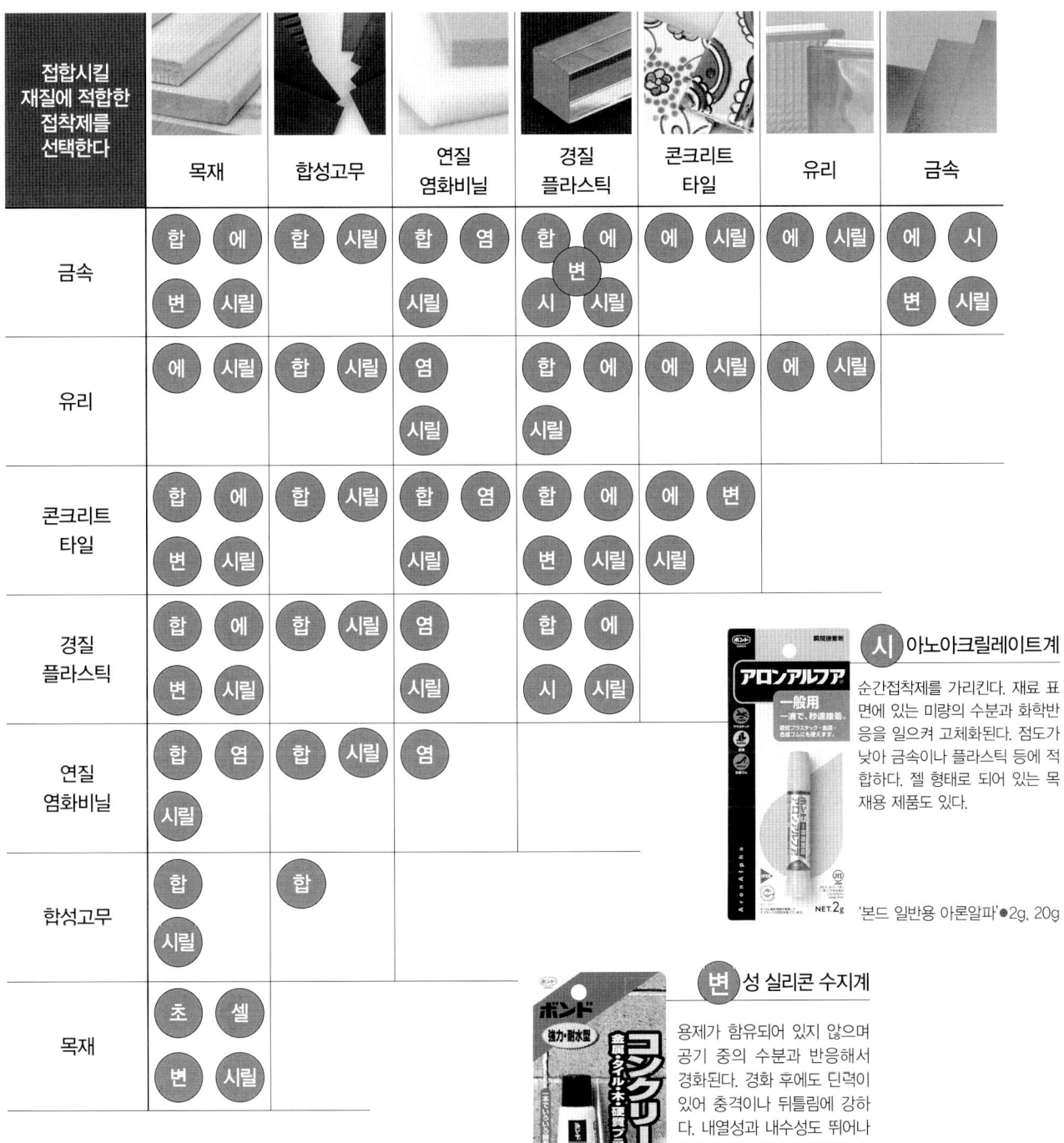

Adhesive

09 | 접착제·점착테이프·충전재 / 접착제

용도에 맞춰 선택하기

매장에는 범용성 접착제 이외에도 특정한 용도로 사용되는 다양한 접착제가 진열되어 있다. 성분이나 용량뿐만 아니라 용기까지 특화되어 있어 사용하기에 편리한 제품이 많다.

카 스토퍼

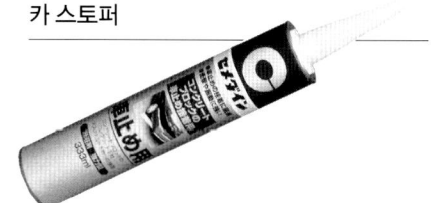

주차장 등에 있는 콘크리트 재질의 카 스토퍼(car stopper)를 아스팔트 등에 고정시킬 때 사용한다. 내충격성과 내수성이 뛰어나다.

'카 스토퍼 전용' 세메다인●333㎖

물받이

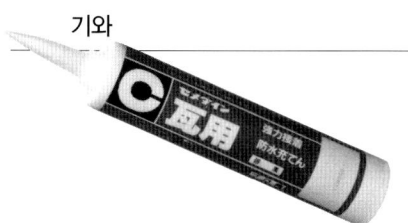

염화비닐제 물받이나 파이프, 골함석 등의 보수와 접착 등에 적합하다. 점도는 중간 수준이며 도포하기 쉽다.

'본드 물받이용' 고니시●100g

타일·문패

못을 박을 수 없는 콘크리트에 타일이나 목재 등을 붙이기 좋은 페이스트 형태의 접착제다.

'콘크리멘트' 세메다인●50㎖

벽지

비닐 코팅된 벽지나 염화비닐계 벽지 등에 사용하는 수성 속건형 접착제다.

'본드 벽지용' 고니시●60g

기와

기와를 접착할 때는 물론이고 방수를 위한 충전제로도 사용할 수 있다. 단, 유면 처리한 기와에는 적합하지 않다.

'기와용' 세메다인●330㎖●투명, 은흑색

발포스티롤

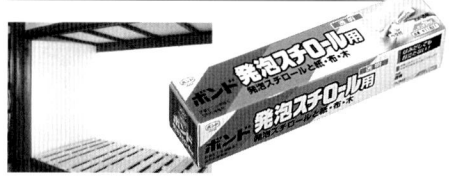

발포스티롤끼리 또는 발포스티롤과 목재, 종이, 헝겊 등을 접착할 때 사용한다.

'본드 발포스티롤용' 고니시●20㎖, 1000㎖

ABS수지

가전제품의 내·외장재 등에 사용되는 ABS수지 전용 접착제다. 솔이 달려 있어 부분 접착이 용이하다.

'ABS용' 세메다인●30㎖

가죽·헝겊

건조 후에도 피막에 유연성을 부여해서 고무나 가죽, 헝겊의 접착을 최적화시키는 접착제다.

'속건 G 클리어' 세메다인●20㎖

DIY TECHNIC

접착력을 향상시키기 위한 세 가지 포인트(합성고무계 접착제 사용 시)

❶ 양쪽 접착 면에 바른다

물처럼 점도가 낮은 제품이나 건속성이 강한 제품을 제외한 모든 접착제는 양면에 바른다. 또 주걱이나 브러시 등을 이용해 접착 면에 골고루 바르는 것도 효과적이다.

❷ 오픈 타임

표면이 살짝 마를 때까지 오픈 타임(open time, 접착제를 바른 후부터 접착제를 바르기에 적당한 상태가 될 때까지의 시간)을 둔다. 오픈 타임을 두면 불필요한 휘발성분이 날아가서 최대 결합력에 도달하는 시간을 앞당길 수 있다.

❸ 골고루 두드린다

망치나 받침목을 사용해 두드리면 진동이나 충격 때문에 접착제가 더욱 잘 침투해 접착 면의 결합력이 향상된다. 표면에 미세한 요철이 있으면 효과적이다.

【 탈지(脫脂) 】 접착 면에 유분이 남아 있으면 접착력이 약해진다. 이를 방지하기 위해 시너 등을 이용해 기름기를 제거하는 것이 좋으며 중성세제로 닦아내거나 사포로 가볍게 문질러주는 방법도 효과적이다.

Adhesive tape

09 | 접착제·점착테이프·충전재 / 점착테이프

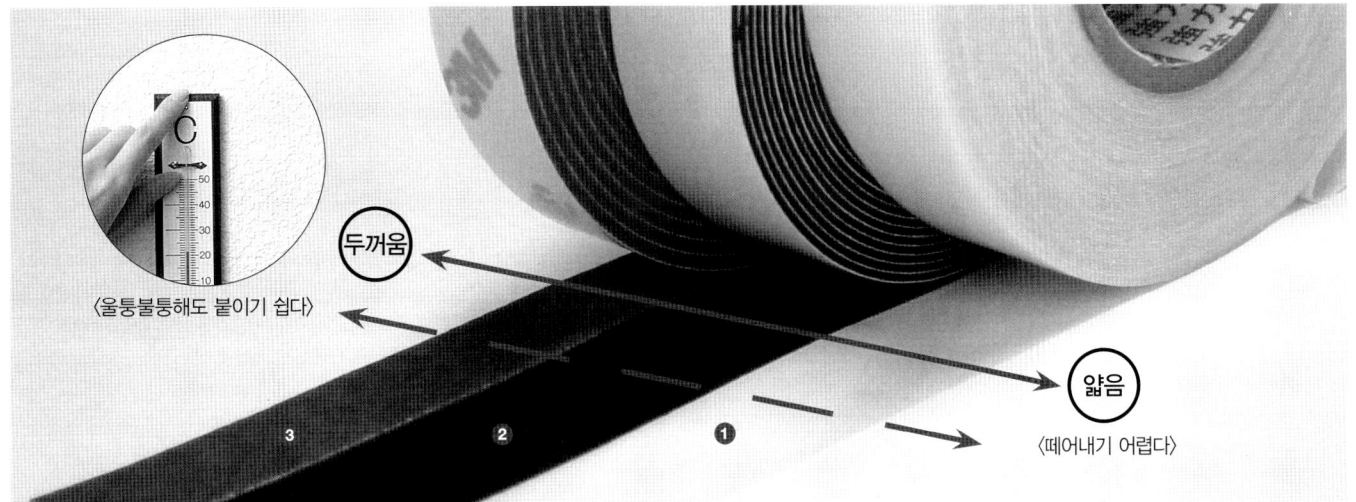

⟨울퉁불퉁해도 붙이기 쉽다⟩
두꺼움
얇음
⟨떼어내기 어렵다⟩

❶ 일반용
기재에 부직포를 사용하며 그 양면에 아크릴계 점착제가 코팅되어 있다. 목공 등에서 임시 고정하거나 접착을 할 때 사용하는 등 범용성이 높지만 물을 쓰는 곳에는 적합하지 않다.

'일반용 양면테이프' 니토무즈 ● 20mm×20m×0.17mm

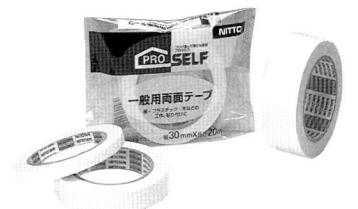

❷ 강력 타입
발포 부틸고무를 기재로 사용하여 내구력과 내수성이 뛰어나 야외에서도 사용 가능하다. 또한 유연성이 있어서 충격에도 강하다.

'강력 양면테이프' 니토무즈 ● 20mm×10m×0.75mm

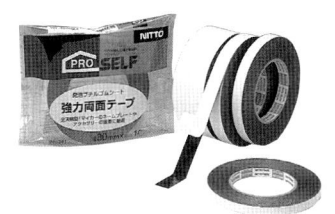

❸ 스펀지 타입
두께감이 있는 아크릴계 하이 소프트 폼을 기재로 사용해서 요철 면에 접착할 수 있게 만든 제품이다. 목재나 외장 타일에도 접착 가능하다.

'스카치 강력 양면테이프 요철용' 스미토모쓰리엠 ● 19mm×4m×1.2mm

손에 묻히지 않고 간편하게 재료를 접착시킨다

점착테이프

재료에 손상을 입히지 않고 떼어낼 수 있다

흔히 '양면테이프'라고 불리는 점착테이프. 재료와 재료를 접합시킨다는 점은 접착제와 동일하지만 경화시키지 않고도 점착력을 유지할 수 있다는 점에서 차이가 난다. 따라서 접착시킨 후에도 서서히 잡아당기면 떼어낼 수가 있다. 재료에 따라서는 전혀 손상을 입히지 않고 떼어낼 수 있는 경우도 있다. 바꿔 말하면 대각선 방향으로 끌어당기는 하중이 테이프의 양 끝에 집중되면 의도하지 않은 순간에 벗겨질 수 있으므로 이 부분에 힘이 가해지지 않도록 조심할 필요가 있다. 또 저온에서는 접착력이 떨어지므로 겨울철 야외에서 작업할 때는 재료와 점착테이프를 드라이어기로 덥혀주는 것이 좋다.

추천 아이템

붙이기만 해도 서랍을 쉽게 여닫을 수 있다

목제가구나 신발장 등에 달린 미닫이식 서랍에 붙여주면 부드럽게 여닫을 수 있다. 강력한 점착력을 자랑하며 잘 마모되지 않는다. 서랍의 안쪽 부분이 닳는 것도 방지할 수 있다.

'서랍 구조대 스무드 테이프' 본드 ● 10×900mm

【 기재(基材) 】 점착제가 코팅되는 점착테이프의 본체에 해당하는 부분을 기재라고 부른다. 기재의 성질이 점착테이프의 용도나 내성에 큰 영향을 끼친다.

Adhesive tape

09 접착제·점착테이프·충전재 / 점착테이프

접착할 재질별로 선택한다

유리·아크릴용
무색투명하므로 유리나 아크릴을 접착시켜도 눈에 띄지 않는다(실내용).
'스카치 초강력 양면테이프' 스미토모쓰리엠 ●19㎜×4m×1㎜

폴리에틸렌용
폴리에틸렌이나 폴리프로필렌 등과 같은 플라스틱을 접착할 때 사용한다(실내용).
'스카치 초강력 양면테이프' 스미토모쓰리엠 ●19㎜×4m×1.14㎜

콘크리트·베니어용
콘크리트나 블록, 타일 등 야외의 요철 면에 사용한다.
'스카치 강력 양면테이프' 스미토모쓰리엠 ●20㎜×4m×1㎜

금속용
알루미늄, 스테인리스 등의 금속을 접착시키기에 적합한 양면테이프(실내·야외용).
'초강력 금속용' 스카치 ●0.6×12㎜×1.5m

용도에 맞춰 선택한다

지붕의 빗물 누수 보수
기와나 함석, 골함석(슬레이트) 등에서 파손된 부분을 보수할 수 있다(유리섬유 심지 삽입).
'방수 알루미늄 테이프' 고니시 ●50㎜×1.8m

바닥에 붙이는 것만으로 손상·소음 방지
펠트 재질로 의자나 테이블 밑에 붙이면 흠집이나 소음을 방지할 수 있다.
'흠집·소음 방지 펠트 시트' 본드 ●2.5×120×100㎜

쿠션 플로어의 접착
폭이 넓어 쿠션 플로어를 고정시키기에 적합한 제품이다. 두께가 얇아 단차가 생기지 않는다.
'쿠션 플로어용 양면테이프' 니토무즈 ●50㎜×20m×0.1㎜

욕조 주변의 보수
법랑이나 스테인리스로 된 욕조와 벽 사이의 틈을 메우는 데 사용한다. 주름이 잡혀 있어서 작업하기 편하다.
'본드 욕조용 테이프' 고니시 ●23㎜×2m ●화이트, 블루, 아이보리

벗길 수 있는 양면테이프
실내의 평평한 면에 포스터 등을 여러 번 반복해서 붙일 때 사용한다.
'벗길 수 있는 양면테이프 강력 접착용' 0.16×10㎜×10m

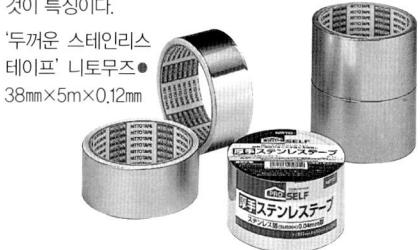
욕실·부엌 등의 보수
부엌이나 주방 조리대 등 물을 사용하는 공간을 보강하거나 보수하기에 적합한 제품이다. 튼튼하고 잘 끊어지지 않으며 스테인리스를 사용해 녹이 잘 슬지 않는 것이 특징이다.
'두꺼운 스테인리스 테이프' 니토무즈 ●38㎜×5m×0.12㎜

DIY TECHNIC

타일 카펫은 네 모서리와 중앙만 붙여도 충분하다

❶ 올바른 사용 방법

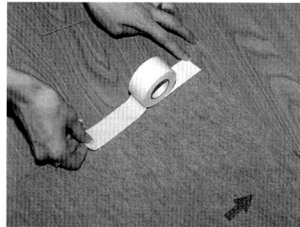

사진에 나온 것처럼 박리지의 한쪽 끝을 잡아당기면서 필요한 길이만큼 테이프를 붙이면 보다 수월하게 작업할 수 있다.

❷ 필요 이상으로 붙이지 않는다

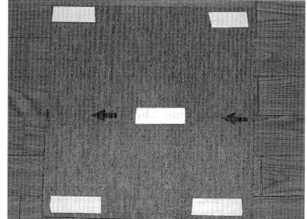

카펫 1장에 필요한 점착테이프의 양은 이 정도다. 테이프를 지나치게 많이 사용하는 것은 비경제적일 뿐만 아니라 작업 시간을 증가시키는 요인이 된다.

벽과 같은 수직면에는 넉넉히 사용한다

❶ 테이프를 넓게 붙인다

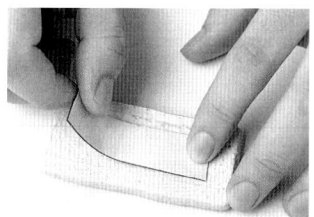

가벼운 파벽돌 타일이지만 수직면이나 요철 면에 붙일 때는 점착테이프를 넉넉히 사용한다.

❷ 꾹꾹 눌러준다

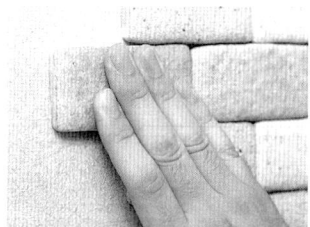

타일을 붙이기 전에 표면에 붙어 있는 먼지나 습기를 잘 제거한 다음 타일을 붙이고 꾹꾹 눌러서 표면에 밀착시킨다.

【 감압성 접착제 】 점착테이프에 사용되는 점착제는 감압성으로 압력을 가하면 점착력이 향상된다. 따라서 접착 작업을 할 때 꾹꾹 눌러주는 것이 중요하다.

충전재

빈틈을 메워 기밀성과 수밀성을 향상시킨다

실내·외를 불문하고 기밀성 향상에 반드시 필요하다

충전재는 실링재와 코킹재, 퍼티와 같은 보수재의 총칭이다. 엄밀히 따지자면 실링재는 경화되는 반면 코킹재는 건조되지 않는다는 차이가 있지만 일반적으로는 큰 구분 없이 사용되고 있다. 지붕이나 벽의 누수 방지, 콘크리트의 이음매의 실링, 금속 통풍관의 기밀성 향상 등 다양한 용도로 사용되고 있다. 이 밖에도 벽지를 붙일 때 바탕 면의 요철을 매끄럽게 하기 위해 퍼티를 사용하는 등 실내·외에서 발생하는 각종 상황에 충전재가 요긴하게 쓰인다. 다양한 제품이 시중에 판매되고 있으므로 상황에 맞게 잘 구분해서 사용하자.

DIY TECHNIC

퍼티는 넉넉하게 바른 다음 굳혀서 가공한다

① 바탕 면을 정리한다

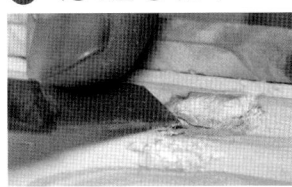

퍼티를 바르기 전에 먼저 바탕 면을 정리한다. 매끄러운 면이 완성될 뿐만 아니라 결합력도 한층 향상된다.

② 골고루 문지른다

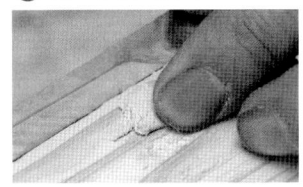

바탕 면과 퍼티 사이에 틈이 생기지 않도록 퍼티를 손가락으로 꾹꾹 눌러 소재에 잘 밀착시킨다. 퍼티는 조금 넉넉히 바르는 것이 좋다.

③ 여분의 퍼티를 제거한다

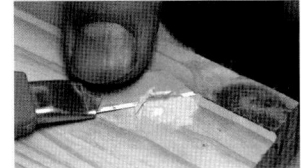

퍼티가 굳으면 튀어나와 있는 여분의 퍼티를 칼로 깎아낸다. 이때 바탕 면에 흠집이 나지 않도록 주의한다. 이 단계를 잘 마치면 다음 작업이 수월해진다.

④ 표면을 매끄럽게 다듬는다

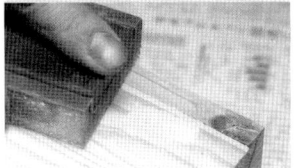

퍼티가 바탕 면과 매끄럽게 이어질 때까지 사포로 문지른다. 벽지를 붙일 보드에 홈이 패여 있을 때도 같은 방법을 쓴다.

퍼티

목재의 구멍 메우기

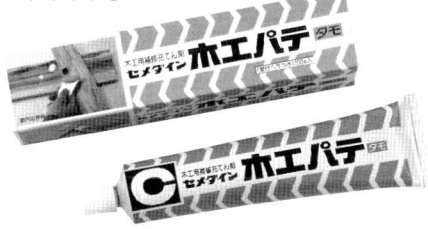

못의 구멍이나 옹이구멍, 기둥의 갈라진 부분 등 목재에 사용할 수 있는 충전 보수용 퍼티. 굳은 후 가공이나 도장을 할 수 있다.

'목공 퍼티' 세메다인●70g

금속의 구멍 메우기

주재와 경화재가 같이 있는 제품으로 반죽을 하듯 잘 주물러서 사용한다. 10분 정도 경과하면 금속처럼 단단해지며 완전히 굳은 후에는 도장도 가능하다.

'에폭시 퍼티 금속용' 세메다인 ●60g

에어컨 배관의 틈 메우기

에어컨이나 싱크대 배관과 벽 사이의 틈을 메울 때 사용한다. 굳지 않는 불건성(不乾性) 타입의 제품이다.

'빈틈 퍼티' 세메다인●200g●회색, 흰색

수도의 구멍 메우기

물속이나 축축한 면에서도 잘 굳는 퍼티다. 실내·외의 각종 방수·보수에 적합하다. 경화된 부분에 도장을 할 수도 있다.

'에폭시 퍼티 수중용' 세메다인 ●60g

내열 퍼티

섭씨 1100도까지 견딜 만큼 내열성이 강한 퍼티다. 급탕기나 스토브 등의 배기구를 보수하기에 적합하다. 불연성 제품으로 검은 연기를 내뿜지 않는다.

'내화 퍼티' 세메다인●150g

구멍 메우기 퍼티

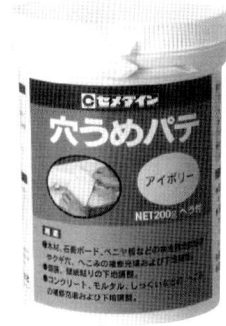

건조 후 수축되는 양이 적고 큰 구멍도 메울 수 있는 수성 퍼티다. 실외에서도 사용할 수 있으며 굳은 후에는 도장이나 사포질도 가능하다.

'구멍 메우기 퍼티' 세메다인●200g●아이보리, 화이트

【 퍼티용 사포 】 퍼티가 굳은 후 평평해지도록 사포로 문지르는데 이때 사용하는 사포는 240번에서 400번 정도가 적당하다. 도장하기 전에 바탕 손질에 사용하는 사포는 이보다 높은 번호대의 제품을 사용한다.

Filler

코킹재

유성계
표면에 피막을 형성하면서도 내부는 경화되지 않는다. 내후성은 다소 떨어지지만 비교적 가격이 저렴한 편으로 경제적이라는 특징이 있다. 도장은 불가능하다.

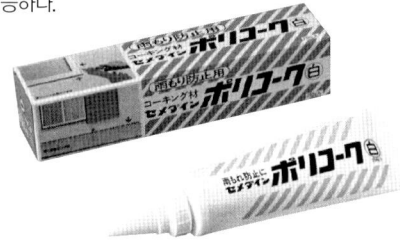

지붕이나 벽의 누수 방지, 모르타르의 갈라진 부분 등에 사용할 수 있다. 이중캡 용기를 사용해서 보존성이 뛰어나다.

'포리코크' 세멘다이●250g ●흰색, 회색

용도 지붕이나 기와의 갈라짐 보수, 새시 주변의 실링 등

기와
지붕
벽의 누수

실링재

합성고무계
금속에 대한 접착력이 강하며 내후성도 뛰어나 함석 이음매 등을 실링하기에 적합하다. 못의 구멍을 막을 때도 이용할 수 있다.

함석, 양철, 컬러 강판 등의 이음매에 적합한 실링재다. 경화 후에도 탄력을 유지하며 기밀성과 수밀성이 뛰어나다.

'본드 부틸코크' 고니시●330㎖ ●회색, 진회색

 용도 금속 사이의 틈새나 갈라짐, 통풍관의 이음매 등의 실링

함석
기와
통풍관

아크릴계
수성 실링재로 수분이 증발하면서 경화된다. 내장재에 적합하며 수성 도료와 잘 어울리므로 표면에 막이 형성되면 절반 정도 마른 상태에서도 도장할 수 있다.

플로어링의 틈새, 천장과 벽 사이의 틈새, 목제가구의 갈라진 부분 등에도 사용할 수 있다. 세부적인 부분에 대한 충전성도 좋은 편이다.

'목부 실' 고니시●100g●브라운, 다크 브라운, 라이트 브라운

 용도 실내의 갈라진 부분, 벽지 바탕 면의 높낮이 차를 메울 때도 사용

플로어링
목재

기초지식 | 꼼꼼한 마무리가 중요하다

도장이 불가능하므로 적합한 색상의 제품을 선택한다

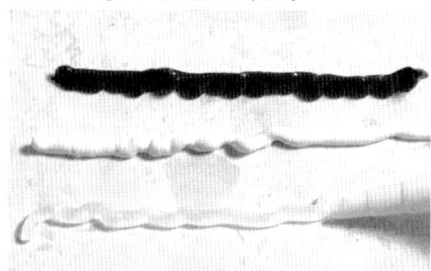

실링재는 일부 제품을 제외하고는 도장이 불가능하다. 동일한 제품 중에도 다양한 색상이 있으므로 사용하는 장소에 적합한 제품을 선택한다.

마스킹이 완성도를 좌우한다

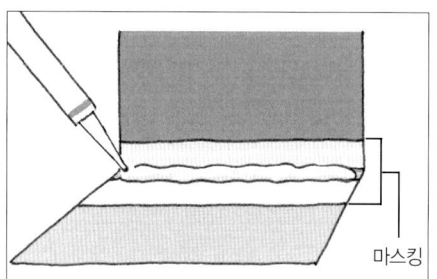

눈에 잘 띄는 곳에 실링을 할 때는 마스킹을 깔끔하게 하는 것이 중요하다. 주변에 묻으면 깨끗하게 지워지지 않으므로 넓게 마스킹한다.

마스킹

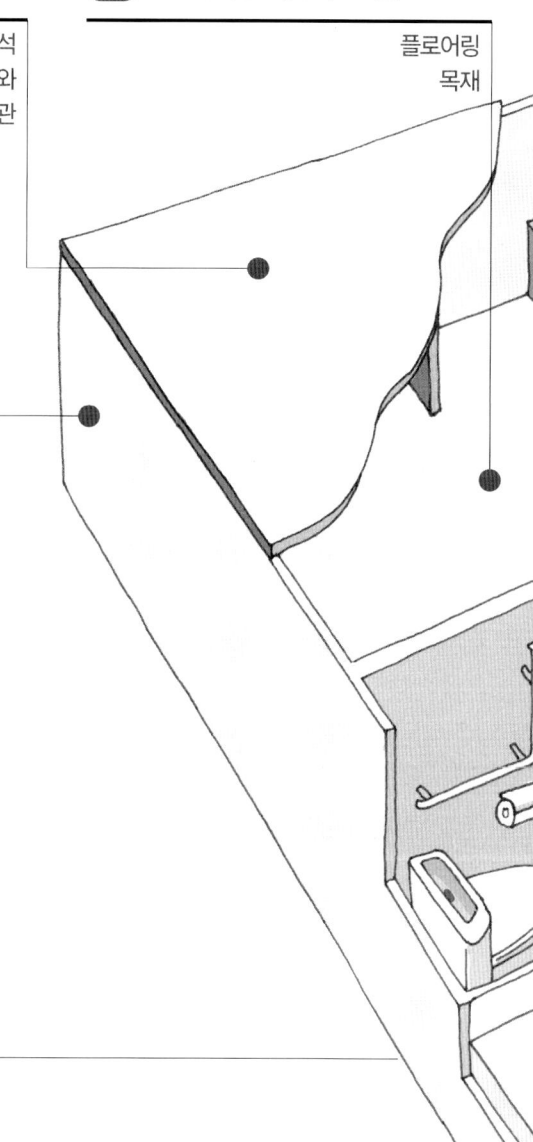

【 클리어 타입 】 실링재 중에서도 실리콘 계열이 가장 많이 사용된다. 실리콘 계열 중에서도 특히 깔끔하게 마무리되는 투명한 클리어 타입의 인기가 가장 높다.

09 | 접착제·점착테이프·충전재 / 충전재

실링재

폴리우레탄 계열
경화 후에도 탄력이 있어 진동 등에 강하며 줄눈이나 이음매의 신축에도 잘 대응한다. 수성 도료나 우레탄 도료로 도장할 수도 있다.

1액성 폴리우레탄계 실링재다. 콘크리트나 모르타르의 조인트 부분 등을 실링하기에 적합하다.
'S-700V' 세메다인 ● 320㎖ ●화이트, 그레이, 아이보리, 엄버(umber, 갈색)

용도 새시 주변의 방수나 조인트 부분의 실링

모르타르
타일

변성 실리콘 수지 계열
기본적인 특징은 실리콘 계열 실링재와 비슷하지만 변성 실리콘 수지 계열 실링재는 그 위에 도장을 할 수 있다는 점이 특징이다. 단, 수성 도료만 사용할 수 있다.

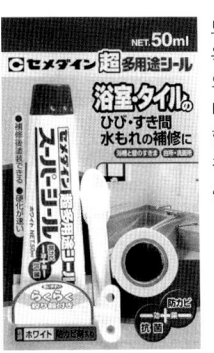

도장이 가능하기 때문에 욕실 줄눈이나 욕조 주변의 틈새는 물론이고 각종 내외장재에 폭넓게 사용할 수 있다. 내수성과 밀착성이 뛰어나다.
'슈퍼 실 화이트' 세메다인 ●50㎖ ●화이트

용도 욕실, 화장실, 내·외벽과 타일 줄눈의 실링 등에 폭넓게 사용

콘크리트 외벽
내벽
욕실
화장실

실리콘 계열
공기 중에 있는 수분과 반응해서 약 하루 만에 건조된다. 건조 후에도 탄성을 유지하며 추위와 더위를 잘 견뎌 내구성도 뛰어나다. 단, 도장을 할 수 없다는 단점이 있다.

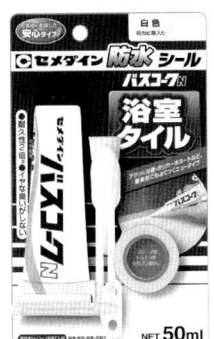

욕실용 충전재에 흔히 나는 냄새를 없앤 제품이다. 신소재 플라스틱에도 잘 밀착된다.
'바스코크N' 세메다인 ●50㎖ ●흰색, 투명, 아이보리, 알루미늄, 검은색

용도 욕실 타일이나 욕조 등 물기가 있는 곳의 틈새를 실링

새시
욕실

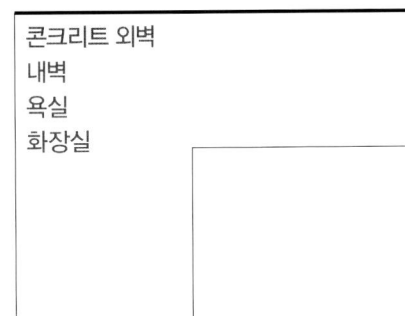

기초지식 실링재와 접착제를 구분해서 사용하기

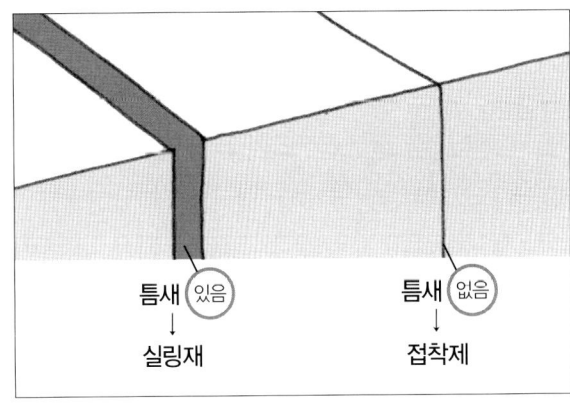

틈새 있음 → 실링재
틈새 없음 → 접착제

'충전접착'이라는 표현을 쓸 정도로 실링재와 접착제의 경계가 애매모호한 부분이 있다. 기본적으로 접착제는 틈이 없는 부분을 결합시키는 역할을 하며 실링재는 빈틈을 막는 역할을 한다.

【 코킹재 】 코킹재는 표면에 피막을 형성하지만 내부는 경화되지 않은 채로 탄성을 유지하는 것을 말한다. 반면 실링재는 내부까지 경화되면서도 탄성을 유지한다.

접착제·충전재 | How to DIY

접착제로 붙이기

마르기 전에 단단히 압착시키면 결합력이 향상된다.

목재끼리 접착시킨다

① 준비물

접착제 이외에도 접착제를 얇게 펴 바르기 위한 칫솔(낡은 칫솔을 사용해도 된다), 비어져 나올 접착제를 닦아내기 위한 젖은 수건과 마른 수건을 각각 준비한다.

② 접착제를 바른다

목재에 접착제를 발라도 특히 횡단면 부분은 순식간에 스며든다. 그러므로 기본적으로 두 번은 발라야 한다. 먼저 접착제를 한 번 바른다. 측면의 중심에 선을 그리듯이 길게 접착제를 바른다.

③ 접착제를 펴 바른다

칫솔을 이용해 접착제를 접착 면 전체에 넓게 펴 발라 침투시킨다. 목공용 접착제는 마르기 전에 접착시켜야 하므로 동작을 신속하게 한다. 참고로 시간이 지나면 접착제는 무색투명하게 변한다.

④ 접착제를 다시 한 번 바른다

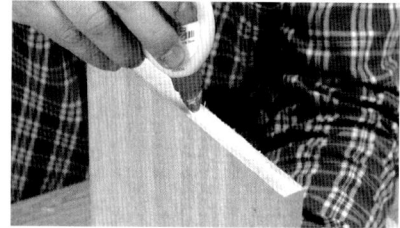

접착제를 다시 한 번 바른다. ②와 마찬가지로 접착면에 접착제를 듬뿍 바른다. 접착제를 바른 다음 곧바로 접착시킬 목재를 붙인다. 못을 박지 않을 경우에는 누름돌을 올린 채로 5시간 정도 그대로 놓아둔다(압착 방치).

⑤ 못을 박는다

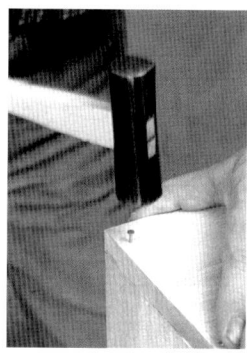

목공 작업에서는 접착제가 못의 보조적인 역할을 담당한다. 못과 접착제를 함께 사용할 경우에는 일반적으로 사용하는 못보다 길이가 짧은 못을 사용해도 된다. 못은 반드시 접착제가 마르기 전에 박아야 한다.

접착제 닦아내기

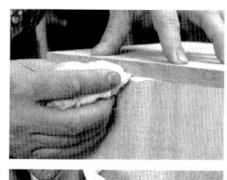

비어져 나온 접착제는 마르기 전에 반드시 닦아낸다. 특히 바니시는 접착제 위에 발리지 않으므로 주의해야 한다. 젖은 수건으로 문지른 다음 마른 수건으로 닦아낸다.

안쪽에 비어져 나온 접착제도 잊지 말고 닦아낸다.

접착제를 이용해서 갈라진 부분을 보수한다

① 갈라진 상태

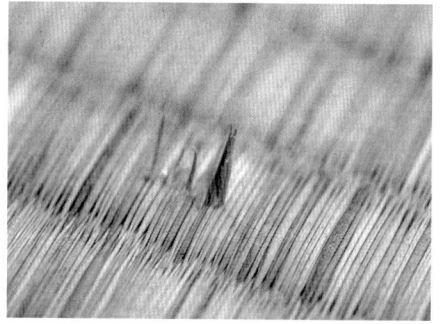

가구를 옮기다가 긁히거나 뾰족한 부분에 스치면 이런 식으로 끝이 갈라지게 된다. 애완동물의 발톱에 긁혀서 생길 수도 있다.

② 붓으로 접착제를 바른다

목공용 접착제를 소량의 물에 녹인 후 붓에 묻혀 갈라진 부분에 바른다.

③ 손끝으로 누른다

갈라진 부분을 손끝으로 누른 다음 그대로 건조시킨다. 목공용 접착제는 마르면 투명해진다. 조금 반짝거릴 수 있지만 크게 눈에 띌 정도는 아니다.

How to DIY | 접착제·충전재

충전재로 보수하기

바탕 면을 깔끔하게 정리하는 것이 핵심! 실내·외에 상관없이 다양한 용도로 쓸 수 있다.

타일이 깨진 부분을 보수한다

❶ 먼지나 수분을 닦아낸다

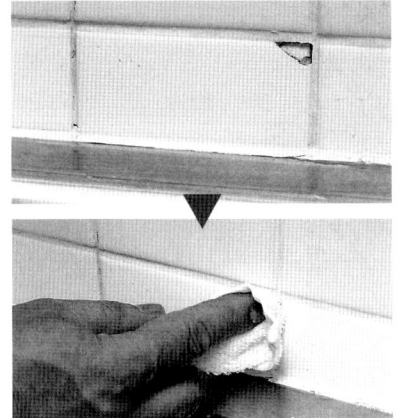

충전재가 잘 붙도록 타일의 깨진 부분에 붙어 있는 먼지나 수분을 마른 수건으로 깨끗이 닦아낸다.

❷ 충전재를 필요한 만큼 자른다

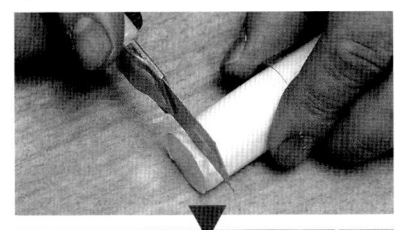

금속용 에폭시 퍼티 등 점토형 충전재를 필요한 양만큼 칼로 자른다. 깨진 부분의 크기에 따라 다소 차이가 날 수는 있지만 깨진 부분이 그리 크지 않다면 보통 5mm 정도면 충분하다. 손이 거칠어지지 않도록 반드시 비닐장갑을 착용하자.

❸ 충전재를 채운다

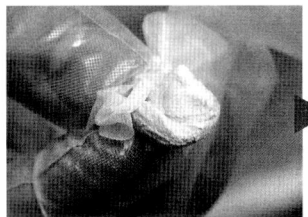 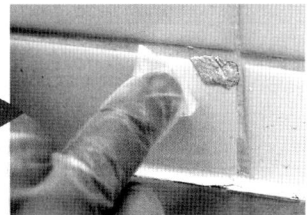

사용설명서에 적힌 대로 충전재를 잘 문지른 다음 타일이 깨진 부분에 조심스럽게 채워넣는다. 타일 면과 높이가 같아지도록 손가락으로 잘 눌러준다.

❹ 커터 칼로 수정한다

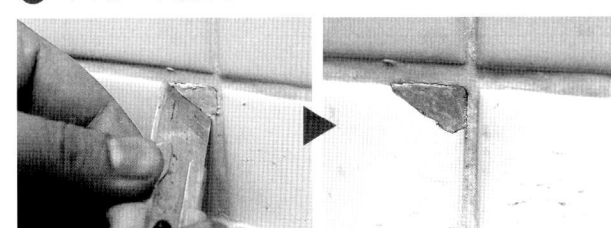

커터 칼의 칼날 끝으로 세세한 수정 작업을 한다. 타일 면보다 튀어나와 있는 충전재는 긁어낸다. 충전재가 살짝 굳으면 사포로 가볍게 문질러 매끄럽게 한다. 충전된 부분이 눈에 띌 경우에는 타일과 같은 색으로 칠해준다.

외벽의 갈라진 틈을 보수한다

❶ 먼지를 털어낸다

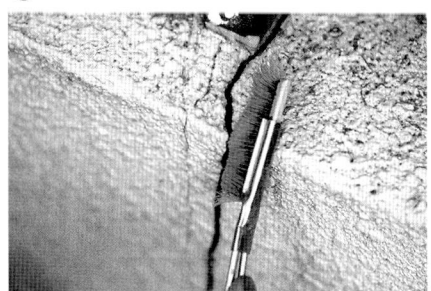

나일론 붓으로 틈 사이에 끼어 있는 먼지나 모르타르 부스러기를 털어낸다.

❷ 전체를 메운다

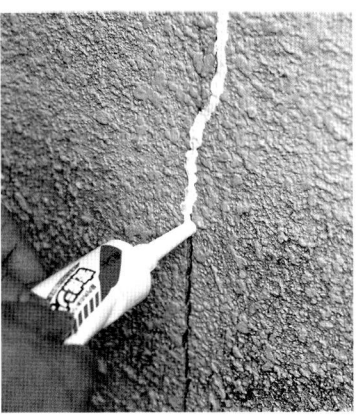

빈틈이 조금도 남지 않도록 끝에서 끝까지 충전재를 충분히 주입한다.

❸ 주걱으로 고른다

주걱을 사용해서 충전재를 틈새로 밀어 넣으면서 표면을 평평하게 고른다.

색인

기타

항목	쪽
2구 수전(수도배관)	136
ABS수지(접착제)	150
ALC용 앵커(철물)	100
E형 레일(건축재)	67
H형강(건축재)	67
L자형 키고리(철물)	101
MDF(목재)	23
OSB 합판(목재)	21
S자 고리(철물)	104
SPF(목재)	13
U 너트(철물)	99
U 볼트(철물)	98
Z 경첩(철물)	107
Z바(건축재)	67

ㄱ

항목	쪽
가로 수전(수도배관)	136
가로 수전을 교체한다(도구)	146
가문비나무(목재)	16
가죽·헝겊용 접착제(접착제·점착테이프·충전재)	150
가키시부와시(柿渋和紙)(내장재)	85
각종 프라이머(도장재)	131
갈고리못(철물)	95
강력 타입 점착테이프(접착제·점착테이프·충전재)	151
걸고리(철물)	111
걸이용 철물(철물)	101
경질 고무판(건축재)	69
경첩 고리(丁番掛金)(철물)	106
경첩(철물)	106
고무 블록(건축재)	70
고무 성형재(건축재)	70
고무 추출재(건축재)	70
고무 판재(건축재)	69
고무(건축재)	69
고무판(건축재)	69
고발포 폴리에틸(건축재)	71
고벽돌(조경 자재)	45
고정형 캐스터(철물)	112
곰팡이 제거제·곰팡이 방지제(도장재)	125
관형 자물쇠(철물)	119
구리못(철물)	94
구리선(건축재)	65
구멍 메우기 퍼티(접착제·점착테이프·충전재)	153
규격재(목재)	12
규조토 벽재(도장재)	132
그물못(철물)	95
글라스 울(건축재)	71, 73
금속(건축재)	64
금속망(건축재)	66
금속봉(건축재)	67
금속섬유(건축재)	66
금속용 점착테이프(접착제·점착테이프·충전재)	152
금속용 퍼티(접착제·점착테이프·충전재)	153
금속판(건축재)	64
급결제 병용 플러그(철물)	101
급수전(수도배관)	136
기와용 접착제(접착제·점착테이프·충전재)	150
긴 파이프 브래킷(철물)	104

ㄴ

항목	쪽
나무나사(철물)	96
나비 너트(철물)	99
나비 볼트(철물)	98
나사식 캐스터(철물)	112
나왕 합판(목재)	20
나왕(목재)	19
낙엽송(목재)	17
납 시트(건축재)	72
내열 도료(도장재)	130
내열 퍼티(접착제·점착테이프·충전재)	153
내장용 타일(건축재)	63
내치형 와셔(철물)	99
내화벽돌(조경 자재)	45
너도밤나무(목재)	19
너트(철물)	99
녹 방지(도장재)	126, 131
놋쇠 섬유(건축재)	66
놋쇠망(건축재)	66
놋쇠못(철물)	94
놋쇠판(건축재)	64
느티나무(목재)	18
니들 펀치 카펫(바닥재)	81
니트릴 부타디엔 고무판(건축재)	69

ㄷ

항목	쪽
다리 캡(철물)	114
다리미 접착 맹장지 종이(내장재)	88
다리용 철물(철물)	114
단수전(수도배관)	136
단열재(건축재)	71
단층 플로어링(바닥재)	76
더글러스 퍼(목재)	16
데크 조립 세트(조경 자재)	34
데크 패널(조경 자재)	35
데크 패널·고무 패널(조경 자재)	35
데크 패널·우드패널(조경 자재)	35
데크 패널·조립식 패널(조경 자재)	35
도노코(도장재)	131
도료(내장재)	124
도어스톱(철물)	117
도어용 보조 열쇠(철물)	119
도어용 철물(철물)	116
도어체크(도어클로저)(철물)	116
도어홀더(철물)	117
도장 합판(목재)	21
돗자리 고정못(철물)	95
동판(건축재)	64
두랄루민판(건축재)	65
뒷면 나사식 핸들(철물)	110
드라이버드릴(도구)	28
드롭 경첩(철물)	106
드릴 나사(철물)	97
들메나무(목재)	18

Index

ㄹ

항목	페이지
라디에타 파인(목재)	17
라민(목재)	18
라스보드(건축재)	60
래티스 철물(조경 자재)	42, 43
래티스(조경 자재)	42, 43
레드시더(적삼목)(목재)	13
레버식 손잡이(수도배관)	139
레일못(철물)	95
로제트 와셔(철물)	99
로프(건축재)	61
롤 카펫(바닥재)	81
리벳(철물)	94
리폼용 맹장지 종이(내장재)	88
리폼용 점착 시트(내장재)	87
링못(철물)	94

ㅁ

항목	페이지
마넷 슬라이딩(철물)	115
마스킹 작업을 한다(도구)	133
말뚝(조경 자재)	56
망치(도구)	26
맹장지 종이(내장재)	88
맹장지못(철물)	95
맹장지용 손잡이(철물)	110
메탈 프라이머(도장재)	131
멘토리(面取り) 조이너(건축재)	67
면 부착식 핸들(철물)	110
모르타르 만들기(도구)	57
모서리 연결봉(건축재)	68
모자이크 타일(건축재)	63
목공소품용 보강 철물(철물)	102
목재용 프라이머(도장재)	131
목재의 구멍 메우기용 퍼티(접착제·점착테이프·충전재)	153
목질 굽도리판자(건축재)	74
목질 보드(목재)	23
몰딩재(건축재)	74
못(철물)	94
무구재·침엽수(목재)	16
무구재·활엽수(목재)	18
문 자물쇠(철물)	118
문선·창문선(건축재)	74
물받이용 접착제(접착제·점착테이프·충전재)	150
물참나무(목재)	19
미국 솔송나무(웨스턴 헴록)(목재)	16
미국 전나무(목재)	17
미끄럼 방지용 시트(건축재)	70
미끄럼 방지재(도장재)	127
미니소넥스(건축재)	73
미닫이문용 손잡이(철물)	110

ㅂ

항목	페이지
바니시(도장재)	128
바닥돌(조경 자재)	52
바닥돌·벽돌팁(조경 자재)	53
바닥돌·자갈(조경 자재)	53
바닥용 타일(건축재)	62
반경질 비닐 타일(바닥재)	80
발포 스펀지(건축재)	69
발포 알루미늄판(건축재)	65
발포고무 단열재(건축재)	71
발포고무 단열재(바닥재)	71
발포스티롤용 접착제(접착제·점착테이프·충전재)	150
밤나무(목재)	19
방음 테이프(건축재)	72
방음재(건축재)	72
방진패드(건축재)	69
벨기에 벽돌(조경 자재)	44
벽돌 깔기(도구)	58
벽돌 타일(조경 자재)	46
벽돌(조경 자재)	44
벽의 초벌(도장재)	131
벽재(도장재)	132
벽지(내장재)	84
벽지를 붙인다(도구)	90
벽지용 접착제(접착제·점착테이프·충전재)	150
변성 실리콘 수지 계열 실링재(접착제·점착테이프·충전재)	155
변성 실리콘 수지계 접착제(접착제·점착테이프·충전재)	149
보강 철물(철물)	102
보더(내장재)	86
보더(띠벽지)(내장재)	86
보드못(철물)	94
보수용·디자인 장지 종이(내장재)	89
복합 플로어링(바닥재)	77
볼캐스터(철물)	113
볼트 포함 각재(脚材)(철물)	114
볼트(철물)	98
볼트식 핸들(철물)	110
부등변 앵글(건축재)	67
북 압정(철물)	95
분기용 철물(철물)	142
분리 경첩(철물)	106
분비나무(목재)	17
붉은 벽돌(조경 자재)	44
블록(조경 자재)	54
비닐 바닥재(바닥재)	80
비닐 타일(바닥재)	80
비닐벽지·생풀 타입(내장재)	84
빠찌링(締まり)(철물)	111

ㅅ

항목	페이지
사각 경첩(철물)	106
사각봉(건축재)	67
사각형 현관 손잡이(철물)	118
사이시키와시(彩色和紙)(내장재)	85
사일런트 매트(건축재)	73
산벚나무(목재)	19
산업용 캐스터(철물)	113
삼나무(목재)	16
샌더(도구)	27
샤워 아이템(수도배관)	141
샤워기 헤드(수도배관)	141
석고못(철물)	101
석고보드(건축재)	60
석고보드용 앵커(철물)	101
석재 굽도리판자(건축재)	74
선반 기둥(철물)	105
선반 다보(철물)	108
선반 받침·각도 자유형(철물)	105
선반 받침·접이식(철물)	105
선반 받침·지지대 포함형(철물)	105
선반 받침·포크형(철물)	105
선반 받침·L자형(철물)	105
섬유 벽재(도장재)	132
세드레인 컴포트 킹(건축재)	73

셀랑간 바투(목재)	14	
셀룰로오스계 접착제(접착제·점착테이프·충전재)		
	148	
셔트 온 시트(건축재)	72	
소나무 집성재(목재)	22	
소르보세인(건축재)	73	
손잡이(철물)	110	
손잡이(핸들)(수도배관)	139	
손잡이를 교체한다(도구)	144	
솔송나무(목재)	17	
수대(철물)	117	
수도의 구멍 메우기용 퍼티(접착제·점착테이프·충전재)	153	
수성 다용도 도료(도장재)	124	
수성 스테인(도장재)	128	
수성 실내벽용 도료(도장재)	124	
수성 욕실용 도료(도장재)	125	
수입 벽지(내장재)	86	
수전 상부(수도배관)	139	
수전보수용품(수도배관)	140	
수지 합판(목재)	21	
숨김못(철물)	95	
숨은 경첩(철물)	107	
스퀘어 와셔(철물)	99	
스크류못(철물)	94	
스테이(철물)	108	
스테이플(철물)	95	
스테인리스 섬유(건축재)	66	
스테인리스 헤어라인판(건축재)	65	
스테인리스망(건축재)	66	
스테인리스못(철물)	94	
스테인리스선(건축재)	65	
스테인리스판(건축재)	64	
스템 와셔·코마(수도배관)	140	
스톤 매트(조경 자재)	35	
스트로부스 소나무 집성재(목재)	22	
스프레이 도료(도장재)	126	
스프루스(목재)	17	
스프링 와셔(철물)	99	
스핏 앵커(철물)	100	
슬라이드 레일(철물)	108	
시딩 네일(철물)	94	
시릴화 우레탄 수지계 접착제(접착제·점착테이프·		
충전재)	148	
시멘트(조경 자재)	55	
시아노아크릴레이트계 접착제(접착제·점착테이프·충전재)	149	
시트 소재(내장재)	87	
신소재 데크(조경 자재)	34	
실내 벽 칠하기(도구)	133	
실내용 디자인 캐스터(철물)	113	
실리콘 계열 실링재(접착제·점착테이프·충전재)		
	155	
실링재(접착제·점착테이프·충전재)	154, 155	
심슨 철물(조경 자재)	36	
심슨 철물·데크용(조경 자재)	36	
심슨 철물·앵글(조경 자재)	36	
심슨 철물·주말 목수용(조경 자재)	37	

ㅇ

아가티스(목재)	17	
아이 너트(철물)	99	
아이 볼트(철물)	98	
아크릴계 실링재(접착제·점착테이프·충전재)	154	
아크릴판(건축재)	68	
알루미늄 새시용 호차(철물)	115	
알루미늄 섬유(건축재)	66	
알루미늄 스지이타(건축재)	65	
알루미늄 줄무늬 강판(건축재)	65	
알루미늄판(건축재)	64	
암 스토퍼(철물)	117	
앵글(건축재)	67	
앵커(철물)	100	
야광 스프레이(도장재)	130	
야외 목재의 초벌(도장재)	131	
야외 철재용 도료(도장재)	126	
야외용 바니시(도장재)	127	
양끝못(철물)	95	
어드저스터(철물)	114	
어드저스트 볼트(철물)	98	
에어컨 배관의 틈 메우기용 퍼티(접착제·점착테이프·충전재)	153	
에폭시계 접착제(접착제·점착테이프·충전재)	148	
연결 부속(철물)	104	
연석(조경 자재)	50	
연석·에지재(조경 자재)	51	
연석·천연석(조경 자재)	50	
연질 비닐 타일(바닥재)	80	
염화비닐수지계 접착제(접착제·점착테이프·충전재)	148	
염화비닐판(건축재)	68	
옛날 경첩(철물)	107	
오도시 잠금장치(철물)	111	
오동나무 집성재(목재)	22	
오동나무(목재)	18	
오일(도장재)	129	
와셔(철물)	99	
왁스(도장재)	129	
완충 고무(건축재)	70	
외벽용 도료(도장재)	125	
외장용 타일(건축재)	62	
외치형 와셔(철물)	99	
요철용 점착테이프(접착제·점착테이프·충전재)	151	
욕조 주변의 보수용 점착테이프(접착제·점착테이프·충전재)	152	
용접 너트(철물)	99	
우드 데크(조경 자재)	34	
우드 카펫(바닥재)	76	
우루시와시(漆和紙)(내장재)	85	
울린(목재)	14	
원주형 고무(건축재)	70	
원통형 방문 손잡이(철물)	118	
웰빙·친환경 벽지(내장재)	86	
유공합판(목재)	21	
유니크롬 철사(건축재)	65	
유리 블록(건축재)	61	
유리(건축재)	61	
유리·아크릴용 점착테이프(접착제·점착테이프·충전재)	152	
유성 오일 스테인(도장재)	128	
유성계 코킹재(접착제·점착테이프·충전재)	154	
유압식 고급 경첩(철물)	107	
육각 너트(철물)	99	
육각 볼트(철물)	98	
육각구멍붙이 볼트(철물)	98	
의자 압정(철물)	95	
의자발(철물)	114	
이지 경첩(철물)	106	

Index

이페(목재)	14
익스테리어용 목재(목재)	14
인슐레이션 보드(목재)	23
일반용 보강 철물(철물)	103
일반용 점착테이프(접착제·점착테이프·충전재)	151
일본 목련(목재)	18
임시못(철물)	95
임팩트 드라이버(도구)	30
입수전(수도배관)	136

ㅈ

자동 수전(수도배관)	136
자유 경첩(철물)	107
자재형 캐스터(철물)	112
작은나사(철물)	99
잠금 걸고리(철물)	111
잠금 철물(철물)	111
장식용 석고보드(건축재)	60
장지 종이(내장재)	89
적송(목재)	16
전동 드라이버용 나무나사(철물)	96
전동 원형톱(도구)	32
전산 볼트(철물)	98
점착 시트(내장재)	87
점착테이프(접착제·점착테이프·충전재)	151
접이식 다리(철물)	114
접착제로 붙이기(도구)	156
정사각관(건축재)	67
정원석(조경 자재)	50
정원용 가구(조경 자재)	38
정원용품(조경 자재)	38
정원용품·장식품(조경 자재)	39
정원용품·정원용 아치(조경 자재)	39
정원용품·조립용 부품(조경 자재)	38
정원용품·플랜터(조경 자재)	39
정원용품·화분 장식대(조경 자재)	39
제진재(건축재)	73
제트로 흡음 시트(건축재)	73
젠더(건축재)	67
조경용 도료(도장재)	127
조이너(건축재)	67
조카키시부(上柿渋)(도장재)	130
주라쿠 벽재(도장재)	132
주춧돌(조경 자재)	54
줄눈 전용 자갈(조경 자재)	49
중공벽용 앵커(철물)	101
중공벽용 플러그(철물)	101
지그소(도구)	31
지붕용 도료(도장재)	126
지붕의 빗물 누수 보수용 점착테이프(접착제·점착테이프·충전재)	152
직사각관(건축재)	67
집성재(목재)	22

ㅊ

차음재(건축재)	72
참피나무 합판(목재)	20
창문 자물쇠(철물)	120
창문용 시트 소재(내장재)	87
천연목화장 플로어링(바닥재)	77
천연목화장 합판(목재)	21
철사(건축재)	65
철제 펜스(조경 자재)	40
체인(건축재)	66
초산 비닐수지계 접착제(접착제·점착테이프·충전재)	148
충전재(접착제·점착테이프·충전재)	153
충전재로 보수하기(도구)	157
칠판용 도료(도장재)	130
침목(조경 자재)	56
침엽수 합판(목재)	20

ㅋ

카 스토퍼 전용 접착제(접착제·점착테이프·충전재)	150
카펫(바닥재)	81
캐비닛용 철물(철물)	108
캐스터(철물)	112
캐치(철물)	111
캡 너트(철물)	99
컬러 아크릴 파이프(건축재)	68
케이싱못(철물)	94
코너용 철물(철물)	102, 114
코너용 캐스터(철물)	112
코르크 바닥재(바닥재)	78
콘크리트 면의 초벌(도장재)	131
콘크리트 바닥용 도료(도장재)	127
콘크리트 패널(목재)	20
콘크리트·블록용 점착테이프(접착제·점착테이프·충전재)	152
콘크리트못(철물)	94
콘크리트용 앵커(철물)	100
콘크리트용 플러그(철물)	100
쿠션 플로어(바닥재)	80
쿠션 플로어용 점착테이프(접착제·점착테이프·충전재)	152
큰잎자작(목재)	19
클로로프렌 고무 스펀지(건축재)	69
클로로프렌 고무판(건축재)	69

ㅌ

타원 파이프용 철물(철물)	104
타일 카펫(바닥재)	81
타일(건축재)	62
타일·문패용 접착제(접착제·점착테이프·충전재)	150
태핑 나사(철물)	97
터프티드 카펫(바닥재)	81
토수 파이프 교체하기(도구)	145
토수 파이프(수도배관)	138
톱(도구)	25
특수 도료(도장재)	130
특수 합판(목재)	21
티크(목재)	19

ㅍ

파이프 고정구(철물)	104
파이프 마감캡(철물)	104
파이프 브래킷(철물)	104
파이프용 소켓(철물)	104
파이프용 U자 소켓(철물)	104
파티클 보드(목재)	23
판 너트(철물)	99
팔카타(목재)	22
패널못(철물)	94
패킹(수도배관)	140
퍼티(접착제·점착테이프·충전재)	153
펀치 판(건축재)	65

페인트를 바른다(도구)	133	화단 펜스(조경 자재)	41
펜스(조경 자재)	40	화백나무(목재)	17
펜스·기타(조경 자재)	40	화이트 큐온(건축재)	73
펜스용 철물(조경 자재)	41	화지·천연 소재의 벽지(내장재)	85
편백나무 집성재(목재)	22	환봉(건축재)	67
편백나무(목재)	16	회반죽 벽재(도장재)	132
평강(건축재)	67	회전 손잡이(철물)	110
포석(조경 자재)	47	후크형 키고리(철물)	101
포석·네트 타입(조경 자재)	48	흡음재(건축재)	73
포석·블록 타입(조경 자재)	48	히바(목재)	17
포석·비정형 타입(조경 자재)	48	히톤(철물)	101
포석·평판 타입(조경 자재)	47		
포플러 집성재(목재)	22		
폴리에틸렌용 점착테이프(접착제·점착테이프·충전재)	152		
폴리우레탄 계열 실링재(접착제·점착테이프·충전재)	155		
폴리프로필렌(건축재)	68		
풀이 첨가된 맹장지 종이(내장재)	88		
프린트 합판(목재)	21		
플라스틱 우산못(철물)	95		
플라스틱용 프라이머(도장재)	131		
플랜지 너트(철물)	99		
플랫 와셔(철물)	99		
플로어링재(바닥재)	76		
플로어못(철물)	94		
피아노 경첩(철물)	106		

ㅎ

하도재(도장재)	131
하드보드(목재)	23
함석판(건축재)	65
함자물쇠(철물)	118
합성고무계 실링재(접착제·점착테이프·충전재)	154
합성고무계 접착제(접착제·점착테이프·충전재)	148
합판(목재)	20
호차 레일(철물)	115
호차(철물)	115
혼합 수전(수도배관)	137
홈 손잡이(철물)	110
홈 형강(건축재)	67

DIY 소재&도구 백과

1판 1쇄 인쇄 | 2014년 4월 24일
1판 1쇄 발행 | 2014년 4월 30일

지은이 《두파!》 편집부
옮긴이 황세정
펴낸이 김기옥

실용본부장 박재성
편집 류인경, 정상미
영업 김선주
지원 고광현, 이봉주, 김형식, 임민진

디자인 네오북
인쇄·제본 (주)상지사P&B

펴낸곳 한스미디어(한즈미디어(주))
주소 121-839 서울시 마포구 서교동 양화로 11길 13(서교동, 강원빌딩 5층)
전화 02-707-0337 | **팩스** 02-707-0198 | **홈페이지** www.hansmedia.com
출판신고번호 제 313-2003-227호 | **신고일자** 2003년 6월 25일

ISBN 978-89-5975-608-7 13630

책값은 뒤표지에 있습니다.
잘못 만들어진 책은 구입하신 서점에서 교환해 드립니다.